Gitta Günther

Ehrenbürger der Stadt Weimar

Ein Beitrag zur Stadtgeschichte

Impressum

Gitta Günther
Ehrenbürger der Stadt Weimar
Ein Beitrag zur Stadtgeschichte
ISBN: 978-3-941830-10-3

Alle Rechte, auch die der Übersetzung,
Vervielfältigung und Verbreitung (ganz oder teilweise)
für alle Länder vorbehalten.
© 2011 Weimarer Verlagsgesellschaft Ltd.

Weimarer Verlagsgesellschaft Ltd.
Eduard Rosenthal-Str. 30
99423 Weimar
info@verlag-weimar.de
www.verlag-weimar.de

Umschlagbild: Obama in Buchenwald, Foto: Martin Schutt, © picture alliance / dpa

Layout und Satz: Olga Bétoux, Weimar
             Thoralf Müller, Großeutersdorf

Lektorat: Alexander Kott, Erfurt
          Julia Roßberg, Weimar

Printed in the EU

Der Druck dieses Buches wurde ermöglicht durch die
freundliche Unterstützung der Weimarer Wohnstätte GmbH,
dem Immobiliendienstleister der Stadt Weimar:
der Partner in allen Fragen rund ums Wohnen in Weimar.

weimarer
wohnstätte
einfach wohnfühlen

Inhaltsverzeichnis

Vorwort – Von Oberbürgermeister Stefan Wolf	5
Bürgerrecht und Ehrenbürgerschaft	9
Friedrich Caspar von Geismar	17
Johannes Daniel Falk	21
Julius August Walther von Goethe	26
Carl Wilhelm von Fritsch	33
Johann Gottfried Zunkel	37
Carl Friedrich Horn	41
James Patrick von Parry	44
Ernst Rietschel	48
Hanns Gasser	52
Ferdinand von Miller	54
Ludwig Schaller	57
Franz Liszt	58
Carl August Schwerdgeburth	63
Wilhelm Bock	68
Johann Gottlob Töpfer	73
Christian Bernhard von Watzdorf	76
Friedrich Preller	80
Hugo Fries	86
Adolf von Donndorf	89
Gustav Thon	94
Robert Härtel	97
Otto von Bismarck	101
Bruno Schwabe	107
Louis Döllstädt	111
Wilhelm Heller	116
Paul von Hindenburg	120
Richard Strauss	125
Friedrich Lienhard	130

Inhaltsverzeichnis

Eduard Scheidemantel	135
Martin Donndorf	139
Otto Erler	144
Walther Felix Mueller	148
Anton Kippenberg	152
Paul Schultze-Naumburg	156
Rudolf Paul	160
Thomas Mann	164
Heinrich Lilienfein	170
August Frölich	176
Hermann Abendroth	180
Henri Manhès	184
Louis Fürnberg	189
Bruno Apitz	195
Iwan Sosonowitsch Kolesnitschenko	199
Luitpold Steidle	203
Walter Bartel	207
Erich Kranz	211
Jutta Hecker	215
Hans Eberhardt	219
Helmut Schröer	223
Bertrand Herz	228
Ottomar Rothmann	232
Liste der Ehrenbürger	236
Wohnorte der Ehrenbürger in Weimar	237
Personenregister	238
Literaturauswahl	243
Abbildungsverzeichnis	245
Quellenverzeichnis	248

Vorwort –
Von Oberbürgermeister Stefan Wolf

„Dass ich wieder in Weimar war und dass meine Welt es unter nur leisem Murren mehr wohl als übel hinnehmen musste, ist mir keine kleine Genugtuung. Wahrhaftig, wenn ich mir das nicht hätte leisten können, so hätte ich umsonst gelebt."
Niemand anderes als der Literatur-Nobelpreisträger Thomas Mann notierte anlässlich des Schillerjahres 1955 dieses nur allzu deutliche Bekenntnis zu Weimar. Seit seinem legendären Auftritt am 1. August 1949 im Deutschen Nationaltheater Weimar war Thomas Mann Ehrenbürger der Stadt Weimar. Und er genoss ganz offensichtlich diesen Status, der ihn gewissermaßen zum Mitbürger Goethes und Schillers machte – über die Jahrhunderte hinweg.

Mit dem vorliegenden verdienstvollen Buch von Gitta Günther wird genau diese epochenübergreifende Weimarer Geschichte in der Abfolge ihrer Ehrenbürger sichtbar. Sie reicht bis tief in die Goethezeit zurück und hat mit Ottomar Rothmann in diesem Jahr 2011 ihren jüngsten und insgesamt sechzigsten Vertreter von fast neunzig Jahren.

Es ist eine Geschichte der großen und ehrenvollen Persönlichkeiten dieser Stadt ... und doch auch ihrer fürchterlichen Verwerfungen und falschen Verbeugungen. Auch die Geschichte der Ehrenbürger Weimars ist nicht nur eine Geschichte der Dichter und Denker, wie die unbedingt lesenswerte Einleitung der Herausgeberin zeigt.

„Natürliche Personen, die sich in besonderem Maße um die Stadt Weimar und das Wohl ihrer Menschen verdient gemacht haben, können zu Ehrenbürgern/innen ernannt werden", so heißt es heute in aller Deutlichkeit in der entsprechenden Satzung. Mit Triers Oberbürgermeister a. D. Helmut Schröer im Jahre 2007,

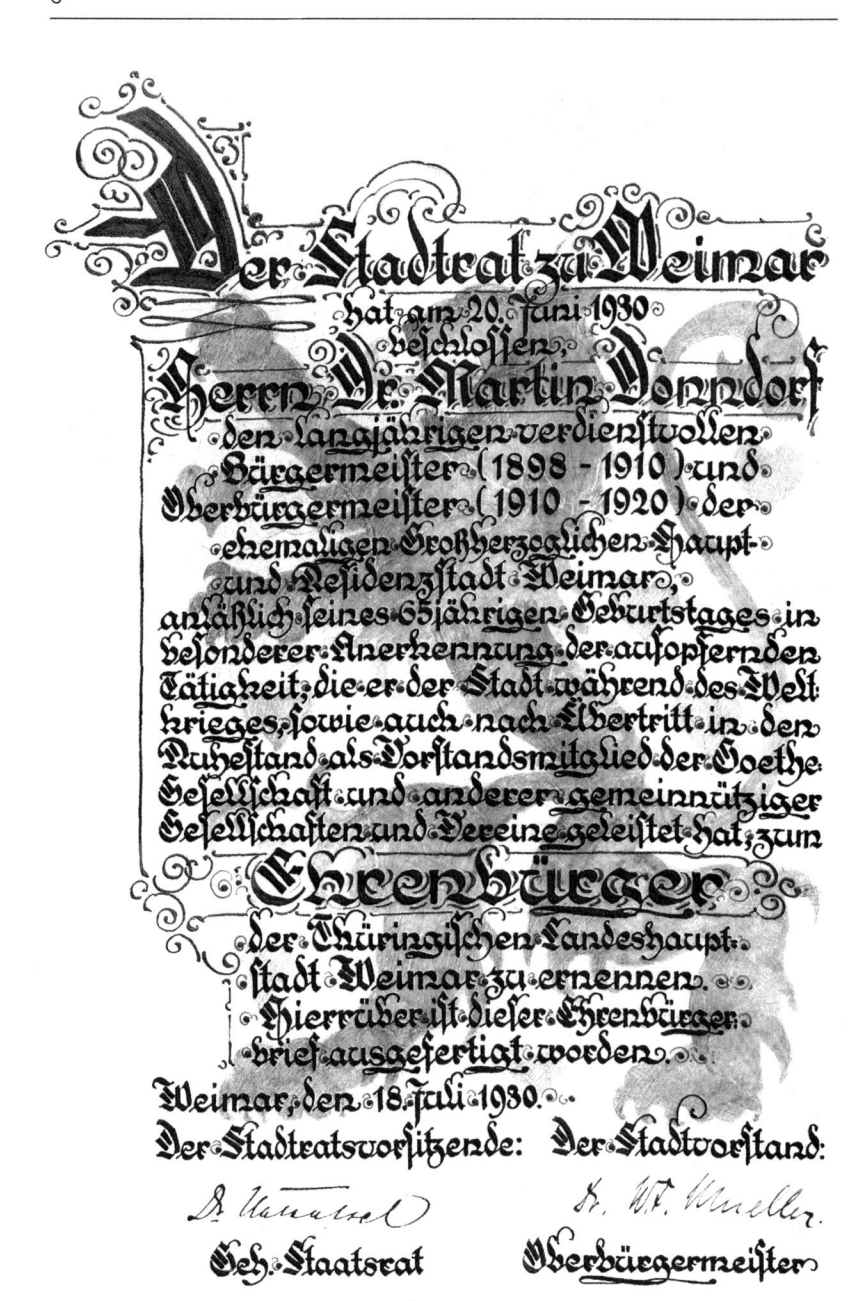

Der Stadtrat zu Weimar
hat am 20. Juni 1930
beschlossen,
Herrn Dr. Martin Donndorf
den langjährigen verdienstvollen
Bürgermeister (1898 - 1910) und
Oberbürgermeister (1910 - 1920) der
ehemaligen Großherzoglichen Haupt-
und Residenzstadt Weimar,
anläßlich seines 65jährigen Geburtstages in
besonderer Anerkennung der aufopfernden
Tätigkeit, die er der Stadt während des Weltkrieges sowie auch nach Übertritt in den
Ruhestand als Vorstandsmitglied der Goethe-
Gesellschaft und anderer gemeinnütziger
Gesellschaften und Vereine geleistet hat, zum
Ehrenbürger
der Thüringischen Landeshauptstadt Weimar zu ernennen.
Hierrüber ist dieser Ehrenbürgerbrief ausgefertigt worden.

Weimar, den 18. Juli 1930.

Der Stadtratsvorsitzende: Der Stadtvorstand:

Geh. Staatsrat   Oberbürgermeister

Ehrenbürgerurkunde für Martin Donndorf

mit Bertrand Herz 2010 und mit Ottomar Rothmann 2011 hatte ich persönlich bislang drei Mal die Gelegenheit, Menschen zu ehren, die mit Weimar auf eine herausragende Weise verbunden sind. Immer standen und stehen diese jüngsten Weimarer Ehrenbürger für sich selbst: als große, integre Persönlichkeiten. Immer aber stehen sie auch für ganze Personengruppen, denen der Stadtrat damit Ehre erweist. Gegenüber Bertrand Herz habe ich dies in meiner Laudatio 2010 einmal ausdrücklich betont, als ich mit ihm, dem Präsidenten des Internationalen Häftlingskomitees, auch alle anderen ehemaligen Häftlinge des Konzentrationslagers Buchenwald mit Freude und Dankbarkeit „als gleichberechtigte Bürger der Stadt Weimar" begrüßte.

Auch unter diesem Gesichtspunkt liest sich dieses Buch als eine ganz neue und oft überraschende Geschichte Weimars in sechzig Einzelporträts. Ich wünsche ihm viele nachdenkliche Leser.

Thomas Manns Eintrag im Gästebuch der Stadt Weimar, 2. August 1949

Wir Bürgermeister und Rath der Fürstl. Sächs. Residenz-Stadt Weimar, bekennen hierdurch, daß, nachdem bey Uns *der hiesige Bürgerssohn und Mützen Gsell Johann Christoph Polster, wegen Gewinnung des Meisters rechts*

um das Bürger-Recht gebührend angesuchet, und hierauf *die* gewöhnliche *Bürgerpflicht* abgeleget, auch, wie einem rechtschaffenen Bürger wohl anstehet und oblieget, sich künftig allerdings gemäs zu bezeigen versprochen, Wir denselben zum Bürger allhier auf- und angenommen haben.

Zu dessen Urkund und Zeugnisse ist gegenwärtiger Schein unter des Raths und hiesiger Stadt Insiegel wissentlich ertheilet worden. Geschehen und geben Weimar, den *7. Jan.* Anno *1807.*

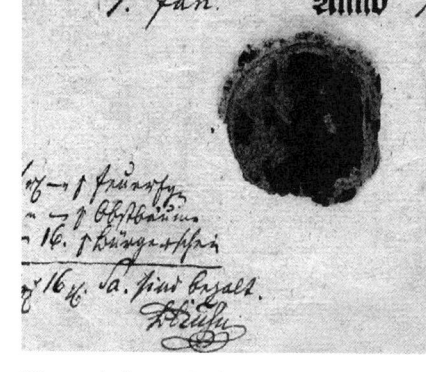

Bürgerschein vom 7. Januar 1807

Bürgerrecht und Ehrenbürgerschaft

Um Haus und Grundbesitz zu erwerben, Handel zu treiben, ein Handwerk sowie das aktive und passive Wahlrecht auszuüben, war es erforderlich, „Bürger" der Stadt zu werden. Der Gemeinderat definierte das in der Weimarischen Stadt-Ordnung von 1810 so: „Das Bürgerrecht besteht in der erlangten Befugniß, städtisches Gewerbe in Weimar zu treiben, an den städtischen Social-Rechten Theil zu nehmen und Grundstücke jeder Art im Weichbilde der Stadt zu besitzen ... Für diejenigen Bürger, welche ein Haus besitzen, besteht das Bürgerrecht noch besonders in der Fähigkeit, zu städtischen Aemtern zu gelangen und bei städtischen Deliberationen mit zu stimmen". In der Stadtordnung von 1838 präzisierte der Gemeinderat: „Jeder neue Bürger wird ... verpflichtet und zugleich in das Bürgerbuch eingetragen ... der Bürgerschein ausgefertigt und ein Abdruck der Stadtordnung ausgehändigt." Als Voraussetzung für die Bürgerschaft forderte die revidierte Gemeindeordnung von 1854 eine physische Person, rechtliche Selbständigkeit und eine „selbständige Nahrung" sowie den Besitz der Staatsangehörigkeit. Zum ersten Mal erscheint hier der Begriff „Ehrenbürgerrecht": „Der Gemeinderath bezüglich die Gemeindeversammlung kann die Bedingungen der Aufnahme ganz oder theilweise erlassen, auch bei Ertheilung des Ehrenbürgerrechtes." In den Stadtstatuten von 1590 war für das Bürgerrecht auch Löschwasser im Brandfall, so genannte Feuereimer, zu entrichten. Mit der Novemberrevolution 1918 wurde der Erwerb des Bürgerrechts gegen eine Geldgebühr oder Arbeitsleistung abgeschafft.

Am 26. April 1776 hat Goethe beispielsweise gebührenpflichtig das Bürgerrecht unter folgendem Eintrag im Bürgerbuch erhalten: „dem Doctori juris Hn Johann Wolfgang Goethen ist dato das Bürger-Recht conferiret worden". In Unkenntnis darüber wurde am 20. August 1817 für Goethe erneut ein gebührenpflichtiger Bürgerschein ausgefertigt, weil er „... ein Wohnhaus und Garten erkauft und bis itzt das Bürgerrecht noch nicht erlangt hat". Friedrich Schiller hingegen hat das Bürgerrecht der Stadt Weimar weder erworben noch verliehen bekommen. Am 6. Oktober 1846 schrieb Franz Liszt an Großherzog Carl Alexander, er denke gerne an Weimar, „der Heimat des Ideals, in der ich eines Tages gern das Bürgerrecht erwerben würde." Ihm verlieh die Stadt nicht das Bürger- sondern 1860 das Ehrenbürgerrecht. Besonders verdienstvollen Persönlichkeiten wurde zu Beginn des 19. Jahrhunderts das Bürgergeld erlassen und das Bürgerrecht „gratis ertheilt", so am 6. Dezember 1800 an Oberkonsistorialrat Johann Gottfried Zunkel, am 26. November 1810 an Bürgermeister Carl Adolph Schultze und dessen Familie, an den Stadtschreiber Bernhard Friedrich Rudolph Kuhn, seine Ehefrau und Kinder sowie an die Familienmitglieder des Bürgermeisters Johann Gottfried Friedrich Kirsten.

Ein Aktenfund im Jahre 2000 im Thüringischen Hauptstaatsarchiv Weimar belegt die bis dahin unbekannte Tatsache, dass Oberst Friedrich Caspar von Geismar 1814 auch das Bürgerrecht „gratis" erhalten hat; seitdem wird er den Ehrenbürgern zugerechnet. Den Bürgerschein für ihn hatte der Großherzogliche Regierungskanzlist Carl Friedrich Roth ausgestellt. Weil diesem die Stadt dafür „eine Verbindlichkeit schuldig" sei, erhielt Roth am 5. Oktober 1815 ebenfalls das Bürgerrecht „gratis", wie im Plenarprotokoll des Gemeinderats vom 23. September 1815 notiert wurde. Am 4. Februar 1824 bekam auch Johannes Falk das Bürgerrecht „gratis". Mit der Verleihung stiftete die Stadt gleichzeitig ein Erbbegräbnis für Falk auf dem hiesigen Friedhof. Am 8. November 1825 erteilte Bürgermeister Carl Lebrecht Schwabe anlässlich des 50. Jahrestages der Ankunft Goethes in Weimar das Bürgerrecht an den Großherzoglich Sächsischen Geheimen Kammerrat Julius August Walther von Goethe und dessen Söhne Wolfgang Walther sowie Dr. jur. Maximilian Wolfgang von Goethe

„sammt allen deren männlichen rechten Nachkommen … ohne die gewöhnlichen Bürgerrechtsgebühren bezahlen zu müssen".

Die Zahl der Gratiserteilungen ist größer als bisher bekannt. Es muss bezweifelt werden, ob sie in jedem Fall mit einer Ehrenbürgerschaft gleichzusetzen sind. Zur Klärung bedarf es künftig diesbezüglich weiterführender, stadtgeschichtlicher Untersuchungen. Einige Personen, darunter der Kupferstecher Carl August Schwerdgeburth und der Stadtorganist Gottlob Töpfer haben zu unterschiedlichen Zeiten sowohl das Bürgerrecht „gratis" als auch das Ehrenbürgerrecht erhalten.

Der Begriff „Ehrenbürger" wurde in Weimar erstmals bei der „Ertheilung des Städtischen Ehrenbürgerrechts" an den Staatsminister Carl Wilhelm von Fritsch aktenkundig. Die Sache selbst hatte jetzt zwar einen eigenen Namen, aber noch keinen klar definierten Inhalt. Die Ehrenbürgerschaft befreite von den städtischen Abgaben, wie im Ratsprotokoll am 10. Oktober 1839 nachzulesen ist: „Dabei wurde noch, was der Urkunde auszusprechen die Delikatesse verbiete, ausdrücklich angesprochen, dass der Herr Geheimrath und Staatsminister von Fritsch von allen mit den Bürgerrechten verknüpften Lasten befreit seyn solle".

Seither wurden und werden überwiegend Amts- oder persönliche Jubiläen zum Anlass der Auszeichnungen genommen. Zum Personenkreis der Weimarer Ehrenbürger im Laufe von zweieinhalb Jahrhunderten zählen nicht nur städtische Einwohner sondern auch Fremde. Der Engländer James Patrick von Parry war 1857 der erste zum Ehrenbürger ernannte Ausländer. Ihm folgten 1958 der Franzose Henri Manhès, 1965 Iwan Sosonowitsch Kolesnitschenko aus der UdSSR und 2009 Bertrand Herz aus Frankreich. Im 19. Jahrhundert wurden Staatsbedienstete des Großherzogtums Sachsen-Weimar-Eisenach mit der Ehrenbürgerwürde der Stadt Weimar ausgezeichnet, deren direkte Verdienste um die Stadt heute kaum nachweisbar sind. Hier ist das Lebensgesamtwerk im Kontext mit den Zeitumständen zu sehen. Gemessen an heutigen Maßstäben, dürfte das einst mit „hohen Auszeichnungen" gepaarte gesellschaftliche und soziale Engagement nicht mehr für die Verleihung des Ehrenbürgerrechts genügen, sonst wäre die Zahl der Ehrenbürger um ein Vielfaches größer.

Die Verleihung der Ehrenbürgerschaft ist die höchste Auszeichnung, die eine Stadt zu vergeben hat. Sie erfolgte und erfolgt auf Beschluss des Gemeinde- bzw. Stadtrats. Eine Ausnahme davon bildeten 1895 die Ehrenbürgerschaften von 54 Thüringer Städten, darunter Weimar, Erfurt, Gotha, Eisenach und Meiningen, für Reichskanzler Otto Fürst von Bismarck, der allerdings niemals in Weimar geweilt hat, und 1917 der Beschluss des Thüringer Städtetags für 83 Thüringer Städte, darunter Weimar, Generalfeldmarschall Paul von Hindenburg das Ehrenbürgerrecht zu verleihen. Ab 1933 war die Erteilung der Ehrenbürgerschaft genehmigungspflichtig, wurde 1934 gänzlich untersagt, ab 1940 für Wehrmachtsangehörige geregelt und mit dem Erlass von 1941 grundsätzlich nur in Ausnahmefällen durch Hitler genehmigt. Mit pathetisch-zeitgemäßen Begründungen wurden ab 1933 Ehrenbürgerrechtsverleihungen an die NS-Führung vorgenommen: Die Stadt Weimar hat Reichskanzler Adolf Hitler als „Zeichen der Verbundenheit", der „hohen Achtung" und „Dankbarkeit" am 28. März 1933 zum Ehrenbürger ernannt; ein zweites Mal wurde er am 12. März 1937 Ehrenbürger von den im Thüringer Städteverband zusammengeschlossenen Städten und Gemeinden, dessen Mitglied Weimar war. Der Verband verlieh am 20. April 1933 auch dem Reichsinnenminister Dr. jur. Wilhelm Frick die Ehrenbürgerschaft. Als Ehrenbürger folgten am 16. Mai 1933 Reichsstatthalter in Thüringen Fritz Sauckel und am 29. Mai 1937 Ministerpräsident Hermann Göring sowie am selben Tag seine Ehefrau, die ehemalige Schauspielerin Emmy Sonnemann-Göring „... als ein äußerstes Zeichen der Dankbarkeit dafür, dass sie ... in Weimar ein neues Altersheim für deutsche Bühnenangehörige, das Emmy Göring-Stift, errichtet und das bestehende Altersheim, das Marie Seebach-Stift, wirtschaftlich sichergestellt hat." Am 14. Juni 1937 erhielten Reichsjugendführer Baldur von Schirach als Schirmherr der Weimarfestspiele für die deutsche Jugend das Ehrenbürgerrecht, am 30. Oktober 1938 Reichspropagandaleiter Joseph Goebbels, am 4. November 1938 der Architekt Hermann Giesler und am 4. November 1938 Reichsleiter der NSDAP Alfred Rosenberg. Sie hatten alle in Weimar ihre Spuren gelegt: Hitler mit ungezählten Aufenthalten unterschiedlicher Anlässe in der von ihm bevorzugten Stadt, Emmy Sonnemann-Göring als Darstellerin der Frauengestalten in den Werken Goethes und Schillers am Deutschen Nationaltheater, von Schirach als Führer der 1926 in Weimar gegründeten NS-Jugendbewegung „Hitlerjugend", Frick als Minister für die NSDAP 1930 im Thüringer Landtag und Giesler insbesondere mit der Errichtung des als NS-Gauforum geplanten Gebäudekomplexes ab 1937 in der Asbachniederung und 1938 mit dem Umbau des Hotel „Elephant".

Nach dem Zweiten Weltkrieg verurteilte der Internationale Militärgerichtshof in einem Strafprozess von 1945 bis 1946 in Nürnberg die deutschen Hauptkriegsverbrecher – darunter die genannten Weimarer Ehrenbürger – zu Haftstrafen bzw. zum Tode. Auf Grund des gesellschaftlichen Neubeginns in der sowjetischen Besatzungszone beschloss auch das Weimarer Stadtparlament in seiner öffentlichen Sitzung am 6. August 1946 die „Aberkennung der Ehrenbürgerrechte für Nazis" und protokollierte: „Auf einstimmigen Beschluss der Stadtverordnetenversammlung hin wurden folgenden Personen die Ehrenbürgerrechte der Stadt Weimar entzogen: Hitler Goebbels Göring Emmy Göring Sauckel Rosenberg von Schirach Giesler ... weil diese führenden Persönlichkeiten der NSDAP schuld am Kriegsausbruch, mehr oder weniger schuld an den vielen verübten Morden vor und während des Krieges sind und das deutsche Volk in das Unglück stürzten, in dem es sich jetzt befindet." Ferner heißt es im Beschluss vom

6. August 1946: „Die Fraktionsführer der Stadtverordnetenversammlung haben die bestehenden Rechte der übrigen Personen überprüft und als geltend anerkannt"; keine Erwähnung fanden die Ehrenbürgerschaften Otto von Bismarcks, Paul von Hindenburgs, Otto Erlers und des völkisch-antisemitischen Schriftstellers und Literaturhistorikers Adolf Bartels. Ihm wurde am 15. November 1937 das Ehrenbürgerrecht erteilt und 60 Jahre später, am 12. November 1997, vom Weimarer Stadtrat u. a. mit der Begründung aberkannt, dass Bartels als bekennender Antisemit und Träger des Goldenen Parteiabzeichens der NSDAP mit seinen Werken die Naziideologie, die dem Ziel der Ausmerzung jüdischer Einflüsse auf die deutsche Literatur galt, stützte.

Die Vergabe der Ehrenbürgerschaft nach dem Zweiten Weltkrieg erfolgte durch Beschluss der Weimarer Stadtverordnetenversammlung auf der Grundlage eines Dekrets des Alliierten Kontrollrats vom 12. Oktober 1946; von 1946 bis 1979 wurden elf Personen ausgezeichnet. Im Jahre 1959 wurde zum ersten Mal die Verleihung des Ehrenbürgertitels „postum" an den Dichter Louis Fürnberg verliehen. Mit Dr. phil. Jutta Hecker erhielt 1994 erstmals eine Frau das bis dahin nur den Männern vorbehaltene Ehrenbürgerrecht. Nach dem gesellschaftlichen Umbruch 1989/90 gab die Kommunalverfassung der DDR vom 17. Mai 1990 dem Gemeinderat das Beschlussrecht über die Verleihung und Aberkennung der Ehrenbürgerrechte und Ehrenbezeichnungen. Die vom Stadtrat erlassene „Richtlinie über die Verleihung des Ehrenbürgerrechts der Stadt Weimar" vom 14. Mai 1997 besagt: „Natürliche Personen, die sich in besonderem Maße um die Stadt Weimar und das Wohl ihrer Menschen verdient gemacht haben, können zu Ehrenbürgern/innen ernannt werden". Das Ehrenbürgerrecht erlischt mit dem Tod und kann bei unwürdigem Verhalten widerrufen werden.

Die Ehrenbürgerschaft wurde und wird in einer Urkunde dokumentiert, deren kalligraphische Gestaltung auf Pergament, auch mit anhängendem Stadtsiegel, besonders prächtig war. Dem würdigen Anlass entsprach ebenso jeweils eine mit dem Stadtwappen geschmückte Mappe in edlem Leder oder Samt mit Metallbeschlägen, in der die Urkunde überreicht wurde. So sprach Otto von Bismarck in seinem Brief am 18. Oktober 1895 an die Thüringer Städte seinen Dank auch „für den künstlerisch so schön ausgestatteten Bürgerbrief" aus. Die Kostbarkeit der Ausführung schlug sich in der Rechnung nieder, die z. B. die Werkstatt von Kunstbuchbindermeister Otto Dorfner 1937 der Stadt stellte für „1 Urkunde ‚Ehrenbürgerbrief Dr. W. F. Mueller' auf echt Kalbspergament 2farbig handgeschrieben mit echt vergoldetem Initial/ 1 Mappe hierzu in echt Maroquinleder mit farbigen Ledereinlagen Wappen der Stadt Weimar, Handvergoldung und vergoldeten Metallschließen." Dem gegenüber nehmen sich die seit 1991 ausgestellten Ehrenbürgerbriefe bescheiden aus. Die Urkundentexte sind als Gemeinderatsbeschlüsse vorhanden und zeigen in der Ausfertigung gelegentlich Abweichungen; Originalurkunden sind nur von Wilhelm Bock, Hugo Fries und Martin Donndorf im Stadtarchiv Weimar überliefert. Die archivalischen Quellen weisen unterschiedliche Schreibweisen der Namen auf wie Döllstedt, Göthe, Patrik (Parry), Schwerdtgeburth oder Zunckel.

Die Gesamtzahl der Weimarer Ehrenbürger wurde in zwei Fällen durch Zurückgabe des Ehrenbürgerrechts reduziert. Oberbürgermeister Dr. jur. Walther Felix Mueller und der Architekt Prof. Dr. Paul Schultze-Naumburg haben die ihnen 1937 bzw. 1944 verliehene Ehrenbürgerwürde aus unterschiedlichen Gründen am 18. bzw. 19. November 1946 niedergelegt, worüber Oberbürgermeister Gerhard Hempel den Stadtrat auf seiner Sitzung am 22. November desselben Jahres informierte. Dem 1946 zum Ehrenbürger ernannten Präsidenten des Thüringer Landtags Dr. jur. Rudolf Paul wurde im Jahre 1948 das Ehrenbürgerrecht aberkannt, da er sein Amt und Thüringen illegal verlassen hat.

Am 3. Oktober 2011 verlieh die Stadt Weimar nach einstimmiger Empfehlung des Vergabebeirats die 60. Ehrenbürgerwürde an Ottomar Rothmann anlässlich seines 90. Geburtstages. Sie zeichnete damit den letzten in Weimar lebenden ehemaligen Häftling des Konzentrationslagers Buchenwald für sein lebenslanges Engagement gegen Rassenhass und Völkermord aus.

In Kurzbiographien – nicht in umfassenden Lebensbildern – und in Abbildungen soll an 50 Persönlichkeiten der insgesamt 60 Ehrenbürger aus den Bereichen Politik, Kultur, Kirche und Wissenschaft erinnert werden. Sie haben sich seit 1814 in den verschiedensten Lebenssphären um das Ansehen Weimars und das Wohl der Bürger verdient gemacht und wurden dafür von der Stadt in besonderer Weise geehrt. Mit kurzen Lebensdarstellungen wird auch an Mueller, Schultze-Naumburg und Paul erinnert.

Meine Recherchen wurden in Text und Bild mit Rat und Tat hilfreich unterstützt von Reinhold Brunner, Eisenach und Manfred Weißbecker, Jena; aus Weimar von Rosemarie Poschmann, Bernhard Post, Direktor des Thüringischen Hauptstaatsarchivs, Alf Rößner, Leiter des Stadtmuseums, Christian Schädlich sowie Siegfried Seifert. Dem Leiter des Stadtarchivs Jens Riederer und seinen Mitarbeiterinnen gebührt mein besonderer Dank.

Meine Tochter Franka hat die Arbeit ermutigend und kritisch begleitet – ihr widme ich diese Veröffentlichung.

Weimar im Oktober 2011   Gitta Günther

Friedrich Caspar von Geismar

Der Weimar-Chronist des beginnenden 19. Jahrhunderts Franz David Gesky notierte die folgende Begebenheit: „1814 21. Oktober, Freitag: Der Stadtrat und der Landsturm brachte dem Kaiserl. Russ. Obristen, Herrn von Geismar, eine Abendmusik zum Andenken, weil derselbe am 22. Oktober 1813 bei dem Scharmützel mit seinen Kosaken die Franzosen aus Weimar geschlagen hatte." Am selben Tag erteilten die Mitglieder des Weimarer Stadtrats Geismar, „der sich zufällig auf der Durchreise hier befand", einstimmig „... das Bürger Recht hiesiger Stadt für sich und seine Nachkommen gratis". Eine auf Pergament geschriebene und mit einer silbernen Siegelkapsel versehene Urkunde darüber enthielt die Begründung, dass er Weimar am 21. und 22. Oktober 1813 vor Plünderung und Zerstörung bewahrt hat. Von einer Ratsdeputation feierlich überreicht, nahm Geismar „diesen kleinen Beweis der Dankbarkeit und Hochschätzung sehr freudig auf, und beauftragte mich, nachdem er auf das Wohl der hiesigen Bürgerschaft das Glas Punsch am offenen Fenster geleert und dadurch denen bei der Abend Musik versammelten Personen seine freudigen Gefühle zu erkennen gegeben hatte, noch besonders, der Bürgerschaft für diesen Beweis von Wohlwollen seinen lebhaftesten Dank abzustatten", vermerkte Bürgermeister Bernhard Kuhn. Auf einem Geismar zur Ehre am 15. November 1814 veranstalteten Fest verlieh ihm Herzog Carl August den am 2. August 1732 gestifteten Herzoglich Sachsen-Weimarischen Orden der Wachsamkeit oder vom weißen Falken, und eine Abordnung der Bürgerschaft überreichte ihm zusammen mit dem Ehrenbürgerdiplom einen Ehrensäbel mit der Inschrift: „Die Bewohner der Stadt Weimar ihrem Retter".

Friedrich Caspar von Geismar entstammte einem alten westfälischen Adelsgeschlecht. Er wurde am 12. Mai 1783 auf dem

Friedrich Caspar von Geismar, von Edouard Pingret, 1814

Landgut Severinhausen bei Ahlen als Sohn eines kurkölnisch-münsterischen Hauptmanns und Kammerherrn geboren. Nach dem Schulbesuch trat er als Kadett in das Deutschmeister-Infanterieregiment zu Wien ein. Anschließend diente er kurzzeitig in der österreichischen, englischen und ab 1805 lebenslang in der kaiserlich-russischen Armee. Nach dem Sieg über die napoleonische Armee in der Völkerschlacht bei Leipzig kommandierte Zar Alexander I. Geismar mit den unter seinem Befehl stehenden Kosaken nach Weimar. Der Zar von Russland war ein Bruder der seit dem 9. November 1804 hier lebenden Erbgroßherzogin Maria Pawlowna und weilte selbst mehrmals am Weimarer Hof, so nahm er an der so genannten Kaiserjagd auf dem Ettersberg am 8. Oktober 1808 nach dem Erfurter Fürstenkongress teil. Vom 18. zum 19. Oktober 1813 trafen die ersten 200 Kosaken in Weimar ein, weitere kamen nach und lieferten sich bei Umpferstedt mit französischen Soldaten ein Gefecht. Heftige Kämpfe fanden am 22. Oktober vor dem Jakobstor statt, aus denen die preußischen und ungarischen Husaren, österreichischen Dragoner und russischen Kosaken unter militärischem Befehl des Oberst von Geismar siegreich hervorgingen und das Niederbrennen der Stadt verhinderten. Am 24. Oktober 1813 traf Zar Alexander I. selbst in Weimar ein.

Nach dem Sieg über die Franzosen trat Geismar als Generaladjutant in die Dienste des Herzogs Carl August und reiste mit ihm nach Paris. Am 24. Oktober 1814, dem 50. Stiftungsfest, wurde Geismar als Bruder im ersten Grad in die Freimaurerloge „Amalia" zu Weimar aufgenommen und in Goethes Gegenwart am 15. November in den Meistergrad erhoben; dieser Loge gehörte er bis 1824 an.

Geismar wurde als angenehmer Zeitgenosse beschrieben: mit kriegerischem Unternehmungsgeist, Klarheit des Verstandes und Einfachheit in seinem Betragen. Es wundert nicht, dass er bei Hofe an Geselligkeiten teilnahm und dort öfter mit Goethe zusammentraf. Dieser notierte die Begegnung nicht nur in seinem Tagebuch: „Herrn Oberst von Geismar. Weimar, am 21. October, Nachmittags 3 Uhr, 1815", sondern widmete ihm auch Verse: „Dem wir unsre Rettung danken / Aus den Händen wilder Franken, / Nimm zur Jahresfeierstunde / Heißen Wunsch vom treusten Munde!". Ende 1815 ging Geismar wieder nach Russland, ohne sich aber gänzlich aus Weimar zurückzuziehen. Zum bevorstehenden Jahrestag der Rettung Weimars vor der Zerstörung verlieh ihm der Großherzog am 21. Oktober 1820 das Großkreuz des Hausordens der Wachsamkeit oder vom weißen Falken. In Begleitung seiner Familie weilte Geismar letztmalig vom 5. bis 8. Oktober 1830 in Weimar. Wieder schrieb Goethe am 7. Oktober über den Besuch in sein Tagebuch: „General Geismar ... Erinnerung an die Hülfe, die er uns Anno 1813 mit seinen Kosaken gebracht." Im selben Jahr ernannte die Stadt Ahlen Geismar zu ihrem Ehrenbürger. Der Reichsfreiherr reiste über Berlin nach St.

Petersburg zurück, wo er am 10. Mai 1848, zwei Tage vor seinem 65. Geburtstag, starb.

Am 9. November 2004 wurde in Weimar zu Ehren Friedrich Caspar Baron von Geismars an der Stelle des ehemaligen Jakobstors, am heutigen Jakobsplan, ein Gedenkstein mit folgender Inschrift enthüllt: „Friedrich Caspar von Geismar / 12. Mai 1783 – 10. Mai 1848 / Weimars erster Ehrenbürger 21. Oktober 1814 / Mit beherztem Einsatz verhinderte / der Oberst in russischen Diensten / am 21. und 22. Oktober 1813 / Plünderung und Brandschatzung der Stadt / durch napoleonische Truppen"

Gedenkstein für Friedrich Caspar Geismar in Weimar

Johannes Daniel Falk

„Wer ein Kind aufnimmt in meinem Namen, der nimmt mich auf" (Matth. 18,5) ist am so genannten Lutherhof zu lesen – ein Bibelwort als Synonym für das Leben des Schriftstellers, Freundes in der Not und Sozialpädagogen Johannes Daniel Falk. Die Stadt Weimar dankte ihm sein wohltätiges, von christlicher Nächstenliebe geprägtes Handeln mit der Verleihung des Bürgerrechts „gratis" am 4. Februar 1824.

Falk wurde am 28. Oktober 1768 in Danzig (heute Gdańsk, Polen) als Sohn eines Perückenmachers geboren. Er entstammte einer alteingesessenen Bürger- und Handwerkerfamilie und wuchs mit sechs Geschwistern auf. Bereits als Kind musste er dem Vater in der Werkstatt helfend zur Hand gehen. Nahe Danzig besuchte er eine akademische Klosterschule, bevor er 1791 das Theologiestudium in Halle aufnahm aber bald wieder aufgab und sich der Philologie zu wandte. Nach dem Abschluss des Studiums betätigte er sich als Privatgelehrter, Schriftsteller und Verfasser von satirischen Dichtungen. Er freundete sich mit Christoph Martin Wieland an und zog auf dessen Anraten mit seiner Frau Caroline im November des Jahres 1797 von Halle in die Residenzstadt Weimar. Hier nahm Falk am geselligen Leben des Hofes teil und spielte sowohl als geistvoller Schriftsteller als auch durch seine weit reichende soziale Tätigkeit eine bedeutende Rolle. Schiller hatte er bereits in Jena kennen gelernt und mit dem von ihm sehr geschätzten Goethe verband ihn über 30 Jahre lang ein ambivalentes Verhältnis.

Johannes Falk hatte sein dichterisches Schaffen bald aufgegeben. Er gründete 1806 eine franzosenfeindliche Zeitschrift und äußerte sich in ihr national-patriotisch, bevor sie zu seiner eigenen Sicherheit verboten wurde. Als mit dem Durchzug preußischer Truppen und mit der militärischen Besetzung

Weimars durch französische Soldaten am 14. Oktober 1806 Not und Bedrängnis über die Einwohner kamen, ging Falk zum Handeln über. Er diente dem französischen Platzkommandanten als Dolmetscher, veranlasste eine geordnete Versorgung der Soldaten und verhinderte dadurch gewaltsame Übergriffe auf die Weimarer. Finanziell geringfügig vom Hof unterstützt, beschaffte er zur Vermeidung von Seuchen und anderen Krankheiten durch Sammlungen in der Bevölkerung das Allernotwendigste, damit die verwundeten Soldaten untergebracht und medizinisch behandelt werden konnten. Der Platzkommandant bescheinigte Falk, den Mitbürgern große Dienste geleistet zu haben. Zwei Jahre später erhöhte Herzog Carl August Falks Einkünfte für „die ausgezeichneten Dienste, welche er in den vorgewesenen Kriegsunruhen geleistet" hat. Aber die berufliche und finanzielle Situation für Falk war nur für eine kurze Zeit ausreichend gesichert, auch die Drangsale der Bevölkerung sollten noch kein Ende finden.

Nach dem Rückzug der französischen Armee aus Russland im Dezember 1812 wurden die Stadt und das Weimarer Land im April 1813 wieder zum Durchzugsgebiet Krieg führender Truppen. Erneut herrschte ein allgemeiner Notstand, dem besonders die Kinder ausgesetzt waren. Zudem folgten dem Krieg pestartige Krankheiten, an denen auch die vier jüngsten Kinder Falks starben, der selbst ebenfalls schwer erkrankte. Hilfe in der Not zu spenden, Retter, Vater und Erzieher für Kriegswaisen und verwahrloste Kinder zu werden, sah Johannes Falk als seine künftige Lebensaufgabe an. Er gründete mit dem Stiftsprediger Carl Friedrich Horn am 11. Mai 1813 die „Gesellschaft der Freunde in der Not" mit dem Ziel, den Schutzbefohlenen Unterkunft und Ausbildungsmöglichkeit zu schaffen. In seinem 1815 in Weimar veröffentlichten „Kriegsbüchlein" schilderte er die Ereignisse der Jahre 1806 bis 1813. Den schlechten Ernten und Teuerungen der Jahre 1816 und 1817 folgte ein Hungerjahr, in dem Falk mit existenziellen Finanzsorgen um das Fortbestehen

Johannes Daniel Falk, Kupferstich nach Carl August Schwerdgeburth

seines sozial-pädagogischen Werkes bangen musste. Ebenso bedrückend war für ihn und die Kinder die Wohnungsfrage. Einige Kinder behielt er bei sich in der Wohnung am Markt 22, in deren Hinterhaus er eine Sonntagsschule eingerichtet hatte. Da ihm die Unterkunft gekündigt wurde, musste er in die heutige Schillerstraße umziehen, wo er jedoch erneut eine Kündigung erhielt. Falk ging 1821 in das halbverfallene Haus „am Jacobsthor in der Ecken uff der Mauer", in dem vorher Wieland und seine kinderreiche Familie gewohnt haben. Gemeinsam mit den Zöglingen – im Laufe der Zeit sollten es insgesamt 500 Kinder werden, an denen er Vaterstelle vertreten hat – baute er das Gebäude wieder auf und schuf so eine neue Wohn- und Schulstätte. Dazu schrieb der Chronist Franz David Gesky am

2. November 1824: „Dienstag: Das Hauptgebäude des Herrn Legationsrats Falk, Stifter des Instituts, wurde gerichtet und nennt sich ‚Gesellschaft der Freunde in der Not' ... Von der Zeit an erhielt das Haus den Namen ‚Lutherhof', weil der selige Dr. Luther in der Gasse gewohnt hatte".

Johannes Falk starb im „Lutherhof" und hinterließ eine Witwe und vier Kinder. Er „entschlief sanft mit der größten Ruhe und Ergebenheit in Gottes heiligen Willen nach schweren halb jährlichen Leiden" teilte das Weimarische Wochenblatt am 17. Februar 1826 seinen Lesern mit. Seine letzte Ruhestätte fand Falk in der Familiegruft auf dem Historischen Friedhof. Gesky notierte am 14. Februar 1826: „Dienstag: Abends sieben Uhr starb der Großh. Legationsrat Johannes Falk, Ritter des weißen Falken-Ordens. Freitag, den 17., nachmittags drei Uhr wurde die Leiche beerdigt, von acht Schülern getragen. Es wurde gesungen: Jesus meine Zuversicht! Von dem Diakon Dr. Köhler wurde eine kurze Rede gehalten."

Falks sozial-pädagogisches Werk fand Anerkennung und Nachbildungen in anderen Städten Thüringens und Deutschlands sowie auch in Frankreich und Russland. 1829 wurde die

Zeitgenössische Ansicht vom Lutherhof in der Marstallstraße

Falk-Denkmal „Am Graben" in Weimar

von ihm gegründete Anstalt zum Landesinstitut erhoben und bezog am 1. April 1830 als „Falksches Institut" ein neues Gebäude Am Schwansee (heute Falkstraße 7). Seit 1875 schmückt ein Bronzerelief mit Falks Bildnis das Gebäude und die Straße wurde in „Falkstraße" umbenannt. Der Bildhauer Gottlieb Elster schuf eine lebensgroße Bronzebüste Falks, die am 22. Mai 1913 am Graben enthüllt wurde. Eine Gedenktafel erinnert am „Lutherhof" in der Marstallstraße an Falk und eine Grundschule, ein Kindergarten und das Diakonische Bildungsinstitut im Landgut Holzdorf tragen heute seinen verpflichtenden Namen; 1999 wurde ein Johannes-Falk-Verein gegründet. Unvergessen wird Johannes Falk auch als Schöpfer des Weihnachtsliedes „O du fröhliche ..." bleiben.

Julius August Walther von Goethe

„Wer ist das würdigste Glied des Staats? Ein wackerer Bürger ..." resumierte Johann Wolfgang von Goethe.

Der 26-jährige, soeben durch seinen Briefroman „Die Leiden des jungen Werther" in Deutschland bekannt gewordene Dichter kam auf Einladung des 18-jährigen Herzogs Carl August von Sachsen-Weimar besuchsweise in die Stadt an der Ilm. Er traf am 7. November 1775 in Weimar ein und entschloss sich im darauf folgenden Jahr, für dauernd in dem Ackerbürgerstädtchen mit seinen damals etwa 6000 Einwohnern zu bleiben. Am 26. April 1776 erlangte er das Bürgerrecht der Residenzstadt, die durch sein literarisches, künstlerisches, wissenschaftliches und staatsmännisches Wirken um 1800 zum kulturellen Mittelpunkt Deutschlands werden sollte. Am 12. Juli 1788 begegnete Goethe im Park an der Ilm Christiane Vulpius und verliebte sich in die hübsche, am 1. Juni 1765 in ärmlichen Verhältnissen in der Luthergasse geborene Tochter eines Amtarchivars. Er fand in dem in Bertuchs Landes-Industriecomptoir mit der Anfertigung von künstlichen Blumen arbeitenden Mädchen seine Lebensgefährtin, mit der ihn Oberkonsistorialrat Wilhelm Christoph Günther am 19. Oktober 1806 in der Sakristei der Jakobskirche traute. Aus der Verbindung gingen fünf Kinder hervor, von denen nur der am 25. Dezember 1789 außerehelich geborene und 1801 von Goethe legitimierte Sohn Julius August Walther das Erwachsenenalter erreichte.

August wuchs wohlbehütet auf und ging frühzeitig mit dem Vater auf Reisen. Er studierte von 1808 bis 1810 in Heidelberg und Jena Rechtswissenschaften und trat anschließend als Kammerassessor in den Dienst des Weimarer Herzogs. Charakterlich prägte ihn die enge, in eine Abhängigkeit mündende Zusammenarbeit mit seinem Vater, den er auch bei offiziellen Anlässen vertrat. Am

Julius August Walther von Goethe, Ölgemälde von Ehregott Grünler, 1828

17. Juni 1817 heiratete August die 19-jährige lebensfrohe, schwärmerisch veranlagte Ottilie von Pogwisch und lebte mit ihr in der Mansardenwohnung des Hauses am Frauenplan. Die Ehe war wegen der gegensätzlichen Charaktere von Ottilie und August auf Dauer nicht glücklich. Im Jahre 1830 erhoffte sich August von einer Reise nach Italien, auf der ihn anfangs der Mitarbeiter des Vaters Johann Peter Eckermann begleitete, die seelische Selbstfindung und körperliche Genesung. Aber sein gesundheitlicher Zustand verschlechterte sich, und August verstarb am 27. Oktober 1830 an einem „Schlagfluss" in Rom. Er fand dort auf dem Cimitero acattolico an der Cestius-Pyramide seine letzte Ruhe. Sein Grabstein

Eintrag im Bürgerbuch vom 8. November 1825

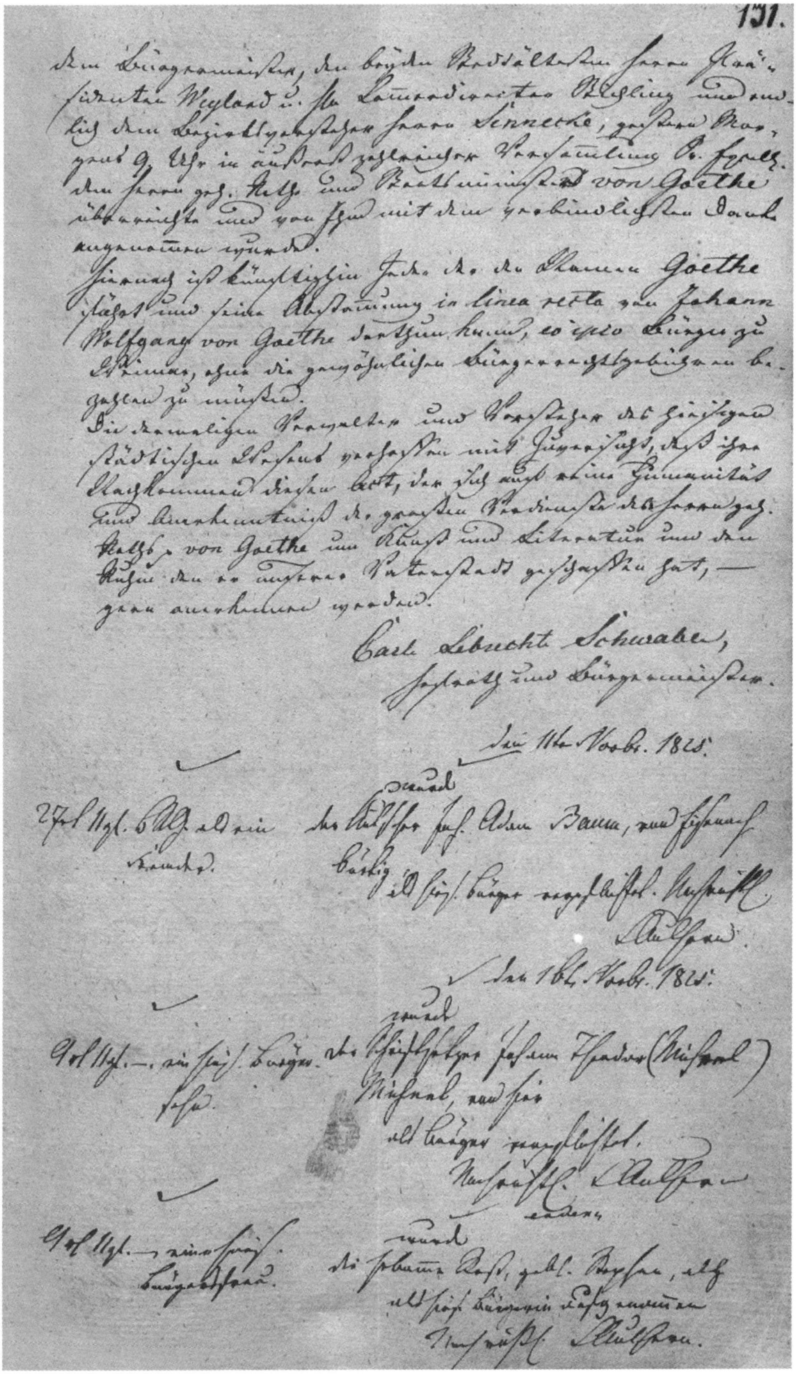

trägt die Inschrift: GOETHE FILIUS / PATRI /ANTEVERTENS / OBIIT / ANNOR[um] XL / MDCCCXXX [Goethe, der Sohn, dem Vater vorangehend, starb mit 40 Jahren 1830].

Aber zurück nach Weimar: Dem Ehepaar Ottilie und August von Goethe wurden die drei Kinder Walther Wolfgang, Wolfgang Maximilian und Alma geboren. Im Erwachsenenalter konnten die Großherzoglich Sächsischen Kammerherren Walther als Komponist mit schriftstellerischen Ambitionen und Wolfgang als promovierter Jurist und Legationsrat im Dienste des preußischen Hofs der öffentlichen Erwartungshaltung an eigene Leistungen nicht gerecht werden. In seinem Testament vom 24. September 1883 verfügte Walther Wolfgang von Goethe, dass der Nachlass seines Großvaters in die Verantwortung des Sachsen-Weimarischen Staates bzw. der Großherzogin Sophie übergeben wurde. Wolfgang Maximilian starb am 20. Januar 1883 in Weimar und Walther Wolfgang am 15. April 1885 in Leipzig. Sie ruhen in der Familiengrabstätte auf dem hiesigen Historischen Friedhof, in der auch ihre im Alter von 17 Jahren verstorbene Schwester Alma bestattet wurde. Das Geschlecht Goethes erlosch, da seine Enkel ohne Nachkommen blieben.

Am 7. November 1825 begingen der Hof und die Stadt, Einheimische und Fremde mit einem Jubelfest sowie mit Geschenken und Ehrengaben den Tag der Ankunft Goethes vor 50 Jahren in Weimar und gleichzeitig dessen 50-jähriges Dienstjubiläum. Vom frühen Morgenlied für den Hausherrn am Frauenplan bis in die Nacht hinein erstreckten sich die Feierlichkeiten. Im Auftrag des Großherzogs überbrachte Staatsminister Carl Wilhelm Freiherr von Fritsch dem Jubilar ein Handschreiben und eine auf den 7. November geprägte Medaille mit den Bildnissen des großherzoglichen Paares und Goethes. Der Stadtrat stand den Ehrbezeugungen nicht nach und überreichte dem Dichter das Bürgerrechtsdiplom „gratis" für alle männlichen Nachkommen seines Namens; Alma von Goethe hat am 13. August 1832 durch ihren Vormund das Bürgerrecht erlangt. Am 8. November 1825 trug Carl Lebrecht Schwabe, Hofrat und Bürgermeister, folgenden Text in das Bürgerbuch der Stadt ein:

„Nachdem gestern, am 7. November, ein Zeitraum von 50. / Jahren verfloßen war, seitdem Se. Excellenz der Herr / geheime Rath und Staatsminister Johann Wolfgang von / Goethe seinen Wohnsitz hier genommen und an die Seite / unsers gnädigsten Großherzogs Carl August, Königliche / Hoheit, getreten war, hatte das Plenum des Stadtraths / in Rücksicht des vielseitigen Schaffens und Wirkens des Herrn etc. von Goethe für / Kunst, Geschmack und geistige Bildung überhaupt beschlossen / auch Namens der Stadt einen Beweis ihrer Verehrung zu / geben. Es ward zu dem Ende nicht nur / dem Sohne des Herrn geheimen Raths und Staatsmi- / nisters Johann Wolfgang von Göthe, namentlich / Herrn Julius August Walther von Goethe / großherzoglich Sächs. geheimen Cammerrath / allhier / sondern auch deßen beyden Enkeln / Söhnen des letzten / namentlich: / Wolfgang Walther / und / Maximilian Wolfgang von Goethe / sammt allen deren männlichen rechten Nachkommen in / gerader absteigender Linie das hiesige Bürgerrecht er / theilt und eine Urkunde darüber ausgefertigt worden, / welche eine Deputation des Stadtraths, bestehend aus mir / dem Bürgermeister, den beyden Stadtältesten Herrn Prä / sidenten Weyland u. Hn Cammerdirector Stichling und end / lich dem Bezirksvorsteher Herrn Sennecke, gestern Mor- / gens 9. Uhr in äußerst zahlreicher Versammlung Sr. Exell. / dem Herrn geh. Rathe und Staatsminister von Goethe / überreichte und von Ihm mit dem verbindlichsten Danke / angenommen wurde.

Hiernach ist künftighin Jeder der den Namen Goethe / führt und seine Abstammung in linea recta von Johann / Wolfgang von Goethe darthun kann, eo ipso Bürger zu / Weimar, ohne die gewöhnlichen Bürgerrechtsgebühren be- / zahlen zu müßen.

Die dermaligen Verwalter und Vorsteher des hiesigen / städtischen Wesens verhoffen mit Zuversicht, daß ihre / Nachkommen diesen Act, der sich auf reine Humanität / und Anerkenntniß der großen Verdienste des Herrn geh. / Raths etc. von Goethe um Kunst und Literatur und den Ruhm / den er unserer Vaterstadt geschaffen hat, – / gern anerkennen werden."

Am 29. Dezember 1825 bedankte sich Goethe beim Stadtrat für die Ehrung: „Einem eingebürgerten Fremdling kann wohl kein besseres Zeugniß widerfahren als dass ihm seine zweyte Vaterstadt nach funfzigjährigem Bleiben dadurch ihre wohlmeinende Gesinnung zu erkenn gibt, dass sie ihn nicht allein als nützlichen Bürger freundlich begrüßt, sondern auf die Seinigen auch für immer gleiche Rechte und Beziehungen überträgt."

Carl Wilhelm von Fritsch

Am 16. Juli 1769 als Sohn des Staatsministers Jakob Friedrich Freiherrn von Fritsch in Weimar geboren, sollte Carl Wilhelm später wie einst sein Vater hohe staatliche Ämter im Sachsen-Weimarischen Staatsdienst bekleiden. Dazu absolvierte er 1786 sein Jurastudium an den Universitäten Jena und 1788 Leipzig, bevor er 1789 seine Laufbahn als Assessor in der Regierung von Herzog Carl August von Sachsen-Weimar-Eisenach begann. Zwei Jahre später trat er in die Landes-Polizei-Direktion ein und wurde der Almosendeputation zugeteilt. 1805 übernahm er die Leitung der General-Polizei-Direktion. 1793 erfolgte seine Ernennung zum Regierungsrat und Kammerjunker, 1802 zum Kammerherrn. Im Jahre 1803 heiratete er die in Stuttgart geborene Hofdame der Herzoginwitwe Anna Amalia, Henrietta Antonia Freiin Wolfskeel von Reichenberg, mit der er sechs Kinder hatte.

Einquartierungen von Soldaten, Beschlagnahmungen und Plünderungen in den kriegerischen Auseinandersetzungen zwischen Preußen und Frankreich im Jahr 1806 hatten die Stadt Weimar und das Herzogtum in große materielle Not und die Bewohner in eine Schreckenszeit versetzt. Von Fritsch, dem vorzugsweise die Militärangelegenheiten übertragen waren, entwickelte eine rege Tätigkeit, der Misere zu begegnen. Durch die politischen Auffassungen des Staatsministers Johann Wolfgang von Goethe geformt, gelang es ihm, in klugen Verhandlungen mit den französischen Behörden, deren Forderungen möglichst zu beschränken. In Anerkennung seiner Leistungen wurde er 1807 zum Präsidenten des neu organisierten Landespolizei-Kollegiums ernannt. Weitere Ämter und Auszeichnungen folgten, wie am 6. April 1815 die Ernennung zum Wirklichen Geheimen Rat und die Verleihung des Ehrentitels „Excellenz". Als Präsident des Landschaftskollegiums führte er die Übernahme und Übergabe

Carl Wilhelm von Fritsch

Carl Wilhelm von Fritsch, von Johann Joseph Schmeller

derjenigen Ortschaften und Landesteile durch, die nach Beendigung der Befreiungskriege infolge des Pariser Friedens 1815 und der Staatsverträge mit Preußen gegenseitig abgetreten wurden. Fritsch hatte am Wiener Kongress teilgenommen und die Erhebung des Herzogtums am 4. April 1815 zum nunmehrigen Großherzogtum Sachsen-Weimar-Eisenach erlebt. Noch im selben Jahr wurde er nach der Errichtung des Staatsministeriums am 12. Dezember mit 46 Jahren zum Staatsminister ernannt. Ihm waren anfangs die Justiz-, Lehns- und Hoheitssachen, die Landesverwaltungspolizei, die landschaftlichen und Steuergeschäfte sowie die Militärsachen unterstellt. Später gab er die letzteren Ämter ab und übernahm die Verwaltung der Kirchen- und Schulsachen. Als der Staatsminister Christian Gottlob von Voigt starb, wurde Fritsch 1819 dessen Nachfolger als Präsident des Staatsministeriums mit dem Departement des Großherzoglichen Hauses und der auswärtigen Angelegenheiten; er hatte die Leitung über die Universität Jena und die Oberaufsicht über das Geheime Haupt- und Staatsarchiv Weimar. Der vielseitig Gebildete nahm als Vertreter des Großherzogtums 1819 an Ministerkonferenzen in Karlsbad (heute Karlovy Vary), im darauf folgenden Jahr in Wien und im Winter 1833/34 als Bevollmächtigter des gesamten Ernestinischen Hauses erneut in Wien teil.

Unter dem Staatsministerium stehend, behielt sich die Landesdirektion jede Entscheidung über die Belange der Residenzstadt Weimar vor. Es hatte sich in den 1830er Jahren eine unfruchtbare Starre auf die politischen Zustände gelegt, die verhinderte, dass Weimars Bürger in den Focus großer Staatspolitik rückten. Im Weimarer Landtag bildete sich eine liberale Opposition, und die Bürgerschaft erhob im Todesjahr Goethes Forderungen nach Pressefreiheit und öffentliche Landtagssitzungen. Großherzog Carl Friedrich von Sachsen-Weimar-Eisenach erließ jedoch gegen den Willen der Mehrheit des Stadtrats am 28. August 1838 eine neue Stadtordnung, und das Staatsministerium setzte den bisherigen Hofadvokaten Dr. jur. Carl Georg Hase als Bürgermeister auf Lebenszeit ein. In einer Zeit der mit der Stadtordnung neu festgeschriebenen Abhängigkeit vom Landesherrn wurde dessen Staatsminister Ehrenbürger der Stadt Weimar.

Am 10. Oktober 1839 hatte die Ratsversammlung „die Ertheilung des städtischen Ehrenbürgerrechts" anlässlich „des fünfzigjährigen Dienst-Jubiläums des Großherzogl. Sächsischen wirklichen geheimen Rathes und Staatsministers, Ordenskanzlers usw. ..." Carl Wilhelm Freiherr Dr. jur. von Fritsch einstimmig genehmigt, wobei der Begriff „Ehrenbürger" erstmals verwendet und aktenkundig wurde. Zu den Feierlichkeiten mit Gedichten, Gesängen und Geschenken am 30. Oktober im großen Saal des Schießhauses brachte Staatsminister Ernst Christian A. Freiherr von Gersdorff auf Fritsch einen Trinkspruch aus, es überbrachte eine „Deputation des Stadtrats das Diplom eines Ehrenbürgers von Weimar", es wurde getafelt und der Festtag mit einem Ball beendet. Die Weimarische Zeitung berichtete, Fritsch sei von den ehrenvollen Beweisen wohlwollender Teilnahme auf das Höchste beglückt.

Im Herbst 1843 trat Fritsch wegen eines sich verschlechternden Augenleidens von sämtlichen Staatsämtern zurück; seine Nachfolge im Staatsdienst trat Christian Bernhard Freiherr von Watzdorf an. Wie sein Vater gehörte auch Carl Wilhelm von Fritsch als Freimaurer der Loge „Amalia" an, dessen Meister vom Stuhl er von 1818 bis 1851 war. Gleichzeitung war er als Staatsminister Kanzler des Großherzoglichen Hausordens der Wachsamkeit oder vom weißen Falken, in den Mitglieder der fürstlichen Familie und wenige bevorzugte Personen aufgenommen wurden. Poetisch veranlagt, war Fritsch ein beliebtes und tätiges Mitglied am Großherzoglichen Hof. In seinen letzten Lebensjahren wohnte er im Bürgerschulbezirk, Innere Erfurter Straße 8 (heute Heinrich-Heine-Straße). Er starb am 16. Oktober 1851 und wurde in der Familiengruft auf dem damals Neuen, heute Historischen Friedhof beigesetzt.

Johann Gottfried Zunkel

Am 3. Februar 1760 wurde Johann Gottfried Zunkel (auch Zunckel) in Buttstädt geboren. Nach dem Schulbesuch und der nachfolgenden theologischen Ausbildung wurde er am 6. Mai 1792 in das Pfarramt Niederreißen bei Buttstädt eingeführt. Noch im selben Jahr übersiedelte er in die Residenzstadt Weimar, wo er zunächst als Hauslehrer bei der gräflichen Familie von Beust arbeitete. Auf Fürsprache Johann Gottfried Herders wurde Zunkel im Jahre 1794 in das Amt des ersten „Diaconus" an der Stadtkirche berufen, wo er fortan als Prediger und Seelsorger für die Gemeinde tätig war. Die Stadt, der August Carl Bernhard Temler als Bürgermeister vorstand, erteilte ihm am 6. Dezember 1800 „wegen erkauften Garten ... das Bürger Recht gratis".

Der gerade zum Bürger ernannte Geistliche erlebte im beginnenden 19. Jahrhundert noch die Aura des Dichters und Staatsmannes Goethe und seiner Zeitgenossen in den Mauern seiner neuen Heimat. Als der 59-jährige Herder starb und am 21. Dezember 1803 beigesetzt wurde, hielt Zunkel in der Stadtkirche die Trauerrede; er gab auch die Gestaltungsidee für die Grabplatte Herders mit dem Sinnbild der Ewigkeit. 1805 verschieden der 49-jährige Friedrich Schiller, 1807 die 68-jährige Herzoginmutter Anna Amalia und deren 55-jährige Hofdame Luise von Göchhausen sowie andere Persönlichkeiten, die einst die Weimarer Klassik mit geprägt hatten. Obwohl im Hoftheater noch bedeutende Erst- und Uraufführungen stattfanden, verblich allmählich die kulturelle Glorie voran gegangener Jahre.

Abseits allen Glanzes lebten arme, alte und hilflose Personen in der Stadt, die auf Almosen und Mildtätigkeit angewiesen waren. Die für das Armenwesen zu schaffenden wohltätigen Anstalten und sozialen Stiftungen waren in dieser Zeit ein

Johann Gottfried Zunkel

Johann Gottfried Zunkel, von H. Müller

wichtiges Anliegen von Kommune und Kirche. Schon 1770 war das Siechhaus vor dem Erfurter Tor, das auch als Arbeits- und Armenhaus diente, gebaut worden. Die kriegerischen Auseinandersetzungen zwischen Preußen und Frankreich, in denen auch das Weimarer Herzogtum involviert war, gingen für die

Bevölkerung mit großer materieller Not durch Plünderungen und Einquartierungen einher. Allein im Oktober 1806 mussten schätzungsweise 60 000 Soldaten und 20 000 Pferde in der Stadt untergebracht und verpflegt werden, was die Armut eines Großteils der Einwohner vergrößerte. Zur Regelung der öffentlichen Armenunterstützung mit Nahrung, Kleidung, Wohnung, Brennmaterial und mit Hilfe im Krankheitsfall wurde am 1. Januar 1837 eine Armenordnung wirksam, der zufolge der Bürgermeister, ein Stadtgeistlicher und ein großherzoglicher Hof- und Staatsdiener die Armenaufsicht ausübten.

Der zeitgenössische Chronist Weimarer Geschehnisse Franz Davis Gesky berichtete von Predigten des Diakons Zunkel im Schicksalsjahr 1806, über die Einführung einer neuen Stadtordnung 1811, zum 300-jährigen Reformationsfest 1817 und über Einweihung des neuen Gottesackers 1818, des heutigen Historischen Friedhofs. In der Amtszeit des seit 1820 als Generalsuperintendent und Oberkonsistorialrat im überwiegend evangelisch-lutherischen Weimar wirkenden Doktor der Theologie, Johann Friedrich Röhr, wurde Zunkel am 19. Juli 1829 zum Archidiakon an der Weimarer Stadtkirche zu St. Peter und Paul berufen. Am 2. Februar 1837 erwies die Universität Jena dem hochverdienten Mann die „schuldige Ehrung" mit der Verleihung der Ehrenpromotion zum Doktor der Theologie.

Am 6. Mai 1842 beging der Oberkonsistorialrat und Archidiakonus, auch Ritter des Großherzoglichen Hausordens der Wachsamkeit oder vom weißen Falken, Johann Gottfried Zunkel, sein 50-jähriges Berufsjubiläum und wurde aus diesem Anlass mit dem Ehrenbürgerrecht der Stadt Weimar geehrt: „Wir, Oberbürgermeister u. Rath der Großh. Haupt und Residenzstadt Weimar urkunden und bekennen hiermit: Nachdem heute vor fünfzig Jahren Herr Ob. Kons. Rath und Archidiakonus D. th. Joh. Gottfr. Zunkel als ein berufener Diener des Wortes und Lehrer unserer heilige Religion mit dem Prediger und Lehramte ordnungsmeßig bekleidet und wenige Jahre darauf an hiesiger Haupt u. Stadtkirche feierlich eingeführt u. in solcher Eigenschaft erst als Diakonus u. hierauf als Archidiakonus ... sich nicht allein die innigste Hochachtung der hiesigen Einwohner wohl verdient, sondern auch ihr volles Vertrauen wahre Liebe u. Verehrung genossen hat: So haben wir, um einem solchen hochverdienten Manne, bei Gelegenheit der Feier Seines Dienstjubelfestes einen würdigen Beweis unserer innigsten Dankbarkeit wegen Seiner Verdienste besonders um unsere Stadt, darzubringen, demselben das Ehrenbürgerrecht ... mit allen Befugnissen und Vortheilen des wirklichen Burgerrechts ... verliehen." Im Beschluss des Gemeinderats zur Erteilung des Ehrenbürgerrechts werden Zunkels segensreiches Wirken als Mitglied der Armendeputation und die von ihm ausgeübte Oberaufsicht über das hiesige Siechhaus sowie seine Führung der Unterstützungskassen als ergänzende Begründung genannt. Geistliche und weltliche Personen der Stadt und des Umlandes ehrten Zunkel, der Weimar seine zweite Vaterstadt nannte, in Festgesängen und -gedichten.

Am 23. Juli 1843 starb Johann Gottfried Zunkel in Weimar. Die Ehrenbürgerschaft Zunkels erklärt sich im Kontext mit seinem sozialen Engagement zur Linderung der Armut der Bevölkerung, jedoch weist seine Wirkungsgeschichte für die Stadt heute keine nachvollziehbaren Spuren mehr auf. Seine letzte Ruhestätte fand er in der Cranachgruft auf dem Jakobsfriedhof, die nach seiner Bestattung endgültig geschlossen wurde.

Carl Friedrich Horn

Das Motto, über das der Oberkonsistorialrat, Stiftsprediger und Pädagoge Carl Friedrich Horn zur Einhundertjahrfeier des Wilhelm-Ernst-Gymnasiums im Jahre 1816 die Festrede hielt, war auch der Leitspruch seines Lebens: „Deo, virtuti, bonis artibus, publicae et posteritatis salvi" (Gott, der Tugend, den schönen Künsten, dem Wohle des Staates und der Nachwelt).

Horn wurde am 9. Januar 1772 als viertes Kind eines Hofbediensteten in Weimar geboren und wuchs hier mit seinen elf Geschwistern auf. Er erhielt frühzeitig Privatunterricht, insbesondere in den alten Sprachen. Nach dem Besuch des Wilhelm-Ernst-Gymnasiums studierte er an der Universität Jena Theologie und arbeitete anschließend als Hauslehrer in Weimar, wo er auch die fürstlichen Kinder unterrichtete. Der Generalsuperintendent des Herzogtums Sachsen-Weimar, Johann Gottfried Herder, rühmte Horn als guten Prediger, gebildeten Menschen, trefflichen Katecheten und Schullehrer und berief ihn im Jahre 1798 als Lehrer an das 1788 in der Scherfgasse gegründete Seminar für Landschullehrer und gleichzeitig als Hilfsgeistlichen an die Stadtkirche St. Peter und Paul. An dieser Kirche, hinter der er auch wohnte, wirkte Horn bis zu seinem Tode. Seit 1801 war er Stiftsprediger und vom selben Jahr an bis zu seinem Rücktritt vom Amt 1825 Seminarinspektor. 1807 bekam er die Mitaufsicht über die Schulen, an denen Seminaristen Unterricht erteilten. Zugleich unterrichtete er bis 1843 im Lehrerseminar das Fach Religion.

Carl Friedrich Horn erwarb sich in der ersten Hälfte des 19. Jahrhunderts eine besondere Bedeutung, indem er gravierende Mängel im Weimarer Volksschulwesen behob. Dafür hat er bis kurz vor seinem Tod als Sachverständiger im Großherzoglichen Oberkonsistorium, der Schulaufsichtsbehörde, in das er 1816 als Mitglied berufen wurde, gewirkt. Im selben Jahr schrieb er in einem Bericht über das Lehrerseminar an den Großherzog, dass sich die Anstalt in einem blühenden Zustand befinde. Bei einem Studienaufenthalt in der Schweiz 1819 lernte Horn den Reformpädagogen Johann Heinrich Pestalozzi kennen und bezog dessen Lehrmethoden später in seine eigene Arbeit ein. Er hat sich mit Nachdruck für die geistige und materielle Verbesserung des Lehrerstandes ebenso eingesetzt, wie er das Lehrerseminar, für das er 1825 einen umfassenden neuen Lehrplan schuf, zu einer selbständigen Bildungsanstalt für Lehrer umgestaltet hat. Als Musikkenner ließ er im Gebäude des Lehrerseminars auch eine Orgel einbauen, um eine alte Klage, dass es mit dem Orgelspiel schlecht bestellt sei, zu beheben. An ihr unterrichtete der überregional bekannte Organist Johann Gottlob Töpfer.

Horn und der mit ihm befreundete Pädagoge und Schriftsteller Johannes Falk nahmen sich der durch die Befreiungskriege von 1806 bis 1813 große Not leidenden Kinder an. Gemeinsam gründeten sie am 11. Mai 1813 die „Gesellschaft der Freunde in der Not" und eine Erziehungsanstalt mit Ausbildungs- und sozialen Aufgaben für Kriegswaisen und verwahrloste Kinder. Mit seiner karitativen Art und seinem frommen, warmherzigen Wesen fand Horn nicht nur in seiner Kirchgemeinde, die seinen Namen trug, Zuspruch, sondern wurde auch von den durch seine Schule gegangenen und von ihm geformten Lehrern verehrt. Horn war auch schriftstellerisch tätig und hinterließ Abhandlungen pädagogischen und theologischen Inhalts.

Am 11. August 1824 verlieh ihm die Universität Jena für seine Verdienste um das Weimarer Lehrerseminar und die Kirche sowie als Jugendschriftsteller die Ehrendoktorwürde der Theologie. Die Ratsversammlung der Stadt Weimar fasste einstimmig den Beschluss, Carl Friedrich Horn anlässlich seines 50-jährigen Dienstjubiläums am 14. Juni 1848 das Ehrenbürgerrecht mit „allen Befugnissen und Vortheilen zu ertheilen".

Carl Friedrich Horn, von H. Müller

Bei der Einweihung des von dem Münchner Bildhauer Ludwig Schaller geschaffenen Herderdenkmals am 25. August 1850 trat der hochbetagte Stiftsprediger und Pädagoge Horn mit einer Festrede für seinen väterlichen Freund Herder zum letzten Mal öffentlich auf. Trotz seiner zeitlebens schwächlichen Konstitution starb er erst über 80-jährig am 9. Februar 1852 in Weimar und ruht neben seiner Ehefrau Sidonia Horn auf dem Historischen Friedhof.

James Patrick von Parry

Auf Antrag von Oberbürgermeister Wilhelm Bock beschloss der Gemeinderat am 15. Mai 1857 einstimmig, James Patrick (auch Patrik) von Parry das Ehrenbürgerrecht mit folgender Begründung zu verleihen: „Nachdem der Gemeinderath der hiesigen Stadt dem Herzogl. Altenburg. Kammerherrn Herrn J. Patrik von Parry Esquire, auf Großkochberg in Anerkennung der von dem selben so vielfach bewiesenen wohlthätigen Theilnahme an den gemeinnützigen Anstalten und Unternehmungen der hiesigen Stadt und der Waltenden Menschlichkeit die in seiner Sitzung vom 15. d. M. durch einstimmigen Beschluß das Ehrenbürgerrecht ertheilt hat, so wird demselben hierüber diese Urkunde unter geordnete Unterschrift und Beidrückung des großen Stadtinsiegels ausgefertigt Weimar 25. Mai 1857" (Entwurf des Ehrenbürgerbriefs).

Zu diesem Zeitpunkt hatte Parry bereits 31 Jahre in Weimar gelebt. Sein Reichtum hatte ihm ein großzügiges soziales Engagement ermöglicht, für das die Stadt ihm mit der Ernennung zum Ehrenbürger gedankt hat. Drei Tage nach der hohen Auszeichnung schrieb er tief bewegt an den Oberbürgermeister: „... Ich werde sehr stolz seyn, den Namen eines Bürgers Weimar tragen zu dürfen ..." Als Zeichen seiner Dankbarkeit für die Ehrenbürgerschaft stiftete er 1869 der Armenkasse einen hohen Geldbetrag, den das Weimarer Bankhaus Julius Elkan verwaltete. Paragraph 1 des Stiftungsvertrages besagt: „Von den Zinsen sollen fünf rechtschaffende Familienväter, oder Witwen, die der Himmel mit vielen Kindern gesegnet hat, und die dieselben gut und fromm erziehen, jeden 10 Thlr. zu Weihnachten ausgezahlt werden". Auch soll die Stadt nach dem Tode des Stifters von dem Geld das Erbbegräbnis unterhalten.

Parry wurde am 17. März 1803 in Eltham, in der Grafschaft Kent in England als Sohn eines Kaufmanns geboren und wuchs mit sieben Geschwistern in einer begüterten Familie auf. Er besuchte von 1816 in London die Schule und ging 1820 in Oxford aufs College. In der Familientradition lag die Verbindung zum Militär begründet, und so diente auch Parry um 1825 als Offizier in der Miliz der Grafschaft Suffolk. Er bereiste mehrere europäische Städte und traf, vom Schweriner Hof, kommend, 1826 in Weimar ein. Der junge Mann wurde von Großherzog Carl August empfangen und in dem Kreis der in der Stadt um die Schwiegertochter Goethes, Ottilie von Goethe, lebenden Engländer aufgenommen. Während manche Engländer früher oder später Weimar wieder verließen, deutete sich bald an, dass Parry für dauernd seinen Wohnsitz in der knapp 10 000 Einwohner zählenden Residenzstadt nehmen würde. Er wurde hier heimisch und selbst Teil der Weimarer Gesellschaft. Seine sich entwickelnden freundschaftlichen Beziehungen zu hiesigen Familien wie den Egloffsteins und den Gersdorffs sowie zu den Frorieps waren ein Ausdruck dafür. Der Dichter und Staatsmann Goethe nahm Parry für Übersetzungen in Anspruch und hielt in seinem Tagebuch wiederholt Begegnungen mit dem Engländer und dessen Familie im Haus am Frauenplan fest.

In Weimar lernte Parry seine in Holland aufgewachsene Frau Louise Freiin von Stein-Kochberg kennen, eine Enkelin der Hofdame Charlotte von Stein. Das Paar heiratete im Sommer des Jahres 1827 und nahm seinen Wohnsitz in der damaligen Deinhardtsgasse (heute Brauhausgasse). Dass Großherzog Carl Alexander von Sachsen-Weimar-Eisenach und seine Gemahlin 1853 als Trauzeugen an der Hochzeit der 19-jährigen Tochter Parrys, Emma, mit dem Schloßhauptmann im Dienste des Großherzogs, Major Leo Amadeus Maximilian Graf Henckel von Donnersmarck, teilnahmen, beweist die anhaltende Wertschätzung des Hofes gegenüber der Familie Parry. Besonders vertraut und herzlich gestaltete sich das Verhältnis zwischen Parry und der agilen Ottilie von Goethe, das zeitlebens anhielt. Sie traten sogar durch die Heirat Emmas mit dem Grafen, einem Cousin Ottilies, in eine verwandtschaftliche Beziehung. Auf Vorschlag Ottilies wurde eine literarische Zeitschrift unter dem Namen „Chaos" gegründet und von ihr herausgegeben. An diesem Gesellschaftsjournal arbeitete Parry sowohl als Redakteur als auch als Autor eigener englischer Beiträge mit. Das wöchentlich erscheinende Blatt, dessen erste Nummer im September 1829 in Weimar veröffentlicht wurde, stellte sein Erscheinen nach Goethes Tod 1832 wieder ein.

Im Jahre 1835 wurde der jagdfreudige Parry Besitzer des im Herzogtum Sachsen-Altenburg bei Rudolstadt gelegenen Ritterguts Kuhfraß, dem ehemaligen Eigentum der Familie Stein-Kochberg. Er ließ es zu einem Jagdschloss – Schloss Hirschhügel – umbauen, um es überwiegend als seine Sommerresidenz zu nutzen.

James Patrick von Parry, Kreidezeichnung von Johann Joseph Schmeller, 1831

Die als gastfreundlich bekannte Familie Parry lebte zwischen ausgedehnten Reisen abwechselnd in Weimar und auf Kochberg. Hier zeichnete sich Louise von Parry trotz ihrer angegriffenen Gesundheit durch ihr vielseitiges soziales Engagement aus. Als seine Frau nach einer langen Leidenszeit am 22. April 1864 starb, ließ Parry noch im selben Jahr an ihrem vermeintlichen Lieblingsaufenthaltsort in Kleinkochberg einen Aussichtsturm errichten, dem er den Namen „Louisenturm" gab.

Der 1848 geadelte Rittergutsbesitzer, 1853 zum Sachsen-Altenburgischen Kammerherrn ernannte und seit 1857 Komtur des Großherzoglich Sächsischen Hausordens der Wachsamkeit oder vom weißen Falken sowie auch Träger des Königlich-Preußischen Kronenordens IV. Klasse, James Patrick von Parry, starb nach langer Krankheit am 9. Juni 1872 auf Schloss Hirschhügel und wurde in einem Familienerbbegräbnis auf dem Historischen Friedhof in Weimar bestattet. Er hinterließ seinen Sohn, Major Carl von Parry, und seine Tochter Emma. Im Jahre 1897 beantragte Leo Graf Henckel von Donnersmarck die Überführung der Familie Parry in die neu errichtete Grabkapelle zu Hirschhügel. Nachdem die für die Exhumierung erforderlichen Auflagen erfüllt und ein Leichenpass ausgestellt war, wurden die Bleisärge in der Nacht vom 26. zum 27. Juni 1897 nach Hirschhügel gebracht. Die Gräfin verkaufte die Weimarer Grabstätte noch im selben Jahr an die Stadt und diese den Erbbegräbnisplatz an den Großherzoglichen Kammerherrn August von Goeben.

Schloss Hirschhügel befand sich bis 1945 im Besitz der Familie Henckel von Donnersmarck und wurde nach 1990 rückübereignet. Bei Sequestrierung des Besitzes im April 1950 wurden 39 Handzeichnungen von Goethe gefunden, die als „Hirschhügelfund" in die Kunstgeschichte eingegangen sind. Sie gehörten zum unveräußerlichen Kulturgut der Nationalen Forschungs- und Gedenkstätten der klassischen deutschen Literatur in Weimar und befinden sich nach 1990 überwiegend in Privatbesitz.

Ernst Rietschel

Ernst Rietschel wurde am 15. Dezember 1804 als Sohn eines Handwerkers in Pulsnitz in Sachsen geboren. In seinen Erinnerungen nannte er den Vater, der nur über ein geringes Einkommen verfügte und zeitlebens Schulden abzuzahlen hatte, einen gläubigen, wissensdurstigen Mann und die Mutter von außerordentlich sanftem Charakter. Bereits als Kind erhielt Rietschel Zeichenunterricht und trug mit Zeichnen und Malen zum Familienunterhalt bei. Die begonnene ungeliebte Kaufmannslehre brach er ab; denn Dresden war das Ziel seiner Wünsche. Mit leidenschaftlichem Eifer und wenig Geld besuchte er ab 1820 mit großem Erfolg die dortige Kunstakademie. Es zog ihn nicht speziell zur Malerei, sondern ihn interessierte die alles umfassende Kunst. Er begann mit plastischen Studien bei einem Bildhauer und modellierte sein erstes Werk, einen lebensgroßen Diskuswerfer. Sein erstes Auftragswerk, eine Neptunfigur, misslang.

1826 ging Rietschel mit einem Empfehlungsschreiben nach Berlin, um bei dem bekannten Bildhauer Christian Daniel Rauch seine Studien fortzusetzen. Von Rauch empfohlen schuf er unter dessen Leitung ein Denkmal für den gerade verstorbenen König Friedrich August den Gerechten in Dresden. Trotz einer ursprünglichen Aversion gegen die große Stadt begann sich Rietschel in Berlin in einem geselligen Kreis, dem auch der Dichter Adalbert von Chamisso angehörte, wohl zu fühlen. Die Rückreise von Nürnberg, wo er als Vertreter der Werkstatt Rauchs gewesen war, führte ihn über Weimar. Er wurde im Haus am Frauenplan empfangen und beschrieb ehrfurchtsvoll seine erste Begegnung mit Johann Wolfgang von Goethe: Er „war mild und freundlich, fragte mich nach dem Verlauf des Dürer-Festes und nach Rauchs Tätigkeit". Für ein akademisches Reisestipendium arbeitete Rietschel täglich zwölf Stunden an

Ernst Rietschel

einem Relief, mit dem er den Preis von 1200 Talern für drei Jahre gewann. Seiner seelischen Erschütterung über den Tod des Vaters am 21. Dezember 1828 verlieh er einen hohen künstlerischen Ausdruck, der ihn zum Besten unter den jungen Künstlern machte.

Als Rauchs bevorzugter Schüler reiste Rietschel 1829 mit dem Meister über Weimar, wo es erneut zu einem Treffen mit Goethe kam – eine Statuette des Dichters sollte geändert werden – nach

München, um Rauch bei der Vollendung der Statue „Bavaria" zur Hand zu gehen. Mit dem sächsischen Großen Reisestipendium ausgerüstet, wanderte Rietschel mit Freunden im August 1830 zu Fuß nach Italien, um die antiken Kunstwerke zu studieren. 1832 wurde er zur Übernahme einer Professur an die Kunstakademie in Dresden berufen; eine Professur in München lehnte er ab und blieb in Dresden.

Ernst Rietschel gehörte zu den bedeutendsten Künstlern seiner Zeit und galt nach dem Tod Rauchs als der berühmteste Bildhauer Deutschlands. Zu seinen späteren Werken gehören u. a. Büsten, die Denkmäler „Carl Maria von Weber" in Dresden, „Gotthold Ephraim Lessing" in Braunschweig, die Statuen „Martin Luther" in Worms und „Albrecht Daniel Thaer" in Leipzig sowie in Weimar das zum Nationaldenkmal avancierte Goethe- und Schiller-Denkmal.

Aus Anlass des 100. Geburtstages von Großherzog Carl August von Sachsen-Weimar-Eisenach verlieh die Universität Jena am 3. September 1857, dem Vorabend der Einweihung des Goethe- und Schiller-Denkmals, Rietschel in Anerkennung seines genialen Schaffens die Ehrenpromotion eines Doktors der Philosophie. In Weimar wurde ihm das Komturkreuz des Hausordens der Wachsamkeit oder vom weißen Falken verliehen.

In Weimar vollzog sich die Grundsteinlegung für das Carl-August-Reiterstandbild und die Enthüllung der Denkmäler von Wieland, Goethe und Schiller unter Beteiligung sämtlicher hiesigen Innungen; die Staatsdiener hatten in Galauniformen zu erscheinen. Zum so genannten Weimarischen Fest waren die Häuser geschmückt und der Fürsten- (heute Platz der Demokratie) und der Theaterplatz mit Pechpfannen sowie der Wielandplatz mit Gaslaternen beleuchtet. Einheimische und hunderte Gäste erlebten einen Festzug durch die Stadt und ein Festspiel im Hoftheater. Nach der Enthüllung des Wieland- und des Goethe- und Schiller-Denkmals sprachen „… alle Beschauer … die größte Begeisterung von der Schönheit des Kunstwerkes aus". Und „überwältigt durch den tiefen Eindruck, welchen die Enthüllung der Dichterstatuen Wielands und Schiller-Göthes auf die daran teilnehmenden Mitglieder des Gemeinderaths am heutigen Tag" ausgeübt haben, traf sich der Gemeinderat zu einer außerordentlichen Sitzung im Rathaus und votierte einstimmig für die Verleihung des Ehrenbürgerrechts an Ernst Rietschel, Hanns Gasser, Ludwig Schaller und Ferdinand von Miller. Oberbürgermeister Wilhelm Bock berichtete, dass sich am 5. September die gewählte Deputation in das Haus des Medizinalrats Dr. Claudius Ulmann am Theaterplatz 1 (heute nicht mehr vorhanden) begab, und der Vorsitzende des Gemeinderats die dort anwesenden Künstler Rietschel, Gasser und von Miller über die ehrenvolle Ernennung unterrichtete. „Die Stadt Weimar gibt sich die Ehre, die Schöpfer und Vollender der Goethe-, Schiller-, Herder- und Wielandstatuen, die Herren Rietschel, Schaller, Gasser und von Miller, zu ihren Bürgern, zu Ehrenbürgern der Stadt Weimar zu ernennen", berichtete die Zeitung „Deutschland" am 6. September 1857. Für die später erfolgte Überreichung der Ehrenbürgerurkunde bedankten sich von Miller, Schaller und Rietschel im Juni 1858.

Am 21. Februar 1861, als das von ihm geschaffene Luther-Denkmal öffentlich ausgestellt werden sollte, starb Ernst Rietschel in Dresden, wo sich auch seine Grabstätte befindet. 1901 wurden im Golden Gate Park in San Francisco, 1907 in Cleveland und 1908 in Milwaukee Kopien des Goethe- und Schiller-Denkmals aufgestellt.

Hanns Gasser

Mit gleichlautendem Text erhielten am 4. September 1857 Hanns Gasser, Ferdinand von Miller und Ludwig Schaller die Ehrenbürgerwürde der Stadt Weimar.

Hanns Gasser wurde am 2. Oktober 1817 im österreichischen Eisentratten geboren. Er erhielt ab 1838 in Wien eine Ausbildung als Maler, bevor er sich der Bildhauerei zuwandte. Nach einem Studienaufenthalt von 1840 bis 1846 in München wurde er 1850 an der Wiener Akademie zum Professor ernannt. Er schuf lebensgroße Bildnisstatuen, Brunnenplastiken und Heiligenfiguren. Am 4. September 1857 ernannte ihn die Stadt Weimar für das von ihm geschaffene überlebensgroße Standbild des Philosophen und Dichters Christoph Martin Wieland zu ihrem Ehrenbürger. Außerdem wurde er mit dem Ritterkreuz 1. Klasse des Hausordens der Wachsamkeit oder vom weißen Falken ausgezeichnet. Gasser starb am 24. April 1868 in Budapest.

Hanns Gasser 53

Entwurf zum Wieland-Denkmal, von Hanns Gasser

Ferdinand von Miller

Ferdinand von Miller wurde am 18. Oktober 1813 in Fürstenfeldbruck in Bayern geboren. Er kam schon als Neunjähriger nach München, um bei seinem Oheim, dem berühmten Graveur und Medailleur Johann Baptist Stiglmaier, das Gießereihandwerk zu erlernen. Zu weiteren Studien ging er 1832 nach Paris und kehrte nach München zurück, als der Oheim starb. Er übernahm die Bayrische Erzgießerei und entwickelte eine bedeutende Gießereikunst. So schuf er mit dem Kolossalstandbild der „Bavaria" den damals größten Bronzeguss der Welt. Für den Guss der Goethe und Schiller-, Herder- sowie Wieland-Statuen erhielt er am 4. September 1857 das Ehrenbürgerrecht der Stadt Weimar und das Ritterkreuz 1. Klasse des Großherzoglichen Hausordens der Wachsamkeit oder vom weißen Falken. Miller starb am 11. Februar 1887 in München.

Ferdinand von Miller

Ferdinand von Miller 55

Enthüllung des Goethe- und Schiller-Denkmals am 4. September 1857

56 Ferdinand von Miller

Herder-Denkmal vor der Stadtkirche

Ludwig Schaller

Ludwig Schaller wurde am 13. Oktober 1804 in Wien geboren und erhielt in München als Schüler des Bildhauers Ludwig von Schwanthaler seine bildhauerische Ausbildung. Er schuf Kolossalbüsten und Grabmäler und das Standbild des Theologen und Philosophen Johann Gottfried Herder, seine bedeutendste künstlerische Arbeit. Die Statue, 1844 von den Freimaurerlogen Weimars und Darmstadts initiiert und aus Spenden des In- und Auslandes, darunter England, Italien, Griechenland und die Schweiz, finanziert, vollendete er im Frühjahr 1848. Der Metallgießer Ferdinand von Miller schrieb am 25. September 1849 an das Herder-Komitee: „Ich übernehme den Guß, den Transport und die Aufstellung dieser Statue, alles Risiko bei dem Guß sowohl wie bey Transport und Aufstellung, alle Kosten für Erz, Form und Baumaterial ...".

Im Sommer 1850 war der Guss in der Königlichen Gießerei in München vollendet und der Kirchplatz (heute Herderplatz) in Weimar als Standort des Denkmals öffentlich ausreichend begründet. Am 25. August des selben Jahres begingen die Einwohner Herders Geburtstag als einen Festtag. „Herders Angehörige, der Künstler und die Arbeiter des Herder-Denkmals" gingen dem Festzug aller Behörden und Körperschaften zum Kirchplatz voraus, wo mit Chorgesang von Franz Liszt und einem Weihespruch des Großherzoglichen Kirchenrats Carl Friedrich Horn das Denkmal feierlich als ein „öffentliches deutsches Nationaldenkmal" vor der Stadtkirche enthüllt wurde. Am 4. September 1857 wurde Ludwig Schaller mit dem Weimarer Ehrenbürgerrecht ausgezeichnet. Er starb am 29. April 1865 in München.

Franz Liszt

„Weymar, la patrie de l'idéal, où j'ambitionnerais d'acquérir un jour droit de cite, ..." [„Weimar, der Heimat des Ideals, in der ich eines Tages gern das Bürgerrecht erwerben würde, ..."] bekannte sich der Klaviervirtuose, Dirigent und Komponist Franz Liszt am 6. Oktober 1846 zu der Kleinstadt, die ihm am 26. Oktober 1860 das Ehrenbürgerrecht verlieh.

Franz Liszt wurde am 22. Oktober 1811 als Sohn eines Beamten im ungarischen Raiding (heute Doborján, Österreich) geboren. Von seinem musikbegeisterten Vater unterstützt, trat Ferenc (ungarisch für Franz) bereits mit neun Jahren als Konzertpianist auf. Er entwickelte sich als begabter Schüler bedeutender Musiker in Wien und Paris, wohin die Familie 1823 zog, schnell vom musikalischen Wunderkind zu einem virtuosen Pianisten, den seine Konzertreisen durch Europa an regierende Fürstenhäuser ebenso wie in bedeutende kulturfördernde Salons führten. Der 30-jährige Liszt vereinte in sich hohes Künstlertum gepaart mit Weltoffenheit, als er auf Vermittlung des Schauspielers Eduard Genast anlässlich einer Konzertreise in den letzten Novembertagen des Jahres 1841 in Weimar eintraf. Er logierte im Russischen Hof, wo er dem Ehepaar Robert und Clara Schumann begegnete, und gab zwei Hofkonzerte sowie am 29. November ein öffentliches Konzert für wohltätige Zwecke im Hoftheater. Von weit reichender Bedeutung für Weimars kulturellen Neubeginn sollte die in einem umfangreichen Briefwechsel überlieferte persönliche Beziehung zwischen Liszt und dem späteren Großherzog Carl Alexander werden. Das Fürstenhaus wollte den gefeierten Künstler an die Stadt binden, und der Großherzog ernannte ihn am 2. November 1842 „... in Anerkennung seiner Uns zu besondern Wohlgefallen gereichenden Kunstleistungen, zu Unserem Kapellmeister." Liszt dirigierte in der Folgezeit mehrere Konzerte in Weimar,

Franz Liszt

Franz Liszt

bevor er sich im Februar 1848 in der Stadt niederließ und sich vor allem der Komposition und dem Dirigat widmete.

Unter seiner musikalischen Leitung gelangten am Hoftheater die Wagner-Opern „Tannhäuser" am 16. Februar 1849 und „Lohengrin" am 28. August 1850 zur Erst- bzw. Uraufführung. Im Juni 1848 war Carolyne Fürstin von Sayn-Wittgenstein mit ihrer Tochter aus Russland nach Weimar übergesiedelt und versammelte mit Liszt in ihrer gemeinsamen Wohnung in der „Altenburg" seine Schüler und Freunde um sich.

Wegen eines provozierten Skandals um die Opernaufführung „Der Barbier von Bagdad" des von ihm geförderten Peter Cornelius legte Liszt im Jahre 1858 verärgert sein Amt als Hofkapellmeister nieder, zumal in Weimar alte, und durch den 1854 von Liszt gegründeten Neu-Weimar-Verein vertretene, neue Kunstbestrebungen heftig aufeinander prallten. Trotz aller Querelen fasste der Gemeinderat am 26. Oktober 1860 den Beschluss, Liszt das Recht eines Ehrenbürgers zu verleihen: „Dem Großherzogl. Sächs. Hof-Kapellmeister Herrn Ritter D. Franz Liszt Komthur ... dem hochgefeierten Künstler, der würdig anschließend an Weimars große Erinnerungen, unsere Stadt mit neuem Ruhme geziert hat, dem durch edlen Wohlthätigkeitssinn ausgezeichneten Manne, hat der hiesige Gemeinderath durch heut gefaßten Beschluß das Ehrenbürgerrecht der Haupt- und Residenz-Stadt Weimar ertheilt, worüber demselben gegenwärtiges Diplom von der gesetzlichen Gemeindevertretung ausgefertigt wird". Das als „elegant gebunden" und mit angehängtem Goldsiegel beschriebene Dokument wurde Liszt am 22. Februar 1861 durch Oberbürgermeister Wilhelm Bock auf der Altenburg überreicht.

Eine weitere Auszeichnung erfuhr der Musiker wenig später auch, als er zum Ehrenpräsidenten des Allgemeinen Deutschen Musikvereins ernannt wurde, der sich auf der ersten Tonkünstlerversammlung am 7. August 1861 in Weimar konstituiert hat. Nach dem Tod seiner Förderin, der Großherzogin Maria

Pawlowna im Jahre 1859, traten dem Wirken Liszts in Weimar deutliche Widerstände entgegen. Als die Fürstin Wittgenstein aus privaten Gründen die Stadt verließ, folgte er ihr am 17. August 1861 über Berlin und Paris nach Rom, wo er sich als Abbé ganz der Kirchenmusik widmete. Schließlich kehrte er im Einvernehmen mit Großherzog Carl Alexander nach achtjähriger Abwesenheit am 12. Januar 1869 nach Weimar zurück und nahm seinen Wohnsitz in der ehemaligen Hofgärtnerei (seit 1887 Lisztmuseum) am Ausgang der Marienstraße. Er teilte seine Zeit künftig als gefeierter Dirigent, Komponist und Lehrer zwischen Budapest, Rom und Weimar und wurde zur beherrschenden Künstlerpersönlichkeit und Repräsentant der kulturellen Wiederbelebung Weimars in der Mitte des 19. Jahrhunderts. Dass er als gütig, einfühlsam und allem Neuen gegenüber aufgeschlossen galt, wird neben seinem musikalischen Können möglicherweise die große Zahl seiner Klavierschüler von europäischem Rang herbeigeführt haben: 1851 siedelte Hans von Bülow nach Weimar über, im Juni 1882 wurde Eugen d'Albert in Weimar Hofpianist, und im Sommer 1885 nahm Liszt den 22-jährigen Pianisten Bernhard Stavenhagen in den bevorzugten Kreis seiner Schüler auf.

Der Meister der Tonkunst Franz Liszt, 1859 in Ungarn geadelt und dreifacher Ehrenbürger in seinem Geburtsland, ebenso Ehrenbürger der Stadt Jena sowie Träger höchster europäischer Orden, hat seine musikalische Erfolgsspur durch Europa gelegt. Viele seiner Werke waren in die Stadt an der Ilm entstanden, wo er u. a. bestrebt war, dem kompositorischen Schaffen seines Freundes Richard Wagner zum Durchbruch zu verhelfen. Franz Liszt starb am 31. Juli 1886 während eines Besuches in Bayreuth, wo sich auch seine Grabstätte befindet.

Im Jahre 1887 wurde in Weimar eine Straße nach Liszt benannt und am 31. Mai 1901 in der Nähe seines ehemaligen Wohnhauses in Anwesenheit eines Vertreters der Königlich-Ungarischen Regierung das von dem Bildhauer Hermann Hahn geschaffene Denkmal eingeweiht. Am 22. Oktober 1956 erhielt die Hochschule

Liszt-Denkmal im Park an der Ilm in Weimar

für Musik den Namen „Franz Liszt" und Gedenktafeln erinnern heute an die Wohnorte des genialen Musikers: die „Altenburg", Jenaer Straße 3, und sein Wohnhaus in der Marienstraße 17.

Carl August Schwerdgeburth

Carl August Schwerdgeburth (auch Schwerdtgeburth) wurde am 5. August 1785 in Dresden geboren und in der Kreuzkirche getauft. Er war der Sohn eines in bescheidenen Verhältnissen lebenden Landschaftsmalers. Der Vater trat 1782 als Mitarbeiter in die Chalkographische Gesellschaft in Dessau ein, die Kupferstiche herausgab und auch Aufträge für das Landes-Industriecomptoir in Weimar ausführte. Er erweckte frühzeitig in seinem Sohn die Lust am Zeichnen und erteilte ihm darin den ersten Unterricht. Danach setzte Carl August Schwerdgeburth seine künstlerische Ausbildung an der Dresdner Kunstakademie fort. Zunächst beschäftigte er sich mit der Malerei von Elfenbeinminiaturen und Aquarellen, wandte sich aber bald dem Kupfer- und Stahlstich zu.

Mit Empfehlungen der Chalkographischen Gesellschaft ging Schwerdgeburth im Alter von 20 Jahren nach Weimar, in die kleine Residenzstadt, die mit etwa 6000 Einwohnern zu Beginn des 19. Jahrhunderts zu den kulturell bedeutendsten in Deutschland zählte. Auf Fürsprache des Direktors der 1775 gegründeten Freien Zeichenschule, des Malers Georg Melchior Kraus, trat er mit dem hiesigen Kaufmann und Verleger Friedrich Justin Bertuch in Verbindung. Dieser erkannte die künstlerische Begabung des jungen Mannes, bewog ihn, sich dauerhaft in Weimar niederzulassen und unterstützte ihn mit bezahlten Aufträgen zur Absicherung des Lebensunterhalts. Neben der bereits etablierten Literatur und Malerei sollte auch das Kupferstechen im klassischen Weimar Bedeutung erlangen und im großherzoglichen Münz- und Kupferstichkabinett seinen Platz finden. Unter Bertuchs Einfluss, der im Geographischen Institut sechs Kupferstecher beschäftigte, vervollkommnete sich Schwerdgeburth in einer individuellen Technik des Kupferstechens und entwickelte sich

„Der Markt zu Weimar", von Carl August Schwerdgebuth, 1836

Carl August Schwerdgeburth

u Weimar
t-Ost.

Weimar d 29/10 18

damit zum bedeutendsten zeitgenössischen Kupferstecher. Seine künstlerischen Arbeiten vertrieb das Landes-Industriecomptoir, sodass er auch über Weimars Grenzen hinaus bekannt wurde. Außerdem stellte 1819 eine gerade gegründete Lithographische Anstalt die ersten Probedrucke der Kunstblätter her, was ebenso zu deren Verbreitung beitrug. Im Jahre 1822 wurde Schwerdgeburth, den Goethe schon 1809 in seinen Tagebüchern wiederholt gelobt hatte, zum Großherzoglichen Hofkupferstecher ernannt. Er war Mitarbeiter an Bertuchs „Journal des Luxus und der Moden" und illustrierte verschiedene Jahrbücher. „Carl August mit seinen beiden Hunden im Weimarer Park" (1824), „Goethes Gartenhaus" (1826) mit Versen von Goethe (1827), „Carl August von der Jagd zurückkehrend" (1830), „Goethehaus am Frauenplan" (1832) mit einem handschriftlichen Glückwunsch seines Bewohners und „Carl August bei Goethe" (1860) stellen Szenen und überlieferte Ansichten aus dem Weimar der Klassik dar. Er schuf Porträts von fürstlichen Personen des großherzoglichen Hauses und erkennbare Porträt-Ähnlichkeiten von Weimarer Bürger jener Zeit auf dem Aquarell vom Schützenfest 1824 so wie auch Madonnenbilder.

Zu den bekannten Werken des Künstlers zählen ein Zyklus aus dem Leben Martin Luthers und auch Illustrationen zu den Dramen von Johann Wolfgang von Goethe und Friedrich Schiller sowie zu Opern von Wolfgang Amadeus Mozart. Mit dem im Januar 1832 angefertigten Goetheporträt, dem letzten Bildnis des greisen Dichters, hoffte Schwerdgeburth, sich aus finanziellen Zwängen zu befreien. Er hatte im selben Jahr geheiratet und 1835 wurde sein ebenfalls künstlerisch begabter Sohn Otto geboren, der ein Schüler des Malers Friedrich Preller d. Ä. wurde, jedoch bereits im Alter von 31 Jahren starb.

Von 1830 bis 1843 lehrte Schwerdgeburth als Professor an der Freien Zeichenschule in Weimar. Sie bildete sowohl Lehrlinge als auch Handwerksmeister, Bürgerfrauen wie Adlige, Beamte und auch Schauspieler aus und wirkte durch ihren Unterricht fruchtbringend auf das Kunstverständnis großer Teile der Weimarer Bürgerschaft. Nach Aufgabe der Lehrtätigkeit arbeitete Schwerdgeburth bis zu seinem Tode als freischaffender Künstler in Weimar.

Am 3. September 1865 beschloss der Gemeinderat, dem Träger der Großherzoglich-Sächsischen Zivilverdienstmedaille Carl August Schwerdgeburth, der am 9. Juni 1829 das Bürgerrecht gratis erhalten hatte, aus Anlass seines 80. Geburtstags am 18. August 1865 das „Ehrenbürgerrechtsdiplom" zu verleihen und ihm die „Freiheit von allen Abgaben zu gewähren". Protokollarisch ist zu lesen: „Der Gemeinderath der hiesigen Residenzstadt ertheilt dem Kupferstecher Herrn Professor Schwerdgeburth in Anerkennung seines 60jährigen verdienstvollen Wirkens in unserer Mitte das Ehrenbürgerrecht, was ihm durch gegenwärtigen Bürgerschein beurkundet wird."

Carl August Schwerdgeburth, Kreidezeichnung von Johann Joseph Schmeller

Der Hofkupferstecher wohnte im Haus Windischengasse 16 (heute Windischenstraße). Er starb fast erblindet nach einem rastlos tätigen Leben am 25. Oktober 1878 im hohen Alter von 93 Jahren in Weimar. Seine Grabstätte, in der auch seine Ehefrau und sein Sohn ruhen, befindet sich auf dem Historischen Friedhof.

Wilhelm Bock

Nach der bürgerlich-demokratischen Revolution von 1848/49 bildete die Gemeindeordnung des Großherzogtums Sachsen-Weimar-Eisenach vom 22. Februar 1850 die Grundlage der städtischen Kommunalverfassung. Auf der darauf folgenden ersten Gemeinderatswahl wählten die Abgeordneten den Stadtdirektor Dr. jur. Carl Georg Hase, der seit 1838 im Amt war, erneut zum Ersten Bürgermeister. Der jedoch lehnte die Wahl ab und trat am 17. September 1850 wegen der „mit dieser Stelle verbundenen Beschwerden" vom Amt zurück, was der Gemeinderat als Begründung anerkannte.

In einer erneut durchgeführten Wahl wurde der am 26. Dezember 1815 im thüringischen Stadtsulza (heute Bad Sulza) geborene Finanzprokurator und Kammersekretär Christian Friedrich Wilhelm Bock mit Stimmenmehrheit für sechs Jahre zum Ersten Bürgermeister gewählt. Dass er jedoch das Amt nur ein Jahr lang ausüben wollte, genehmigte der Gemeinderat nicht. So begann Bock am 1. Januar 1851 seine Dienstgeschäfte in dem 1841 neu erbauten Rathaus. Bald darauf zeichnete ihn Großherzog Carl Friedrich von Sachsen-Weimar-Eisenach mit dem in der Gemeindeordnung nicht vorgesehenen Titel eines Oberbürgermeisters aus. Im Jahre 1852 erwarb Bock das Bürgerrecht der 12 954 Einwohner zählenden Residenzstadt Weimar und wohnte am Kegelplatz.

Trotz zerrütteter Stadtfinanzen war er kommunalpolitisch erfolgreich tätig, was er in seinen bis heute stadtgeschichtlich unverzichtbaren Veröffentlichungen dokumentiert hat. Bereits 1857 publizierte er eine Schrift über die Organisation der Gemeindeverwaltung, ihr folgten 1858 das Güterverzeichnis der Stadtgemeinde Weimar, 1860 die Erfassung der Armen- und Heilanstalten sowie deren Stiftungen und 1862 die Darstellung

„Die Stadt Weimar, ihre Verwaltung und ihre Anstalten in den Jahren 1861 und 1862"; ebenso erschienen Handbücher über im Großherzogtum geltende Landes- und Reichsgesetze. Bock beförderte auch die Verbesserung des Unterrichtswesens und die Errichtung einer städtischen Realschule zur Ausbildung technischer Berufe, die 1856 ihren Unterricht aufnahm. Im selben Jahr wurde das Gaswerk an der Ettersburger Straße errichtet und die Gasbeleuchtung auf Straßen und Plätzen eingeführt. Besonders verbunden ist mit seiner Amtszeit die als das „Silberne Zeitalter" bezeichnete neue Blüte des kulturellen Lebens in Weimar. Er genehmigte am 21. Oktober 1865 die Bildung eines sozial-demokratischen Arbeitervereins zwecks „allgemeiner Bildung und Hebung des geistigen und materiellen Wohles des Arbeiterstandes", was jedoch nicht auf seine politische Haltung schließen lässt. Seine spätere Wiederwahl für eine weitere Amtszeit als Oberbürgermeister knüpfte Bock an finanzielle Forderungen, denen der Gemeinderat widersprach. Das führte 1861 zu Auseinandersetzungen mit dem Stadtoberhaupt, bis der Gemeinderat ein Jahr später nachgab und die geforderte Erhöhung der Besoldung von 1000 auf 1350 Taler jährlich und Pensionsansprüche bei Dienstunfähigkeit für den Oberbürgermeister billigte.

Als Wilhelm Bock am 21. Dezember 1866 aus dem städtischen Amt ausschied und zum 1. Januar 1867 als Direktor des II. Verwaltungsbezirks mit Sitz in Apolda in den Staatsdienst wechselte, bezeichnete der Gemeinderat den Weggang als „einen schmerzlichen Verlust" und beschloss am Tage des Ausscheidens, Bock zum Ehrenbürger zu ernennen. Die Begründung dafür nennt die am 14. Mai 1867 ausgestellte Urkunde: „Drei Mal zum ersten Bürgermeister von Weimar gewählt, hat Herr Wilhelm Bock sechzehn Jahre lang eifrig und unermüdlich sein Amt verwaltet; als treuer Haushalter das Gut der Stadt gemehrt; Strassen und Plätze, Brunnen und Anlagen erweitert und verschönt; alles was zum Nutzen, zur Wohlfahrt und zur Hebung der Gewerbe dient,

Wilhelm Bock

sorgsam gepflegt; Gesetz und Ordnung ohne Ansehn der Person gehandhabt, Recht und Freiheit gewahrt; hat die Schulen gefördert, neue begründet, überall dem Wissen und der Bildung den Weg gebahnt; ist den Armen und Bedrängten ein Freund und Helfer gewesen und einem Jeden ein schlichter wohlwollender Mitbürger. ... Darum ist sein Bildnis den Bildern derer angereiht worden, welche sich um die Stadt hochverdient gemacht haben."

Drei Mal zum ersten Bürgermeister von Weimar erwählt, hat

Herrn Wilhelm Bock

sechszehn Jahre lang eifrig und unermüdlich sein Amt verwaltet;

als treuer Haushalter das Gut der Stadt gemehrt;

Strassen und Plätze, Brunnen und Anlagen erweitert, vermehrt und verschönert;

Alles was zum Nutzen, zur Wohlfahrt und zur Hebung der Gewerbe dient, sorgsam gepflegt;

Gesetz und Ordnung ohne Ansehn der Person gehandhabt, Recht und Freiheit gewahrt; hat die Schulen gefördert, neue begründet, überall dem Wissen und der Bildung den Weg gebahnt;

ist den Armen und Bedrängten ein Freund und Helfer gewesen und einem Jeden ein schlichter wohlwollender Mitbürger.

Es wird sein Andenken unter uns fortleben und, durch seine Werke, noch bis in späte Zeiten. Darum ist sein Bildnis den Bildern derer angereiht worden, welche sich um die Stadt hochverdient gemacht haben.

Ehrenbürgerurkunde für Wilhelm Bock

Ehrenbürgerurkunde von Wihelm Bock

Als Wilhelm Bock 1884 in den Ruhestand trat, verlieh ihm die Stadt Apolda am 24. Juli desselben Jahres „in dankbarer Anerkennung seiner vielseitigen großen Verdienste um die Stadt Apolda" ebenfalls das Ehrenbürgerrecht. Seine letzten Lebensjahre verbrachte er in Weimar, Kurthstraße 16 (heute Bauhausstraße). Hier starb er am 9. April 1888 und wurde auf dem Hauptfriedhof bestattet. Er hinterließ seine Ehefrau und vier Kinder. Am 20. September 1890 wurde eine Straße nach Wilhelm Bock benannt.

Johann Gottlob Töpfer

Als Sohn eines Ackerbürgers, Webers und Musikanten wurde Johann Gottlob Töpfer am 4. Dezember 1791 in dem Dorf Niederroßla bei Apolda geboren. Der musikalisch Begabte verlebte seine Kindheit in seinem Heimatort und erhielt hier vom Schulmeister und Ortskantor den ersten Musikunterricht. Durch die Fürsprache von Erbgroßherzogin Maria Pawlowna wurde der Bauernjunge als Schüler im Weimarer Wilhelm-Ernst-Gymnasium aufgenommen und von dem als Gesanglehrer im Gymnasium tätigen Konzertmeister Franz Seraph von Destouches unterrichtet. Von 1808 bis 1811 erhielt Töpfer in dem von Johann Gottfried Herder gegründeten Lehrerseminar eine Ausbildung als Volksschullehrer. Im Jahre 1817, als er Substitut des Stadtorganisten Johann Friedrich Adam Eylenstein war und zehn Jahre lang unentgeltlich dessen Dienst versehen hatte, trat er selbst als Lehrer für Musiktheorie und Orgelspiel ins Seminar ein. Die Zahl seiner Schüler, die mit wenigen Ausnahmen aus armen Familien des Umlandes stammten, nahm seitdem beträchtlich zu. Er war bis zu seinem Tod im Lehrerseminar tätig.

1830 wurde Töpfer als Organist an der Stadtkirche St. Peter und Paul mit einem geringen Gehalt eingestellt. Er beherrschte das Instrument mit großer Meisterschaft und setzte im Bereich der Kirchen- und Schulmusik die Tradition bedeutender Organisten in Weimar fort – auch mit zahlreichen eigenen Kompositionen. Indem er mathematische, akustische und Studien der Mechanik betrieb sowie praktische Versuche zur Verbesserung der Konstruktion der Orgelpfeifenmachte, entwickelte er sich zu einem bedeutenden Orgelsachverständigen seiner Zeit und zum Begründer der wissenschaftlichen Orgelbaulehre. Unter seiner Leitung konnte die große Orgel in der Stadtkirche umgebaut und zum Geburtstag des Großherzogs am 3. September 1826 in dessen Anwesenheit durch Töpfer wieder zum Klingen gebracht werden; einer seiner Schüler nannte sie die „schönste Orgel überhaupt". Töpfers 1833 in Weimar erstmals veröffentlichtes mehrbändiges Standardwerk „Lehrbuch der Orgelbaukunst" und ein 1855 erschienener Atlas mit Zeichnungen machten ihn nicht nur überregional bekannt, sondern wurden auch mehrfach neu aufgelegt. Aus seiner pädagogischen Arbeit entstanden Schriften wie die „Theoretisch-praktische Organistenschule" 1845, die auch seine Kompositions- und Improvisationslehre enthielt.

Grabmedaillon von Johann Gottlob Töpfer

Gottlob Töpfer war als Sachverständiger und virtuoser Interpret sowie Improvisator von Orgelwerken im In- und Ausland geschätzt und verdankte seiner Kunst eine Einladung nach Madrid, wo er die Orgel des Doms einweihte und enthusiastisch gefeiert wurde. Er erwarb sich auch Verdienste um den Organistennachwuchs in Thüringen. Auf Anregung seines Schülers und späteren Nachfolgers Alexander Wilhelm Gottschalg wurde zum 50-jährigen Dienstjubiläum Töpfers als Musiklehrer des Lehrerseminars die „Töpferstiftung" errichtet. Ihr Zinsertrag sollte alljährlich dem jeweils musikalisch befähigsten und strebsamsten Schüler der Lehrerseminare Weimar und Eisenach in seiner Ausbildung im Orgelspiel und in der musikalischen Theorie zukommen. Die Stiftung verfügte beispielsweise aus Kirchenkonzerten über reichliche Gelder und konnte bereits im Gründungsjahr die ersten Stipendien vergeben.

Das 50-jährige Dienstjubiläum Töpfers war Anlass des Gemeinderatsbeschlusses vom 26. April 1867, ihn mit dem Ehrenbürgerrecht „In Anerkennung der hohen Verdienste, welche er sich während eines fünfzigjährigen Zeitraums als Meister des Orgelspiels um die Erweckung und Belebung kirchlichen Sinns und kirchlicher Andacht in der christlichen Gemeinde der Stadt Weimar und weit über deren Grenzen hinaus erworben hat, und zugleich zur Erinnerung an die Wiederkehr desjenigen Tags an welchem er vor fünfzig Jahren seine dienstliche Laufbahn bei der Haupt-, Pfarr- und Stadtkirche daselbst begonnen hat ...", auszuzeichnen. Die Urkunde überreichten dem Jubilar am 4. Juni 1867 Hugo Fries als Gemeinderatsvorsitzender und Otto Schäffer als Oberbürgermeister. 45 Jahre zuvor steht im Weimarer Bürgerbuch vermerkt: „Töpfer Johann Gottlieb [statt Gottlob] und dessen Ehegattin Christiane Magdalene geb. John hier als Bürger verpflichtet 31.8.1822. Nota: diesen beiden Personen ist das Bürgerrecht gratis ertheilt worden." Am Tage der Ernennung zum Weimarer Ehrenbürger verlieh die Universität Jena dem „hervorragenden Orgelfachmann, Komponisten und Herausgeber älterer Orgelkompositionen" den Titel „Doktor der Philosophie honoris causa".

Gottlob Töpfer, der in Weimar geachtete Stadtorganist, war klein von Statur und lebte in bescheidenen Verhältnissen, weil er Zeit und Privatvermögen für seine praktischen Versuche und langjährigen Studien einsetzte. Er wohnte im Bereich des Asbachs „Unterhalb des Viadukts" und starb am 8. November 1870. Sein restauriertes Grabmal mit einem Relief-Porträt auf dem Historischen Friedhof wurde am 2. Oktober 1999 neu geweiht und am selben Tag der Name des Begründers der wissenschaftlichen Orgelbaukunst dem Thüringer Orgelmuseum in Bechstedtstraß verliehen [Schließung 2009].

Christian Bernhard von Watzdorf

Der spätere einflussreiche Staatsminister des Großherzogtums Sachsen-Weimar-Eisenach, Christian Bernhard von Watzdorf, entstammte einem alten Adelsgeschlecht und wurde am 12. Dezember 1804 auf Schloss Berga an der Elster, dem Sitz der Familie geboren. Er besuchte in Altenburg das Gymnasium und studierte anschließend in Leipzig. Mit 24 Jahren trat er 1828 in königlich-sächsische Dienste und arbeitete als Richter am Oberappellationsgericht in Dresden.

Als Staatsminister Carl Wilhelm von Fritsch in Sachsen-Weimar-Eisenach im Herbst 1843 von allen Ämtern zurück trat, wurde Watzdorf als dessen Nachfolger nach Weimar berufen. Als großherzoglich-sächsischer Staatsminister sollte er künftig die wesentlichsten staatlichen Ressorts in seiner Person vereinen: Von 1843 bis 1849 war er Chef des III. Departements im Ministerium für Auswärtiges, Justiz und Medizinalwesen, von 1850 bis zu seinem Tod übte er das Amt des Vorsitzenden des Staatsministeriums aus und war zugleich Chef des Departements des Innern, ab 1854 war er Chef des Departements des Großherzoglichen Hauses und der auswärtigen Angelegenheiten sowie ab 1867 Chef des Departements der Justiz.

Christian Bernhard von Watzdorf hatte als Staatsminister zwei Jahrzehnte lang maßgeblich die Politik im Großherzogtum Sachsen-Weimar-Eisenach bestimmt und es zu dem Bedeutendsten unter den thüringischen Fürstentümern gemacht. Dem Zeitgeist entsprechend, setzte er mit staatsmännischem Geschick den revolutionären Ereignissender bürgerlich-demokratischen Revolution von 1848/49 liberale Reformen entgegen und schaltete mit ihnen die radikale Richtung der Demokraten aus. Zur Verwirklichung bürgerlich-demokratischer Rechte in einer konstitutionellen Monarchie, zu der er sich bekannte, stellte er den Landtag als die Volksvertretung gleichberechtigt neben den Großherzog. Mit liberalen Reformen leitete Watzdorf die Umgestaltung der Zentralverwaltung des Großherzogtums; Gesetze über Vereinfachung der Verwaltung, Pressefreiheit, Volksbewaffnung und Ablösung von Feudallasten sollten das der Zeitpolitik entsprechende Ergebnis sein. Die Neuorganisation des Staatsdienstes per Gesetz vom 5. März 1850 wurde als verdienstvolles Werk Watzdorfs bezeichnet; weitere Verordnungen folgten. Zwei Jahre vor seinem Tod erklärte er vor dem Landtag, dass er von der Zukunft der Demokratie und der sozialen Bewegung überzeugt sei. 1867 übernahm er selbst die Vertretung des Großherzogtums im Norddeutschen Bund, des im Ergebnis des Krieges zwischen Preußen und Österreich gebildeten Bundesstaates. Auf kommunaler Ebene widerspiegelte die am 22. Februar 1850 vom Staatsministerium erlassene Gemeindeordnung das neue Denken, indem erstmalig eine durch Wahlen erreichte Selbstbestimmung der Gemeindebehörden festgeschrieben wurde. Allerdings wurde nach der revidierten Gemeindeordnung von 1854 der Erste Bürgermeister erneut vom Großherzog bestätigt.

„Für ausgezeichnete Verdienste um den Staat, die Wissenschaft und die Universität Jena" ernannte diese Watzdorf am 18. Januar 1824 zum Dr. jur. h. c. Mehr als zwei Jahrzehnte später zeichnete dieselbe Universität am 8. Dezember 1845 den ehemaligen Oberappelationsgerichtsrat in Dresden und Weimarischen Staatsminister von 1843 bis 1869mit der Ehrenpromotion Dr. jur. ultro „für frühere Verdienste als Richter und Schriftsteller und gegenwärtige in der Verwaltung seines wichtigen Amtes" aus. Mit einer ungewöhnlich euphorischen Begründung verlieh die Residenzstadt Weimar aus Anlass des 25-jährigen Dienstjubiläums „Sr. Excellenz dem Großherzogl. Sächs. Geheimrath und Staatsminister, Doktor der Rechte, Christian Bernhard von Watzdorf, welcher, in klarer Erkenntniß nothwendigen Fortschritts auf neueren freien Bahnen gleicher Überzeugung bei unserem Landesfürsten begegnend, die Gemeindeverfassung

Christian Bernhard von Watzdorf, von I. Niessen, 1866

des Großherzogthums begründete und erhielt, welcher auf allen Gebieten des Staatslebens volksthümliche Einrichtungen schuf und pflegte, und welchen als steten und treuen Wächter der Freiheit und des Rechts die gesamte Bewohnerschaft des Großherzogthums verehrt, liebt und feiert ..." am 15. August 1868 das Ehrenbürgerrecht „als Zeichen ihres innigsten Dankes und ihrer aufrichtigen dauernden Verehrung und Liebe". Der „reichausgestattete Ehrenbürgerbrief" wurde Watzdorf am 6. Oktober in seiner Wohnung in der Marienstraße übergeben.

Watzdorf starb am 15. September 1870 kinderlos in Weimar; seine aus Dresden stammende Ehefrau war wenige Tage vor ihm am 3. September verstorben. Das Erbbegräbnis der Familie befindet sich auf dem Historischen Friedhof. Ein 1878 von dem Bildhauer Robert Härtel geschaffenes Kriegerdenkmal für die Opfer des 5. Thüringischen Infanterieregiments „Großherzog von Sachsen" Nr. 94 im Krieg 1870/71, das so genannte Watzdorf-Denkmal, wurde auf dem 1879 nach dem Staatsminister benannten Platz (heute Buchenwaldplatz) errichtet und nach dem Zweiten Weltkrieg eingeschmolzen; im Jahre 1879 benannte der Gemeinderat auch eine Straße nach Watzdorf (heute Carl-von-Ossietzky-Straße).

Friedrich Preller

Es geschah auf der Sitzung des Weimarer Gemeinderats am 18. Juni 1869 Unübliches, als die Gemeinderatsmitglieder nicht wie sonst einstimmig, sondern mit 17 gegen acht Stimmen den Beschluss fassten, den Kunstmaler und Radierer Friedrich Preller am Tage der Eröffnung des Großherzoglichen Museums zum Ehrenbürger zu ernennen. Obwohl das „ohne weitere Debatte" geschehen sollte, stellte ein Gemeinderatsmitglied sogar den Antrag auf Aufhebung des Beschlusses, ohne allerdings dafür die erforderliche Unterstützung zu finden. Der protokollierte Urkundentext indessen lässt die vorausgegangene ablehnende Haltung einiger Gemeinderatsmitglieder nicht erkennen, denn er lautet: „Dem Herrn Hofmaler Professor Friedrich Preller, Deutschlands Künstler unvergänglichen Ansehens und Einem ihrer edelsten und trefflichsten Bürger zugleich, erteilt als dauerndes Zeichen ihrer Anerkennung, Würdigung und Verehrung heute als am Tage der Einweihung des von Sr. K. H. dem Großherzog Carl Alexander errichteten Kunstmuseums, einem für ihn selbst durch seine in demselben aufbewahrten genialen u. herrlichen Schöpfungen wahrhaft künstlerischen Festtage die Residenzstadt Weimar an durch das Ehrenbürgerrecht, worüber von deren Gemeindebehörden gegenwärtige Urkunde ausgefertigt und unter Beidrucken des städtischen Siegels vollzogen worden ist"; das Ausstellungsdatum des Ehrenbürgerdiploms ist der 24. Juni 1869.

Preller wurde am 25. April 1804 als Sohn eines Konditors in Eisenach geboren. Er kam als Kind nach Weimar und erhielt bereits mit 14 Jahren von Johann Heinrich Meyer Unterricht an der Großherzoglichen Freien Zeichenschule. Ihn, der den Klassizismus in der Mal- und Zeichenkunst vertrat, hatte Johann Wolfgang von Goethe als seinen Berater in Kunstangelegenheiten

Friedrich Preller d. Ä.

nach Weimar geholt. Goethe erkannte und förderte das Talent des jungen Prellers und ermöglichte ihm 1821 mit einem Stipendium des Großherzogs Carl August die weitere Ausbildung an der Dresdner Kunstakademie, die Preller 1823 abschloss. Als Begleiter Goethes und von dessen Kunsturteil beeinflusst, reiste er in die Niederlande und wurde 1824 Schüler an der Akademie in Antwerpen. Dem dortigen Studium folgte 1826 bis 1831 eine ebenfalls von Goethe geförderte Studienreise nach Mailand, Neapel und Rom. Hier inspirierte ihn künstlerisch nicht nur die italienische Landschaft, sondern es entstand sein innerstes Verhältnis zur Antike. In Rom erschütterte ihn der Tod von Goethes Sohn August, der dort mit 41 Jahren am 26 Oktober 1830 in seinen Armen verstarb. Preller kehrte 1831 nach Weimar zurück und wurde am 1. Januar 1834 als Lehrer an die Freie Zeichenschule berufen. Nachdem er von 1840 bis 1844 in Norwegen Malstudien betrieben hatte, unterrichtete der zum Hofmaler und Professor Ernannte ab 1844 wieder an der Freien Zeichenschule. Als Lehrer dieser Anstalt ebnete Preller für Adolf Donndorf die Ausbildung zum Bildhauer in Dresden, förderte den früh verstorbenen Sohn des Kupferstechers Carl August Schwerdgeburth und zählte den in Weimar geborenen Landschaftsmaler Carl Hummel und den aus Eisenach stammenden Maler und Grafiker Sixt Armin Thon zu seinen Schülern. Letztere begleiteten Preller auf Studienreisen nach Norwegen und Rügen, deren Landschaften der Meister ebenso wie auch die der Thüringer Heimat in Bildkompositionen darstellte. Italienaufenthalte in den Jahren 1859, 1869 und 1875 festigten seine romantisch-realistische Landschaftsauffassung, die er in weiteren Gemälden mit im Alter bevorzugten mythologischen Themen darstellte.

Heute zeugt das in Weimar hinterlassene umfangreiche Werk Friedrich Prellers von seinem reichen Schaffen. Er gehörte um die Mitte des 19. Jahrhunderts zu den bedeutenden Künstlerpersönlichkeiten in Deutschland und trug zur geistig-künstlerischen Entwicklung Weimars bei. 1832 hatte er Goethe auf dem Totenbett gezeichnet, und ab 1834 war er mit der bildkünstlerischen Ausgestaltung des Christoph Martin Wieland gewidmeten Dichterzimmers im Schloss beschäftigt. Seit Beginn der 1830er Jahre galt sein besonderes Interesse der Odysseemythologie, die er künstlerisch in Fresken umsetzte. Ein Odyssee-Zyklus von 14 Zeichnungen fand auf der Münchner Kunstausstellung 1858 breites Interesse, so dass Großherzog Carl Alexander von Sachsen-Weimar-Eisenach Preller mit der Schaffung von Odysseefresken für Weimar beauftragte. In langwieriger Arbeit entstanden 16 großformatige Wandbilder unter dem Thema „Die Irrfahrten des Odysseus", die als sein wichtigstes Werk gelten. Zu ihrer Präsentation wurde von 1863 bis 1868 ein Museumsbau im Renaissancestil errichtet, den der Prager Architekt Josef Zitek entwarf. In Anwesenheit Prellers und des Bildhauers Robert Härtel wurde am 28. Juni 1869 das Großherzogliche Museum (später Landes-, heute Neues Museum) eröffnet, in dem die „Prellergalerie" den besonderen Anziehungspunkt des Hauses bildet. Mit einem Prellerfest gaben hiesige Künstler und Handwerker am 3. Juli in der „Erholung" (heute „mon ami") dem Meister ein ehrendes Zeichen ihres Dankes für das von ihm Geschaffene. Da das Landesmuseum in den letzten Monaten des Zweiten Weltkrieges beschädigt wurde, mussten die wertvollen Odysseekartons 1947 zu ihrer Rettung entfernt werden. Sie sind seit der Eröffnung des Kulturstadtjahres am 1. Januar 1999 im wiederhergestellten Museum am ursprünglichen Ort zu besichtigen.

Im Jahre 1834 heiratete Preller Marie Erichsen aus Flensburg und wohnte mit der Familie seit 1835 im Jägerhaus in der Marienstraße 5. Er wohnte kurzzeitig am Carlsplatz (heute Goetheplatz), bis er seine 1868 fertig gestellte Villa in der Belvederer Allee 8 beziehen konnte. Für die künstlerisch gestaltete Fassade des Gebäudes schuf der Meister 1872 bis 1873 unterhalb von zwei allegorischen Frauenfiguren einen Fries zur Gartenseite hin mit mythologischen Szenen. Drei die Maler Raffael, Michelangelo und Albrecht Dürer darstellende Medaillons schmücken die

Friedrich Preller

Straßenseite des Hauses. Von den drei Söhnen Prellers arbeitete der Jüngste bereits mit 13 Jahren im väterlichen Atelier, das sich bis 1858 in einem separaten Gebäude hinter dem großen Jägerhaus in der Marienstraße befand. Da das Ateliergebäude jedoch abgerissen werden musste, teilte sich Friedrich Preller mit seinem Malerkollegen Hermann Wislicenus die ehemalige, am Eingang

Friedrich Preller d. Ä., Potraitrelief von Adolf von Donndorf

des Parks gelegene Hofgärtnerei als Atelier. Als Franz Liszt das Gebäude ab 1869 als seinen Wohnsitz nutzte, wurde Prellers Atelier in das Wittumspalais verlegt. Friedrich Preller d. J. setzte als Kunstmaler in Dresden in Landschaftsbildern die Stilrichtung seines Vaters fort.

„Freund unserer Stadt" wurde Preller genannt, für die er sich in Gesellschaften engagierte, obwohl diese recht unterschiedliche Kunstauffassungen vertraten. Als am 7. Oktober 1847 „zu regelmäßigen, geselligwissenschaftlichen Vereinigungen" in Weimar der Mittwoch-Verein – auch nach seinem Symbol „Schlüssel" genannt – gegründet wurde, gehörte ihm Preller als Mitglied an. Unter Einbeziehung von 150 Gemälden der Weimarer Einwohner gestaltete er gemeinsam mit dem Historienmaler Friedrich Martersteig im Auftrag des Lucas-Vereins eine Ausstellung, die am 9. Dezember 1849 im Rathaus eröffnet wurde. Friedrich Preller gehörte auch dem von Liszt am 31. Dezember 1854 gegründeten literarisch-künstlerischen Neu-Weimar-Verein an, ohne jedoch dessen Ziele der Erneuerung von „Alt-Weimar" selbst zu vertreten. Ebenso beharrte er auf der klassisch ausgerichteten Kunstauffassung gegenüber einer zeitgenössisch-realistischen, die die 1860 gegründete Großherzogliche Kunstschule vertrat.

Schon zu seinen Lebzeiten wurde 1866 eine Straße nach Friedrich Preller d. Ä. benannt. Am 24. Februar 1877 verlieh die Jenaer Universität dem Maler und Leiter der Weimarer Zeichenschule „... in Würdigung seiner Gemälde und Zeichnungen dem Schöpfer der Odysseefresken" die Ehrenpromotion zum Doktor der Philosophie. Zu seinem 100. Geburtstag gedachte die Stadt Weimar ihres Ehrenbürgers mit einer großen Werksausstellung, eine weiße Marmortafel wurde am früheren Wohnhaus angebracht, und eine von Adolf von Donndorf geschaffene Marmorbüste Prellers von der Stadt angekauft. Der Maler starb zwei Tage vor seinem 74. Geburtstag am 23. April 1878 in Weimar und wurde auf dem Hauptfriedhof bestattet. Sein Grabdenkmal schmückt ein von Donndorf geschaffenes Portraitrelief.

Hugo Fries

Hugo Friedrich Fries wurde am 9. Januar 1818 als Sohn des Professors der Philosophie Jakob Friedrich Fries in Jena geboren. Er begann seine politische Laufbahn als Advokat am 4. März 1849 im Weimarer Prozess gegen den Schriftsteller Heinrich Jäde und andere Demokraten. Diese standen unter Anklage, die Bürger zur Steuerverweigerung aufgerufen zu haben. Am 1. Juli 1850 übersiedelte der Jurist Hugo Fries von Berka (heute Bad Berka) nach Weimar, ohne hier das Bürgerrecht erworben zu haben.

In Weimar war er von 1853 bis 1874 Mitglied des Gemeinderats und seit 1862 dessen Vorsitzender. Politisch wirkte er sowohl auf kommunalem als auch auf staatlichem Gebiet. Zur Verbesserung des erneuerungsbedüftigen Weimarer Schulwesens betrieb Fries gemeinsam mit Oberbürgermeister Wilhelm Bock die Errichtung der städtischen Realschule, die 1856 den Unterricht aufnahm. Besonders setzte er sich auch für die Gewerbefreiheit zur Förderung der Wirtschaft ein. Die 1862 verkündete Gewerbeordnung brachte dem hiesigen Handwerk durch die Abschaffung aller Zwangsrechte eine gewisse Entwicklungschance. Er war Vorsitzender der 1872 in Weimar gegründeten Weimar-Geraer-Eisenbahngesellschaft, die am 1. Juli desselben Jahres mit dem komplizierten Bau der 68,65 Kilometer langen Eisenbahnstrecke von Weimar nach Gera begann. Fries gehörte dem Zollparlament und dem Deutschen Reichstag an und arbeitete zuletzt als Landgerichtspräsident in Weimar. Als Abgeordneter des Thüringer Landtags, dessen Präsident er von 1865 bis 1889 war, schloss er sich den thüringischen oppositionellen Linksliberalen an und wurde deren Führer. Er glaubte, die nationale Einheit könne durch Regierungsliberalismus und Volksgewalt erreicht werden. Später schloss er sich der aus konservativen und linksliberalen

Ehrenbürgerurkunde für Hugo Fries

Kräften gebildeten Nationalliberalen Partei an und stimmte 1867 der Bundesverfassung nur mit großen Bedenken zu, weil sie seiner Ansicht nach dem Volk zu wenig Rechte gewährte. Nach der Reichsgründung 1871 bewegte er sich politisch immer mehr nach rechts und näherte sich in seinen letzten Lebensjahren dem konservativen Flügel seiner Partei.

Für seine langjährigen Verdienste um den Staat und die Universität Jena verlieh die juristische Fakultät dem am 5. Juli 1872 dem Rechtsanwalt, Landtags- und Landgerichtspräsidenten Fries die Ehrenpromotion.

Hugo Fries verließ Weimar, um künftig als Kreisgerichtsanwärter im thüringischen Weida zu arbeiten. Anlässlich seines Fortgangs beschloss der Gemeinderat am 22. Mai 1874, ihm den Dank für sein bisheriges Wirken durch die Verleihung des Ehrenbürgerrechts am 5. Juni 1874 auszusprechen. Der kunstvoll mit Stadtwappen und Siegelkapsel ausgefertigte und von Oberbürgermeister Leo Fürbringer unterzeichnete Ehrenbürgerbrief enthielt folgende Begründung: „Dem Herrn Rechtsanwalt Dr. jur. Hugo Fries zu Weimar, welcher, seit 1. Januar 1853 durch das Vertrauen seiner Mitbürger in den Gemeinderath hiesiger Residenzstadt berufen, sich durch aufopfernde, rastlose Arbeit und liebevolle, selbstlose Hingabe an das Wohl unserer Stadt der Bürgerkrone würdig gemacht, welcher in einer mehr als 25jährigen Thätigkeit als Landtagsabgeordneter des Großherzogthums und als langjähriger Präsident desselben sich um den freiheitlichen Ausbau der Einrichtungen des Landes, um den Fortschritt der Gesetzgebung auf allen Gebieten allgemein anerkannte hohe Verdienste erworben ... zuletzt als Mitglied des Reichstags des norddeutschen Bundes, des Zollparlamentes und des deutschen Reichstags eine für das deutsche Gesammtvaterland, wie für das heimische Staatswesen gleich verdienstvolle Wirksamkeit entfaltet hat". Fries war auch Ehrenbürger der Städte Weida (30. September 1879) und Berka (1. März 1886). Mit der Bitte, sein Anliegen nicht öffentlich zu machen, teilte Fries Ende 1883 dem Gemeinderat und dem Oberbürgermeister Karl Pabst mit, dass er ab 1. Januar 1884 auf das Vorrecht verzichte, als Ehrenbürger von Gemeindeumlagen (Abgaben) befreit zu sein, da er dies als Unrecht gegenüber den Bürgern empfinde; die Stadt nahm das Angebot dankbar an.

Hugo Fries zog nach Weimar zurück und wohnte am Fürstenplatz 3 (heute Platz der Demokratie). Nach langer schwerer Krankheit starb er hier am 24. März 1889; seine letzte Ruhestätte ist die Familiengrabstätte auf dem Hauptfriedhof. Am 20. September 1890 wurde eine Straße nach ihm benannt.

Adolf von Donndorf

Der Kunstmaler Franz Jäde teilte am 2. Januar 1875 dem Weimarer Gemeinderat schriftlich ohne Angabe von Gründen mit, dass Professor Adolf Donndorf sein 1864 von der Stadt erhaltenes Bürgerrecht aufgebe. Nur acht Monate später stellte das Mitglied des Gemeinderats, Maurermeister Eduard Lindig, am 5. September 1875 den Antrag auf die Erteilung des Ehrenbürgerrechts für das „kunstvolle und wohlgelungene Karl-August-Denkmal" mit der Begründung, dass „Donndorf ein geborener Weimaraner ist und noch mit so großer Liebe und Anhänglichkeit seiner Vaterstadt zugetan ist"; ihm werde gerade diese Anerkennung große Freude bereiten. Der Gemeinderat akzeptierte widerspruchslos die nicht erklärbare Rückgabe des Bürgerrechts und votierte am 10. September 1875 in vertraulicher Sitzung einstimmig für die Vergabe des Ehrenbürgerrechts mit Bewilligung der Steuerfreiheit. „Dem Herrn Bildhauer Professor Adolf Donndorf in Dresden erteilt in Anerkennung und Würdigung seiner hohen künstlerischen Begabung und seiner vortrefflichen, ihm zu unvergänglichem Ruhme gereichenden Leistungen in seinem Berufsfache, von welchem das so eben in seiner Vaterstadt Weimar aufgerichtete Standbild Karl Augusts, auf das Neue ein glänzendes Zeugniß abgelegt, die Residenzstadt Weimar, welche ihn bisher mit Stolz zu den Ihrigen zählte, das Ehrenbürgerrecht". Obwohl ihm die von dem Buchbindermeister Hermann Krehan gestaltete Urkunde erst am 29. November mit der Post an seinem Wohnsitz Dresden zugestellt wurde, versicherte Donndorf bereits am 18. September der Stadt dankbar seine „unverwechselbare Liebe und Treue".

Am 16. Februar 1835 wurde Karl Adolf Donndorf als viertes Kind eines Tischlermeisters in der Rittergasse 5 geboren und wuchs hinter dem Wittumspalais – der Vater hatte das Haus Am

Palais 2 erworben – zwischen Windischengasse und Geleitstraße auf. Frühzeitig wurde das Zeichentalent des Sohnes erkannt, der neben dem Lehrerseminar auch die Großherzogliche Freie Zeichenschule besuchte, wo der Maler Franz Jäde sein Lehrer und Freund wurde. Der Achtzennjährige schlug nicht die Lehrerlaufbahn ein, sondern die künstlerische Ausbildung beim Bildhauer Ernst Rietschel in Dresden sollte ihm zur Berufung werden. Als Schüler und Gehilfe Rietschels bis 1861 wirkte er mit an der Fertigstellung des Goethe- und Schiller-Denkmals, verwirklichte nach dem Tod seines Lehrers dessen Entwurf für ein Lutherdenkmal in Worms und trat bald mit eigenen bildkünstlerischen Arbeiten hervor. Aus der im Jahre 1864 in Dresden mit der Tochter eines Regierungsrates geschlossenen Ehe Donndorfs entstammten neun Kinder, darunter der spätere Oberbürgermeister der Stadt Weimar Martin Donndorf und dessen Bruder, der später in Stuttgart lebende Bildhauer Karl August von Donndorf. Im Jahre 1877 folgte Adolf Donndorf dem Ruf als Lehrer an die Königlich Württembergische Akademie der bildenden Künste in Stuttgart. Er fand in dieser Stadt, in der er als Akademieprofessor wirkte, eine zweite Heimat.

Ein reiches Schaffen monumentaler Denkmäler, Büsten und kleinerer Arbeiten zeichnete den Künstler aus, der die Bildhauerschule Daniel Rauchs verkörperte, ohne dessen Schüler gewesen zu sein. In den 1870er und 1880er Jahren zählte Donndorf zu den meistbeschäftigten deutschen Bildhauern, dessen große öffentliche Plastiken in ganz Deutschland präsent sind. In seiner Heimatstadt Weimar gibt es heute mehrere Zeugnisse seiner Kunst. Am 3. September 1875 wurde aus Anlass des 100. Jahrestages des Regierungsantritts von Herzog Carl August, seit 1815 Großherzog von Sachsen-Weimar-Eisenach, auf dem Fürstenplatz (heute Platz der Demokratie) das bronzene Reiterstandbild enthüllt, für das der Grundstein bereits am 3. September 1857 gelegt worden war. Als Auftragswerk für New York hatte Donndorf 1881 den James-Brunnen – eine Gruppe „Mutter und

Adolf von Donndorf 91

Adolf von Donndorf modelliert Otto von Bismarck, von C.W. Allers

Kinder" darstellend – modelliert. Davon ließ er 1892 eine Kopie für eine Stadt in Mähren und eine weitere Nachbildung 1898 als Paulinenbrunnen für Stuttgart anfertigen; 1895 folgte ein Bronzeabguss der Figurengruppe für Weimar. Der hiesige Gemeinderat wollte zwar 1895 das Brunnen-Projekt verwirklichen, behielt sich aber vor, den Standort nach Aufstellung eines Lattenmodells und nach Klärung der Kosten zu bestimmen. Vor dem Hause des Kommerzienrates Louis Döllstädt in der Geleitstraße 4, wo einst die Mutter die ersten Kinderschritte Donndorfs leitete, wurde schließlich die neue Brunnenschale an der Stelle eines älteren Brunnens gesetzt. Ein Steinmetz aus Schwarzenbach an der Saale hatte sie nach dem Entwurf des Weimarer Stadtbaumeisters Bruno Schmidt aus Fichtelgebirgsgranit gefertigt. Die Kosten des der Stadt Weimar gestifteten Monuments von 3474 Mark beglich der Gemeinderat als Darlehen aus der Rückoldt-Emilien-Stiftskasse. Am 20. Oktober 1895 wurde in Anwesenheit des Schöpfers und seiner Familie die überlebensgroße Brunnenfigur, ein Symbol der Mutterliebe, enthüllt. Die Festgemeinde feierte anschließend in geselliger Runde bei Champagner die Einweihung des von Donndorf „Meiner Vaterstadt / In Liebe und Dankbarkeit" gewidmeten Monuments im Gesellschaftshaus „Armbrust" (heute Kino CineStar); der Brunnen erhielt später den Namen „Donndorfbrunnen".

Donndorf schuf auch das Grabdenkmal der Hofdame Charlotte von Stein auf dem Historischen Friedhof und die am 26. Oktober 1896 vor dem Landesmuseum (heute Neues Museum) eingeweihte Büste des Erbgroßherzogs Karl August II. von Sachsen-Weimar-Eisenach, die im Zweiten Weltkrieg eingeschmolzen wurde. Ein Ehrentag im Leben des Künstlers war am 30. Juni 1907 die Eröffnung eines von der Stadt Weimar errichteten und nach ihm benannten Museums in der Amalienstraße 6 für insgesamt 157 Gipsmodelle des Meisters, Kolossalwerke und auch kleinere Reliefs. 1930 wurde von unhaltbaren Zuständen hinsichtlich der nicht

Einweihung des Donndorfbrunnens am 20. Oktober 1895

aufhaltbaren Beschädigung der Modelle durch Kälte berichtet. Als 1933 ein Austausch der Räume für den „Thüringer Ausstellungsverein bildender Künstler zu Weimar" erfolgte, bot sogar der Bildhauer Arno Zauche, ein Schüler Donndorfs, die „Überwachung der Zerstörung der großen Gipsmodelle" an. Die Zerstörung fand ihre Vollendung, als der Gebäudekomplex gegen Ende des Weltkrieges durch die Organisation Todt und nach dem Krieg durch die sowjetische Besatzungsmacht zweckentfremdet genutzt wurde.

1895 wurde Donndorf auch Ehrenbürger der Stadt Eisenach für die von ihm geschaffenen Bach- und Lutherstandbilder. 1910 verlieh ihm die Stadt Stuttgart das Ehrenbürgerrecht; im selben Jahr wurde er geadelt.

Nach einem Schlaganfall starb Adolf von Donndorf am 20. Dezember 1916 in Stuttgart. Seine Grabstätte, geziert von einer Figur des Lutherdenkmals in Worms, befindet sich auf dem Weimarer Hauptfriedhof.

Gustav Thon

Gustav Thon wurde am 20. Februar 1805 in Eisenach als viertes Kind von Dr. jur. Christian August Thon, Kanzler und Vorsitzender der Landesregierung Eisenach von 1814 bis 1829, geboren. Um wie der Vater die Beamtenlaufbahn einzuschlagen begann der Sohn 1822 in Jena mit dem Jurastudium und schloss es mit der Promotion ab. Anschließend arbeitete er in seiner Heimatstadt als Großherzoglicher Amtadvokat. Am 19. Mai 1826 erhielt er die Berufung in die Weimarer Landesregierung und war später als Mitglied des Großherzoglichen Staatsministeriums über 50 Jahre lang mit verschiedenen Aufgaben befasst.

Thon erwarb sich wirtschafts- und finanzpolitisches Wissen, was ihm zu der Erkenntnis verhalf, dass die im Großherzogtum herrschenden wirtschaftlichen Schwierigkeiten nur durch Reformen zu beheben sind. Deshalb musste er sich besonders mit den die industrielle Entwicklung hemmenden Kulturbestrebungen des Großherzogs Carl Alexander auseinandersetzen und ihnen mit seiner reformatorischen Tätigkeit entgegen wirken. Seine Politik war beispielsweise auf die Weiterentwicklung der in ihren Grundsätzen überkommenen Steuereinschätzung und ihre Umgestaltung in einer den Fortschritten der Wissenschaft, den veränderten Rechtsanschauungen und den wirtschaftlichen Aufgaben der Neuzeit entsprechenden Weise gerichtet. Als wirtschafsliberal orientierter Staatsmann sah er in der Förderung des Sozialwesens und des Freihandels zur Entfaltung von Industrie und Gewerbe eine wichtige Aufgabe, die in der Einheit des Deutschen Reiches zu lösen sei. Von 1850 bis zu seinem Tode war Thon Chef des Departements der Finanzen im Staatsministerium und von 1870 bis 1871 zugleich des Departements der Justiz. Im April 1871 übernahm Gustav Thon den Vorsitz im Großherzoglichen Staatsministerium, den er mit pragmatischem Realitätssinn bis zu seinem Tode ausübte. Thons letztes Werk war eine gründliche Reform der Einkommenssteuer, die nach seinem Tode 1883 als Gesetz verabschiedet wurde.

Nachdem die Juristische Fakultät der Universität Jena am 15. Mai 1871 dem besonders auf dem Sektor der Steuergesetzge-

Gustav Thon, von A. Hohneck, 1847

bung erfolgreichen Staatsmann die Ehrendoktorwürde verliehen hatte, widerspiegelt die Begründung des Gemeinderats vom 14. Mai 1876 für die Ernennung zum Ehrenbürger der Stadt Weimar den Umfang der Ehrentitel und vielseitigen staatsmännischen Tätigkeit: „Seiner Excellenz dem Großherzogl. Sächs. wirklichen Geheimrath und Staatsminister Dr. jur. Gustav Thon dem ausgezeichneten Rechtsgelehrten, gleich bewährt im Berufe des Anwalts, wie des Richters, in wissenschaftlichem und gesetzgeberischem Wirken, dem hervorragenden Vertreter des Großherzogthums und der übrigen thüringischen Staaten in dem vormaligen die Einigung Deutschlands vorbereitenden Zoll- und Handelsverein, vor allem aber im engeren Vaterlande, dem weisen und wahrhaften Berather seines Landesfürsten wie aufrichtigen und eifrigen Förderer dauernder Volkswohlfahrt dem treuen Wächter der Landesverfassung, dem Schützer wahrer Gerechtigkeit und aller gemeinnützigen Einrichtungen, dem umsichtigen und gewissenhaften Leiter und Ordner eines mustergültigen Staatshaushaltes, dem in allen Zweigen des öffentlichen Lebens mit der Sicherheit klaren Geistes und festen Willens waltenden Staatsmanne bringt zum Gedächtniß des Tages, an welchem derselbe von fünfzig Jahren zum Heile unseres Landes in dessen Dienste getreten ist, in aufrichtigster Dankbarkeit, in tiefer Verehrung, und in unwandelbarem Vertrauen die Residenzstadt Weimar durch ihre gesetzlichen Vertreter das Ehrenbürgerrecht dar und ist zu dessen Urkund gegenwärtiges Diplom ausgefertigt und vollzogen worden." Der Ehrenbürgerbrief wurde Thon am 12. Juli 1876 überreicht.

Gustav Thon wohnte in der Ackerwand Nr. 13. Er heiratete 1828 in Eisenach und starb als Witwer am 11. Dezember 1882 in Weimar. Er wurde auf dem Historischen Friedhof im Erbbegräbnis der Familie an der Seite seiner 1835 sechsjährig verstorbenen Tochter und seiner 1874 verschiedenen Frau beigesetzt. Auch sein 1842 verstorbener Bruder, der Kammerrat und Geheime Legationsrat Ottokar Thon, hat hier seine letzte Ruhe gefunden. Die Linie Gustav Thons erlosch mit dem Tod seines einzigen Sohnes.

Robert Härtel

Robert Härtel (er selbst schrieb sich Haertel) wurde am 21. Februar 1831 in Weimar geboren. Eine künstlerische Ausbildung im Zeichnen erhielt er seit seinem zehnten Lebensjahr in der großherzoglichen Freien Zeichenschule in Weimar bei dem Zeichner und Kunstmaler Franz Jäde, zeitweise auch von Friedrich Preller d. Ä. Zugleich bildete er sich in der Goldschmiedekunst aus, durch die er allmählich zur Plastik geführt wurde. Er schuf kunstgewerbliche Arbeiten wie Tafelaufsätze, Humpen und Jardinièren.

Großherzog Carl Friedrich von Sachsen-Weimar-Eisenach beteiligte Härtel frühzeitig mit bildhauerischen Arbeiten an der Restaurierung der Wartburg, wo er auch als Modelleur arbeitete. Nach einem kurzen Studium in Berlin und München würde er Schüler des namhaften Bildhauers Ernst Julius Hähnel an der Dresdner Kunstakademie. Er machte sich rasch selbständig und schuf in schneller Folge Statuen, Kolossalbüsten und Reliefs. Das bedeutendste, die heidnische und christliche Kunst darstellende Relief von 14 in Sandstein ausgeführte Figuren entstand 1863 für die Südfassade des Großherzoglichen Museums (heute Neues Museum) in seiner Heimatstadt Weimar. Auf einem umlaufenden Fries in der Museumsgalerie stellte er die Hermannschlacht dar. Anlässlich der Silberhochzeit des großherzoglichen Paares im Jahre 1867 sollte ein von Härtel entworfener und von dem Steinbildhauer Bernhard ausgeführter Monumentalbrunnen in der 1867 fertig gestalteten parkähnlichen Anlage im Asbachtal vor dem gerade erbauten Museum errichtet werden. Aber die Ausführung verzögerte sich und der Krieg 1870/71 ließ sie ebenfalls in die Ferne rücken. Erst am 26. Juni 1875 beging der Gemeindevorstand die festliche Enthüllung des Brunnens und empfahl den Carl Alexander-Sophien-Brunnen, wegen seiner Lage auch

„Museumsbrunnen" genannt, „dem Schutz der Bevölkerung". Die Tageszeitung berichtete darüber, dass der Brunnen „in der wirkungsvollsten Art geschmückt war und allgemeinen Beifall fand". Auf einem Sockel mit vier Löwenköpfen als Wasserspeier befand sich eine gekrönte, mit dem Gesicht der Stadt zugewandte Frauengestalt, die die Schutzpatronin Weimars „Vimaria" darstellte. Nach ihr wurde der Brunnen später „Vimariabrunnen" genannt. Die Statue wurde am 26. Juni 1936 abgetragen, um

Robert Härtel, von Hermann Behmer, 1893

Baufreiheit für das so genannte Gauforum zu schaffen, sie ist bis heute verschollen.

Zur Errichtung eines Kriegerdenkmals bildete sich in Weimar ein Komitee, dem Staatsbedienstete, ein Bankdirektor, der Generaldirektor des Hoftheaters, die Professoren Friedrich Martersteig und Friedrich Preller und andere Honoratioren der Stadt angehörten. Allerdings schieden sich die Geister bei der Standortfrage für das Denkmal. Den dafür von Härtel favorisierten Kegelplatz lehnten Komitee und Bürgerschaft ab, worauf Härtel den Großherzog ersuchte, die Aufstellung auf dem Burgplatz zu genehmigen. Auch dieser Standort wurde verworfen, weil das Denkmal auf einem belebten Platz stehen sollte, und man zog sogar den Marktplatz in Erwägung. Als endlich der Watzdorfplatz (heute Buchenwaldplatz) als Standort bestimmt wurde, stellte Härtel unmissverständlich seine Bedingungen hinsichtlich der Sichtachsen und des Hintergrunds für das Denkmal. Während all dieser Erörterungen vollendete er von 1875 bis 1877 die Kolossal-Bronzegruppe und endlich konnte am 12. Mai 1878 das Denkmal enthüllt werden. Ein Festumzug mit teilnehmenden Schulen, Professoren der Universität Jena, Kriegervereinen, der Geistlichkeit und anderen zog unter Geläut der Glocken vom Marktplatz aus durch die Schillerstraße über den heutigen Goetheplatz zum Festplatz. Die Einweihungsrede hielt der Gymnasiallehrer Dr. phil. Walter Köhler als ehemaliger Teilnehmer am deutsch-französischen Krieg 1870/71. Der Landtagspräsident Dr. Hugo Fries übergab dem Bürgermeister das Denkmal für die Opfer des 5. Thüringischen Infanterieregiments „Großherzog von Sachsen" Nr. 94. Gleichzeitig übergab das Denkmal-Komitee der Stadt Weimar das mit 22.200 Mark Honorar für Härtel seinerzeit teuerste Monument per Urkunde „zum Eigentum und in Obhut".

Wenige Tage nach der Denkmalenthüllung fasste der Gemeinderat am 24. Mai 1878 den Beschluss, dem Schöpfer des Kriegerdenkmals das Ehrenbürgerrecht zu verleihen und schrieb am

27. Mai an Robert Härtel nach Breslau: „In dem Kriegerdenkmal, welches am 12. Mai zur Enthüllung gekommen ist, haben Sie ein Kunstwerk geschaffen, welches für alle Zeiten Ihrer Vaterstadt Weimar zur Zierde gereichen wird und welches ein glänzendes Zeugniß Ihrer hohen künstlerischen Begabung auf dem Gebiete der Plastik ablegt. In richtiger Würdigung dessen und in dankbarer Anerkennung Ihrer Verdienste um Ihre Vaterstadt hat daher der Gemeinderat ... beschlossen, Ihnen das Ehrenbürgerrecht hiesiger Großherzoglichen Residenzstadt zu verleihen." Für das prächtig ausgeführte Ehrenbürgerdiplom erhielt die Stadt ein Dankschreiben aus Breslau.

Wie der Vimariabrunnen sollte auch das Kriegerdenkmal nicht die Zeit überdauern. Am 26. November 1945 ordnete Oberbürgermeister Otto Faust den Abbau der Militärdenkmäler und ihre Einlagerung im städtischen Bauhof an; am 15. Juni 1946 wurde für die Beseitigung des Kriegerdenkmals auf dem Watzdorfplatz Vollzug gemeldet.

Robert Härtel schuf Büsten und Statuen auch für das Dresdner Theater, für die Albrechtsburg in Meißen und für Jena eine Bronzebüste des Philosophen Jakob Friedrich Fries. Im Jahre 1878 wurde er als Lehrer an die Königliche Kunst- und Kunstgewerbeschule Breslau (heute Wrocław, Polen) berufen, wo er neben anderen Werken für das Museum der bildenden Künste die überlebensgroßen Bronzegruppen „Albrecht Dürer" und „Michelangelo" schuf. Nach langem schwerem Leiden starb Robert Härtel am 5. Mai 1894 in Breslau. Er hinterließ seine Witwe, zwei Söhne und zwei Töchter.

Der Direktor der Kunstschule teilte am 28. Januar 1895 dem Weimarer Stadtvorstand mit, dass sich in Breslau ein Komitee zur Errichtung eines Grabdenkmals für Härtel gebildet habe. Er bat um eine Geldspende zur Schaffung einer trauernden Muse, die auf dem mit dem Reliefportrait des Verstorbenen geschmückten Grabstein einen Kranz niederlegt. Die Stadt Weimar stimmte der Bitte zu.

Otto von Bismarck

Otto von Bismarck wurde am 1. April 1815 auf dem Familiengut Schönhausen bei Stendal als Sohn eines Rittergutbesitzers geboren. Er besuchte in Berlin die Schule und studierte von 1832 bis 1835 in Göttingen und Berlin Rechtswissenschaft. Unberührt vom liberalen Zeitgeist trat er als konservativer Abgeordneter und preußischer Gesandter (1851 bis 1859 am Bundestag in Frankfurt/Main, 1859 bis 1862 in Petersburg, 1862 in Paris) frühzeitig die Diplomatenlaufbahn an. Im Jahre 1862 berief ihn der Preußenkönig Wilhelm I. zur Durchsetzung der monarchischen Politik in das Amt des preußischen Ministerpräsidenten und zum Minister des Auswärtigen. Der Weg zur Stärkung Preußens war mit Annexionen und Kriegen gepflastert: 1864 gegen Dänemark, 1866 gegen Österreich und 1870/71 gegen Frankreich. Mit einem nach eigener Aussage „angeborenen preußisch-monarchischen Gefühl" gipfelten Bismarcks politische Bemühungen in der Schaffung des Deutschen Reichs und der Proklamation Wilhelms I. am 18. Januar 1871 im Schloss zu Versailles bei Paris zum deutschen Kaiser. Er selbst wurde 1871 der erste deutsche Reichskanzler und übte das Amt wie auch das des Ministerpräsidenten bis 1890 aus. Mit neuen, großräumigen Staatsbündnissen und -pakten prägt der Kanzler der nationalstaatlichen Einheit maßgeblich die europäische Außenpolitik des 19. Jahrhunderts.

Nicht nur die europäische und Weltpolitik ist mit dem Namen des Reichsgründers Bismarck verbunden, sondern ihm oblag allein – trotz eines gewählten Parlaments – die Führung der Reichspolitik. Zu den innenpolitischen Maßnahmen gehörten die Heeresreform (1859–861), der „Kulturkampf" (1872–1878) und das „Sozialistengesetz" (1878) zur Ausschaltung politischer Gegner. Auch wurde im Jahre 1881 eine neue soziale Gesetzgebung

Otto von Bismarck, von Hans von Lenbach, 1894

(Krankenkasse, Unfall-, Invaliditäts- und Altersversicherung) proklamiert und nach dem Scheitern eines Reichseisenbahnsystems die preußischen Privatbahnen verstaatlicht. Als Kaiser Wilhelm I. 1888 starb, verlor Bismarck mit ihm seine starke Stütze. Opposition der Konservativen, Neid, Intrigen und vor allem die sich bald einstellenden unüberbrückbaren Konflikte mit Kaiser Wilhelm II. sollten zum Sturz des Kanzlers führen, der am 18. März 1890 sein Entlassungsgesuch einreichen musste. Zu zahlreich erhaltenen Dotationen und Ernennungen, wie am 31. März 1871 die Erhebung in den Fürstenstand, wurde er mit dem Titel eines Herzogs von Lauenburg aus dem Staatsdienst entlassen. Bismarck zog sich auf sein Besitztum Friedrichsruh bei Hamburg zurück, wo er am 30. Juli 1898 an den Folgen einer schweren Krankheit verstarb und seine letzte Ruhestätte fand.

Schon zu seinen Lebzeiten genoss Otto von Bismarck, der mit „Zuckerbrot und Peitsche" herrschende „eiserne Kanzler", bereits als eine historische Gestalt ein überdurchschnittliches Ansehen. Allen Orts fanden große Feiern zu seinem 70. Geburtstag und 50-jährigen Dienstjubiläum statt. Auf Beschluss des Weimarer Gemeinderats hatten dessen Mitglieder am 30. Juli 1892 in Frack und Zylinder auf dem hiesigen Bahnhof zu erscheinen, um den durchreisenden Fürsten in corpore zu begrüßen. Knapp zwei Jahre später erhielt die Stadt am 1. April 1894 eine Bismarckstraße (heute Schubertstraße). Die Stadt Jena hatte Bismarck bereits 1894 zu ihrem Ehrenbürger gemacht, die Universität verlieh dem Dr. h. c mult. Otto von Bismarck am 16. Juli 1896 die Ehrenpromotion zum Dr. med. et chir. et artisobstericae h. c. „für die Gründung des Reichsgesundheitsamtes und in dankbarer Erinnerung an den Besuch in Jena im Juli 1892". Deutschland wurde 1895 förmlich von einer „Ehrenbürgerwelle" erfasst, die auch Weimar ergriff. Wie 53 andere Städte in Thüringen beschloss der Gemeinderat auf Anregung des Thüringischen Städteverbands am 9. März 1895 einstimmig, Bismarck anlässlich seines 80. Geburtstags das Ehrenbürgerrecht „in dankbarer Würdigung der unvergänglichen Verdienste, welche Euer Durchlaucht um die Begründung und Festigung des neuen deutschen Reiches sich erworben haben" zu verleihen. Am 1. April 1895 feierte Weimar das Ereignis im „Tivoli", Brühl 1, gebührend mit Gesängen und Trinksprüchen. Da der betagte Bismarck eine Städteabordnung nicht mehr empfangen konnte, wurde der gemeinsame Ehrenbürgerbrief am 8. September durch die Post zugestellt. Der Dank für die zuteil gewordene Ehrung aus Friedrichsruh traf am 21. Oktober 1895 im Weimarer Rathaus ein: „Eure Hochwohlgeboren bitte ich, den vereinigten Thüringischen Städten, die mir die Ehre erwiesen haben, mir ihr Bürgerrecht zu verleihen, hierfür und für den künstlerisch so schön ausgestatteten Bürgerbrief, meinen verbindlichsten Dank aussprechen zu wollen. v. Bismarck".

Auf die Nachricht vom Tode Bismarcks hielt der Gemeindevorstand am 2. August 1898 eine außerordentliche Sitzung ab, „um über eine angemessene Gedächtnisfeier für unseren verstorbenen Ehrenbürger zu beraten: Die Feier findet auf dem Marktplatz statt, auf dem Rathausbalkon wird die [von Adolf von Donndorf geschaffene] Kolossalbüste Bismarcks aufgestellt mit entsprechender Drappierung und durch vier Pechpfannen beleuchtet." Am 10. August berichtete Oberbürgermeister Dr. Martin Donndorf: „... daß die Trauerfeier gestern Abend in würdigster Weise stattgefunden hat und durch nichts gestört worden ist. Nur gerieten die um die Pechpfannen gelegten Laubkränze durch die Hitze theilweise in Brand ..."

Nach dem Tode Bismarcks überbot man sich in einer unerschöpflichen Ideenvielfalt, seinen Namen der Nachwelt zu überliefern, was vom Bismarckarchipel über den Bismarckhering bis zu ungezählten Bismarcktürmen und -vereinen reichte. Erneut machte die Stadt Weimar darin keine Ausnahme. Gemäß eines zentralen Aufrufs an das deutsche Volk, dass der „weltgeschichtliche Augenblick" zur Errichtung eines Nationaldenkmals gekommen sei, war Weimar für eine Spendensammlung im Großherzogtum Sachsen-Weimar verantwortlich und trug selbst mit

Schreiben Bismarcks an die Stadt Weimar, 8. Oktober 1895

7130 Mark zu dem am 3. Juni 1901 in Berlin enthüllten Bismarck-Denkmal bei. Am 2. September 1900 wurde der Grundstein zur Errichtung eines ebenfalls aus Spenden der umliegenden Gemeinden – u. a. beteiligte sich der Ort Bergern mit nur 20 Pfennigen – finanzierten Bismarck-Denkmals am Südhang des Ettersberges gelegt. Das nach dem Entwurf des Architekten Ernst Kriesche geschaffene 43 Meter hohe Monument wurde am 27. Oktober 1901 in Anwesenheit des fast vollständigen Offizierskorps mit Festrede und Gesang seiner Bestimmung übergeben (Sprengung am 11. Mai 1949); die Festrede hielt Kriesche und Hofkapellmeister Karl Müllerhartung leitete eine Gesangsaufführung des Weimarer Sängerbundes. Im darauf folgenden Jahr gründete sich in Weimar ein Verein, um Bismarcks „Verdienste in Ehren zu halten". Im Adressbuch der Großherzoglichen Haupt- und Residenzstadt Weimar wurde im Jahre 1907 erstmals das Hotel „Fürst Bismarck", Erfurter Straße 35, aufgeführt.

Bruno Schwabe

Der spätere Generaloberarzt Dr. med. Ernst Bruno Schwabe wurde am 16. Januar 1834 in Cölleda (später Kölleda) als Sohn eines dort ansässigen Arztes geboren. Er hatte eine zehn Jahre ältere Schwester und bereits sein Elternhaus verlassen, als eine weitere Schwester geboren wurde. Sie erreichten beide, in Kölleda lebend, ein hohes Alter. Der Vater legte Wert auf eine humanistische Ausbildung des Sohnes und so besuchte der Zehnjährige seit 1845 die Klosterschulen zu Donndorf bei Roßleben und seit 1848 Schulpforta bei Naumburg. Im Jahre 1854 legte Bruno Schwabe in Schulpforta sein Abitur ab und begann im selben Jahr mit dem Medizinstudium an der Kaiser-Alexander-Akademie zu Berlin.

Mit Abschluß des Studiums 1859 begann die militärische Laufbahn Schwabes als Arzt beim Kaiser-Alexander-Garderegiment in Berlin. 1860 legte er seine Staatsprüfung ab, wurde zum Assistenzarzt befördert und nach Köln sowie anschließend nach Hamm und Düsseldorf versetzt. Der siegreiche Krieg Preußens gegen Dänemark 1864 um die Herzogtümer Schleswig und Holstein, an dem der gerade zum stellvertretenden Stabsarzt ernannte Schwabe teilnahm, begünstigte seine Militärkarriere. Er wurde ein Jahr später zum Stabsarzt befördert und arbeitete im Lazarett der Berliner Charité vorrangig an der medizinischen Versorgung der verwundeten Soldaten des Krieges Preußen gegen Österreich, aus dem die preußische Armee 1866 erneut als Sieger hervorging. 1867 wurde Schwabe an die Unteroffiziersschule nach Jülich versetzt und „in dem glorreichen Feldzuge 1870/71 nach Frankreich erwarb sich Schwabe durch außerordentliche Leistungen seine Kriegslorbeeren", hieß es später in dem Nachruf zu seinem Tode. Nach dem deutsch-französischen Krieg, in dem ihm die Feldlazarette unterstanden, kehrte er

Bruno Schwabe, von Emma Görg, 1916

1871 in die Garnison Jülich zurück. Als mit dem Eisernen Kreuz dekorierter Oberstabsarzt wurde Schwabe 1872 zum 5. Thüringischen Infanterieregiment „Großherzog von Sachsen" Nr. 94 nach Weimar versetzt, und als Generaloberarzt nahm er im Jahre 1897 seinen Abschied vom Militär.

In Weimar wurden die von Bruno Schwabe angelegten wertvollen ethnologischen Sammlungen bald bekannt. Sie sind die Ergebnisse der von ihm in den Jahren 1869 bis 1904 unternommenen großen Reisen durch verschiedene Kontinente. Er bereiste u. a. Nordafrika und Palästina, befand sich von 1878 bis 1879 auf einer zweijährigen Reise um die Erde, nahm längere Aufenthalte in den ostasiatischen Ländern Ceylon und Ostindien, er war in Rußland, Schweden, Norwegen bis zum Nordkap und im Süden Europas unterwegs sowie für kurze Zeit in Amerika. Von seinen Reisen brachte Schwabe Sammelstücke, darunter auch Waffen und Kunstgegenstände mit nach Weimar, die er hier wissenschaftlich ordnete und die die Weimarer Bürger in seinem Haus Am Horn 19 besichtigen konnten. Im Jahre 1888 gab er einen Teil seiner naturwissenschaftlichen und ethnographischen Sammlung als gemeinnützige Schenkung in städtischen Besitz und legte damit den Grundstein für das am 24. Juni 1889 eröffnete Naturwissenschaftliche Museum mit den Abteilungen Altertümer, Zoologie, Mineralogie, Paläontologie und Botanik; es war das erste städtische Museum in Thüringen. Im selben Jahr führten die vorgeschichtlichen Funde von Taubach und Ehringsdorf zur Gründung der Gesellschaft für Naturwissenschaften, Völkerkunde und Altertumskunde, deren Mitbegründer Schwabe war. Aus Platzgründen erfolgte der Umzug der Sammlung aus der 2. Bürgerschule hinter der Stadtkirche in das nach seinem Erbauer benannte Posecksche Haus in der Amalienstraße, wo Schwabe Mitte August 1892 die Wiedereröffnung des Museums erlebte. 1897 schenkte er dem Naturwissenschaftlichen Museum, aus dem später das heutige Museum für Ur- und Frühgeschichte Thüringens und das Stadtmuseum hervor gingen, seine diluvialen Sammlungen. Zu den Verdiensten des Militärarztes Schwabe gehörte auch die Anfang Dezember 1884 von ihm ins Leben gerufene erste freiwillige Sanitätskolonne Weimar des Roten Kreuzes für den Einsatz in Friedenszeiten, in der er Ausbildungsaufgaben übernahm und deren Ehrenvorsitzender er wurde.

In seiner Sitzung am 12. Dezember 1902 würdigte der Gemeinderat die bedeutende Schenkung: „Der Gemeinderat spricht dem Herrn Generaloberarzt Dr. Schwabe seinen Dank dadurch aus, daß er ihn einstimmig zum Ehrenbürgerbürger der Stadt Weimar ernennt". Das Ehrenbürgerdiplom überreichten ihm der Oberbürgermeister und der Vorsitzende des Gemeinderats am 23. Februar 1903; gleichzeitig wurde Schwabe von der Zahlung der Gemeindesteuer befreit. Dass er nicht das Bürgerrecht der Stadt Weimar besaß, fand seine Begründung im September 1903 im Bürgerbuch: „Auf Ehrenbürger finden jedoch die Voraussetzungen der Erwerbung des Bürgerrechts insbesondere durch das Besitzen der Staatsangehörigkeit im Großherzogtum keine Anwendung". Anlässlich des 80. Geburtstages von Schwabe beschloss der Gemeinderat am 16. Januar 1914 in einer vertraulichen Sitzung, dass die Verlängerung der Wildenbruchstraße (heute Jahnstraße) „Schwabestraße" genannt werden sollte. Auch sollte für eine kleine Galerie von Bildnissen städtischer Ehrenbürger eine künstlerische Darstellung oder ein Medaillon angefertigt werden. Deshalb bat die Stadt den Direktor der Großherzoglich Sächsischen Hochschule für bildende Kunst, Prof. Leopold von Kalckreuth, um die Anfertigung eines Gemäldes, was dieser jedoch ablehnte. Die Weimarer Kunstmalerin Emma Görg lieferte 1917 für 250 Mark das Gewünschte und der Gemeinderat bestimmte, dass das Bild im Städtischen Museum aufzuhängen sei.

Dr. med. Bruno Schwabe, Teilnehmer an mehreren Kriegsschauplätzen in Europa und Weltreisender – ein Mann umfassender Bildung – führte auch im hohen Alter ein aktives Leben. Als Musikliebhaber – er selbst spielte gern Klavier – bevorzugte er die musikalischen Aufführungen im Hoftheater, und als Naturfreund bestellte er seinen Garten und unternahm alljährlich Wanderungen im Thüringer Wald. Er verkörperte sowohl einen Teil Weimarer Geschichte als auch einen Teil Weimarer Kultur und Wissenschaft. Er war unverheiratet und starb nach einem Schlaganfall am 12. Juni 1918 in Weimar. Sein Leichnam wurde am 15. Juni 1918 nach Kölleda überführt – sein Lebenswerk verblieb jedoch in Weimar.

Louis Döllstädt

Am 18. April 1843 wurde Georg Louis Döllstädt (auch Döllstedt) als Sohn des Kauf- und Handelsherrn Kommerzienrat Ernst Christian Louis Döllstädt in Weimar geboren. Er verbrachte seine Lehrzeit in Erfurt und etablierte sich 1867 als Kaufmann in Weimar. Mit seinen geschäftlichen Erfahrungen und im Verlauf der schnellen Entwicklung des Groß- und Einzelhandels nach 1871 in Weimar unterstrich Döllstädts Getreide- und Landesprodukten-Großhandlung in der Geleitstraße die Bedeutung der Stadt als Mittelpunkt ihres landwirtschaftlichen Umfelds. Mit dem Wachsen seines Unternehmens steigerte sich auch Döllstädts Wohlstand. Sein Sohn gleichen Namens führte das Getreide- und Landesproduktengeschäft, dessen Speicher und Kontor sich in der Karlstraße 5 befand, fort.

Am 4. September 1894 erwarb Louis Döllstädt das Bürgerrecht der Stadt Weimar und schon zu seinen Lebzeiten wurde am 20. November 1900 eine Straße nach ihm benannt. Er trug persönlich zur Linderung der Not der Stadtarmut bei, indem er am 5. März 1911 die „Louis- und Friedericke-Döllstädt-Stiftung" über 5000 Mark zu Gunsten der Almosenkasse begründete und den gleichen Betrag dem Komitee zur Begründung eines Fürsorgeheims übereignete.

Im Jahre 1876 wurde er in den Gemeinderat und 1886 einstimmig zu dessen Vorsitzenden gewählt wie auch die Gemeinderatsmitglieder in den nachfolgenden Jahren mehrheitlich für Döllstädt votierten. Als Vorsitzender hat er insgesamt über 600 Gemeinderatssitzungen geleitet. Durch geschickt geführte Verhandlungen und kraft seiner Autorität trug Döllstädt dazu bei, Kommunalkonflikte zu vermeiden und die gesellschaftliche Entwicklung zu fördern. Mit seinem vielseitigen Wirken sowohl im Gemeinderat als auch in zahlreichen Ehrenämtern beeinflusste er

Louis Döllstädt (2. von links) und Wilhelm Heller (6. von links) in einer Gemeinderatssitzung im Rathaus, 1901

Louis Döllstädt 113

im ausgehenden 19. Jahrhundert die kommunale Entwicklung. In seiner Amtszeit übernahmen Mitglieder des Gemeinderates die Verwaltung des Gas- und des Wasserwerkes (1886), sie erließen eine Schlachthof- (1887) und eine Obstmarktordnung (1891) sowie am 2. April 1897 ein Ortsstatut, das die Zusammensetzung des Gemeindevorstandes festlegte. Auch konnten auf Beschluss des Gemeinderates die Weimarer Bürger bei frühlingshafter Wärme am 1. Januar 1900 mit einem Konzert der Stadtkapelle auf dem Balkon des Rathauses das neue Jahrhundert begrüßen.

Vielseitig engagiert, war Döllstädt 1877 Mitglied mehrerer Vorstände wie der Sparkasse und auch der Kirchgemeinde, 25 Jahre lang gehörte er zum Vorstand der Stahlarmbrustschützen-Gesellschaft, er war Ehrenmitglied im Vorstand der Büchsenschützenkompanie und im Gewerbeverein. Er trug eine Mitverantwortung im Ortsausschuss für die Durchführung der Tonkünstlerversammlung im Jahre 1894 und war auch als Kassenwart des 1906 gegründeten Deutschen Schillerbundes tätig, der der Jugend in alljährlich stattfindenden Veranstaltungen klassische deutsche Kultur vermitteln wollte.

Am 14. Januar 1888 wurde Louis Döllstädt in den Thüringer Landtag gewählt. Er besaß das Wahlmandat der Nationalliberalen Partei, das er bis zu seinem Tod inne hatte. Nachdem er am 10. Februar 1907 zunächst zum Vizepräsidenten des Thüringer Landtages gewählt wurde, sollte die Wahl zu dessen Präsidenten mit 34 von 36 abgegebenen Stimmen die Krönung seiner politischen Laufbahn werden.

Im Jahre 1910 beging Döllstädt ein Doppeljubiläum: Er war 35 Jahre lang Mitglied im Gemeinderat und 25 Jahre lang dessen Vorsitzender. Dafür sollte er – den Gemeinderatsmitgliedern wurde hinsichtlich des Antrags strenge Vertraulichkeit auferlegt – das Ehrenbürgerrecht erhalten. Mit der Abfassung des Textes der Ehrenbürgerurkunde wurden der Oberbürgermeister Dr. Martin Donndorf und der Pädagoge und Literaturwissenschaftler Prof. Dr. Eduard Scheidemantel beauftragt.

Am 13. Dezember 1910 erhielt der Großkaufmann und Politiker Louis Döllstädt aus Anlass seines 25-jährigen Dienstjubiläums als Vorsitzender des Gemeinderats „in dankbarer Anerkennung dieser hohen, um die Entwicklung und das Aufblühen der Stadt erworbenen Verdienste" die Ehrenbürgerwürde. Der Hoffotograf Louis Held fertigte als Ehrengabe eine Fotomontage von einer Sitzung des Gemeinderats im Bernhardsaal des Rathauses an, und der Historienmaler Hans W. Schmidt skizzierte je eine Sommer- und eine Winteransicht des 200 Jahre alten, gegenüber dem Landgericht liegende Bürgerhauses Geleitstraße 4, in dem Döllstädt wohnte. Nachdem sich dieser für das Wintermotiv entschieden hatte, führte Schmidt das Bild für 600 Mark in Öl aus. Es wurde dem Jubilar gleichzeitig mit der Urkunde auf der Gemeinderatssitzung am 2. Januar 1911 im Bernhardsaal, „der in würdigem Festschmuck prangte", überreicht. Am selben Tag wurde Döllstädt mit 27 von 28 abgegebenen Stimmen zum 25. Mal zum Vorsitzenden des Gemeinderats gewählt.

Am 30. September 1912 verstarb der Geheime Kommerzienrat Louis Döllstädt in Barmen, wo er mit seiner Frau Friedericke zu Besuch bei seiner Tochter weilte. Am 5. Oktober – das Rathaus hatte halbmast geflaggt – wurde er auf dem Weimarer Friedhof beigesetzt und Vertreter des Staatsministeriums und des Landtags, des Hoftheaters sowie aller Bevölkerungsschichten gaben dem Ehrenbürger das letzte Geleit.

Wilhelm Heller

Über das Leben und Wirken Wilhelm Hellers sind kaum Angaben überliefert – er scheint heute in der Geschichte Weimars nicht präsent zu sein. Da stellt sich die Frage, was ihn auszeichnete, ein Ehrenbürger der Stadt zu werden.

Friedrich Wilhelm Gottlieb Michael Johann Heller wurde am 25. November 1840 als Sohn eines Tünchermeisters in Weimar geboren. Er wurde ein angesehener Geschäftsmann, der das Bürgerrecht seiner Heimatstadt, der er zeitlebens verbunden war, am 11. November 1867 erworben hat. Am 1. Januar 1888 wurde Heller als Mitglied des Weimarer Gemeinderats und am 8. Juli 1901 als ehrenamtliches Mitglied in den Stadtrat gewählt. Die schlechte Versorgungslage und Preiserhöhungen während und nach dem Ersten Weltkrieg belasteten das soziale Gefüge auch der Weimarer Bevölkerung in starkem Maße, sodass sich Heller als ehrenamtlicher Stadtrat in besonderem Maße der Armenfürsorge widmete. Als Dezernent des Armenwesens unterstand ihm 14 Jahre lang das städtische Armenwesen, das er mit seinen privaten Zuwendungen zusätzlich bedachte. Er war Vorstand der städtischen Stiftungen und des Armenhauses sowie Gehilfe der aus der Armenspeisung hervorgegangenen Suppenanstalt.

In den Jahren der kulturellen Blüte, die Weimars Ruhm begründeten, spielte das Armenwesen in der Gemeindeverwaltung eine herausragende Rolle. Das alte, 1819 am Asbach erbaute und seit der Gemeindeverfassung von 1850 unter städtischer Mitverantwortung stehende Armenhaus bedurfte in der Tat dringend umfassender materieller und struktureller Verbesserungen. Deshalb beschloss der Gemeinderat 1875, in der heutigen Karl-Haußknecht-Straße 19 ein neues Gebäude zu errichten, dessen Hausordnung 1878 u. a. die Abschaffung der bis dahin im Armenhaus angewandten Prügelstrafe festlegte. Aber die Lebensbedingungen für die Insassen schienen sich dennoch nicht wesentlich zu verbessern, wie aus einem Bericht des Hausverwalters noch im Jahre 1897 an den Gemeinderat über die dort herrschenden menschenunwürdigen Verhältnisse hervorgeht. Am 3. April 1895 erhielt die Hilfskasse des „Vereins der Frauen und Jungfrauen zur gegenseitigen Unterstützung in Krankheitsfällen und Gewähr eines Begräbnisgeldes" den Namen „Heller-Stiftung". Gemäß der drei Jahre später am 18. November 1998 erlassenen Stiftungsstatuten sollten kranke und erwerbslose, hochbetagte, hilfsbedürftige und altersschwache Vereinsmitglieder bedacht werden, wobei die zu gewährende Unterstützung in jedem einzelnen Fall mindestens 5 Mark betragen musste und „bis auf weiteres den Betrag von 10 M nicht übersteigen" durfte. Das Guthaben der Stiftung betrug 1932 insgesamt 344,39 Reichsmark mit einem zur Auszahlung an Bedürftige gelangenden, wahrlich geringen Zinsertrag von 13,60 Reichsmark. 1934 wurde der Prinzessin Marie-Elisabeth-Verein liquidiert, in dessen Vorstand Heller von 1889 bis 1897 als Rechnungsprüfer in der Bauabteilung gearbeitet hat. Als „Prinzessin Marie-Elisabeth-Spende" erhöhte im Jahre 1934 eine Summe von 1000 Reichsmark das Guthaben der Heller-Stiftung. Beispielhaft für die Bedürftigkeit und damit für die Lebensqualität einer Bewohnerin des Karlsstifts sei deren finanzielle Situation genannt: Sie musste im Jahre 1937 ihren Lebensunterhalt von einer Sozialrente von 23 Reichsmark mit zusätzlich 7 Reichsmark aus der Heller-Stiftung bestreiten. Auf Verfügung des Reichsstatthalters in Thüringen vom 5. Januar 1943 wurde das Vermögen verschiedener Stiftungen, darunter das der Heller-Stiftung, zu einer neu gebildeten städtischen Sammelstiftung zusammengefasst.

Am 2. November 1917 beschloss der Gemeinderat einstimmig, den Kaufmann Wilhelm Heller aus Anlass seines 50-jährigen Bürgerjubiläums zu ehren. Ihm ein Bild seines Wohnhauses zu überreichen, lehnten die Gemeinderatsmitglieder ab und die ebenfalls einstimmig beschlossene Straßenbenennung, denn

„eine Wilhelm-Heller-Straße wird den alten Herrn am meisten freuen", wurde erst 1928 mit der Benennung des Hellerwegs verwirklicht. 1917 einigte man sich darauf, ihm die höchste städtische Ehrung zuteil werden zu lassen und ihn zum Ehrenbürger zu ernennen. Heller sei 30 Jahre im freiwilligen Amt und Dienst für das Gemeinwesen der Stadt Weimar tätig gewesen, 13 Jahre als gewählter Gemeindevertreter und 17 Jahre als Stadtrat und Mitglied des Gemeindevorstands. Ihn zeichne „strenge Unparteilichkeit, unermüdliche Treue, umfassende Kenntnisse der Verhältnisse und selbstlose Tätigkeit" aus, die er „aus mitfühlendem Herzen heraus" ausübe. Die Ehrenbürgerurkunde, für deren Ausführung man sich auf deutsches Schweinsleder anstelle von echtem Japanbütten einigte, wurde vom Großherzoglich-Sächsischen Hoflieferanten Heinrich Pfannstiel in dessen Werkstätten für künstlerische Lederarbeiten und Wappenmalerei, Erfurter Straße 106a, ausgefertigt. Als ihm das Diplom in seiner Wohnung vom Oberbürgermeister überreicht wurde, zeigte sich Heller ergriffen über die unerwartete Ehrung. In einer vertraulichen Sitzung des Gemeinderats am 7. Dezember 1917 wurde er von der Verpflichtung zur Zahlung von Gemeindeabgaben befreit.

Wilhelm Heller war Träger des Krieger-Ehrenkreuzes 3. Klasse für die den österreichischen Flüchtlingen und Heimkehrenden geleisteten Dienste, mit dem ihn der Kaiser in Wien ausgezeichnet hat. In seiner Heimatstadt war er Mitglied der Stahlarmbrustschützen-Gesellschaft, der Büchsenschützenkompanie und des Weimarer Turnvereins. Sein soziales Engagement hat ihn zu einem „Wohltäter der Stadt" gemacht. Im Jahre 1919 zog er sich aus dem öffentlichen Leben zurück. Er war Witwer und wohnte in der Schillerstraße 8, wo er mit 82 Jahren am 23. April 1923 verstarb. Am selben Tag verstarb im Alter von 47 Jahren auch der frühere Großherzog Wilhelm Ernst von Sachsen-Weimar und Eisenach in Heinrichau (heute Henryków, Polen). Die Allgemeine Thüringische Landeszeitung „Deutschland" berichtete einen Tag später über das ehrende Gedenken an die beiden Verstorbenen im Gemeinderat durch Oberbürgermeister Walther Felix Mueller, der Hellers selbstlose Tätigkeit und seine Verdienste um das Armenwesen in einem Nachruf u. a. mit folgenden Worten würdigte: „... er hatte keine Feinde und sein Leben war Arbeit im Dienste der Nächstenliebe". Während sich alle bürgerlichen Abgeordneten zu Ehren der beiden Verstorbenen von ihren Plätzen erhoben, versagten jedoch die Abgeordneten der Sozialdemokratischen Partei diese Ehrung dem 1918 abgedankten Großherzog. Wilhelm Heller wurde auf dem Historischen Friedhof bestattet.

Paul von Hindenburg

Während nach 1914 an mehreren Kriegsschauplätzen in Europa mörderische Kampfhandlungen stattfanden, berichtete am 1. Oktober 1917 die hiesige Zeitung „Deutschland", 83 Thüringer Städte, darunter Weimar, „haben dankerfüllt für die geniale Führung im Weltkrieg, die im deutschen Volk unbeirrbaren Siegeswillen erhalten und ungeahnte Kraft erzeugt, das Vaterland vor Demütigungen und Knechtschaft bewahrt und den festen Grund für eine glückverheißende Weltgeltung Deutschlands gelegt hat, dem Generalfeldmarschall v. Hindenburg zu seinem 70. Geburtstag, den 2. Oktober 1917, das Ehrenbürgerrecht verliehen. Sie werden diese Huldigung in einem gemeinsamen von der Hand eines hervorragenden Künstlers herzustellenden Ehrenbürgerbrief beurkunden und die Urkunde dem Feldmarschall nach Einstellung der Kampftätigkeit übermitteln." – Selten zuvor haben die Zeitumstände einer Begründung für die Ehrenbürgerschaft derart widersprochen.

Am 10. Mai 1926 erlebte die Stadt Weimar anlässlich des einzigen Besuchs des Reichspräsidenten den reichsüblichen „Hindenburg-Tag". Unkritisch überschlug sich die Tageszeitung „Deutschland" förmlich in der Berichterstattung. Die Stadt erlebte ein militärisches Aufgebot wie selten zuvor. Ehemalige aktive Offiziere und Kriegsveteranen begrüßten den „greisen Volkshelden" am Bahnhof und eine militärische Eskorte begleitete ihn durch die Schiller- und Parkstraße (heute Puschkinstraße) zum Landtagsgebäude, wo „des Vaterlandes Retter und Hoffnung" vom Jenaer Rektor zum Ehrenbürger der Thüringischen Landesuniversität ernannt wurde. Im außen und innen geschmückten Weimarer Rathaus trug er sich in das extra für seinen Besuch angelegte Goldene Buch ein. Er wohnte bei Staatsminister a. D. Dr. jur. Richard Leutheußer in der

Paul von Hindenburg

Paul von Hindenburg bei einer Teestunde im Schloss Belvedere, von Hans W. Schmidt

Marienstraße 13 und nahm den von Damen in Rokokokostümen servierten Tee in Schloss Belvedere ein. Dorthin wurde „Fräulein Ella Held zum Fototermin befohlen"; denn „ein gutes Bild unseres Reichspräsidenten von Held gehört in jedes deutsche Haus!" Der Weimarer Kunstmaler Hans W. Schmidt hat im Jahre 1932 den Hindenburgbesuch in Schloss Belvedere in einem Historiengemälde dargestellt. Einer Festvorstellung im Deutschen Nationaltheater folgte eine Feier im Stadtschloss, an der auch der derzeitige Weimarer Ehrenbürger Friedrich Lienhard und die späteren Ehrenbürger Heinrich Lilienfein, Eduard Scheidemantel und Martin Donndorf teilnahmen. Die Polizei hatte die „jubelnde Menschenmenge" auf Abstand gehalten, aber „lebhafte Klage wurde leider wieder über die mangelnde Disziplin der

Bevölkerung geführt", berichtete die Tageszeitung. Auch durch Inflation und Arbeitslosigkeit anders denkende Weimarer Bürger haben in der Nähe der Hauptpost ihre Meinung kundgetan und Hindenburg mit einem großen Paket wertloser Inflationsgeldscheine beworfen.

Am 2. Oktober 1847 wurde Paul von Hindenburg in Posen (heute Poznań, Polen) als ältestes von vier Geschwistern geboren. Der Vater, ein die altpreußische Sitte der treuen Pflichterfüllung pflegender Offizier, entstammte dem alten Adelsgeschlecht derer von Beneckendorff. Diesem Namen wurde 1789 der Zweitname „von Hindenburg" hinzugefügt, der als alleiniger gebräuchlich wurde. 1855 siedelte die Familie nach Glogau (heute Głogów, Polen) über und da die schulischen Leistungen Pauls auf dem dortigen Gymnasium nicht den Anforderungen entsprachen, wechselte der Zwölfjährige auf eine Kadettenanstalt, um die für ihn vorbestimmte militärische Laufbahn einzuschlagen. „Gehorsam gegen Gott, Landesherrn, Eltern und Vorgesetze, deutsche Disziplin und deutscher Geist" sollten fortan sein Tun mit „soldatischer Pflichtauffassung" bestimmen. 1863 wurde diese Ausbildung in Berlin fortgesetzt und der Theorie folgte die Praxis in den Kriegseinsätzen 1866 und 1870/71. Nach einem dreijährigen Studium an der Kriegsakademie heiratete er 1879 in Stettin (heute Szczecin, Polen). Trotz seiner steilen Militärkarriere – er verstand sich als ein Schüler des preußischen Generalfeldmarschalls Alfred Graf von Schlieffen und wurde 1897 zum Generalmajor befördert – schied Hindenburg im Jahre 1911 aus dem Militärdienst aus und nahm seinen Wohnsitz in Hannover. Doch schon bald kehrte der „Schlachtendenker", wie man Hindenburg nannte, als kaisertreuer und ordensgeschmückter Generalfeldmarschall und Chef der Obersten Heeresleitung ins europäische Geschehen des Ersten Weltkrieges zurück. Zu seinem 70. Geburtstag im Kriegsjahr 1917, als das hungernde Volk mit Massenstreiks die Beendigung des Krieges forderte, wurde er als „Nationalheld" gefeiert, der mit dem preußischen General Erich von Ludendorff an der Seite die strategische Kriegsführung inne hatte, bis der Krieg mit dem politischen, wirtschaftlichen und militärischen Zusammenbruch des Kaiserreichs im November 1918 durch eine Revolution beendet wurde.

Als erklärter Monarchist und Gegner der ersten Republik und ihres parlamentarisch-demokratischen Systems in Deutschland umgab sich Hindenburg mit dem Mythos eines volkstümlichen deutschen Heerführers und ließ sich nach dem Sieg über die russische Narewarmee im August 1914 in Tannberg (heute Stębark, Polen) als „Held von Tannenberg" feiern. Nach dem Tode von Friedrich Ebert stellten ihn Rechtsparteien und agrarisch-konservative Kreise als ihren Kandidaten für das Amt des Reichspräsidenten im zweiten Wahlgang auf. Der Wahlsieg Hindenburgs am 26. April 1925 bedeutete gleichzeitig den „Tod der Republik". Er setzte in schneller Folge rechtsgerichtete Regierungen ein und ernannte Hitler am 30. Januar 1933 zum Reichskanzler. Als nach dem Tode Hindenburgs am 2. August 1934 auf seinem Gut Neudeck (heute Ogrodzieniec, Polen) bereits am 15. August 1934 durch Volksabstimmung das Amt des Reichspräsidenten mit dem des Reichskanzlers vereint wurde, wählten von 33 490 abgegebenen Stimmen bei 578 ungültigen und 3320 Gegenstimmen 29 592 Weimarer Bürger Adolf Hitler an der Spitze der NSDAP zum Reichskanzler. Damit war der Weg für die Errichtung der NS-Diktatur vorgegeben.

Richard Strauss

Auf Antrag des Literaturwissenschaftlers Dr. Eduard Scheidemantel beschloss der Hauptausschuss des Gemeinderats in seiner Sitzung am 10. Februar 1925, Generalmusikdirektor Richard Strauss zum Ehrenbürger der Stadt Weimar zu ernennen.

Richard Strauss wurde am 11. Juni 1864 in München geboren und wuchs in einem musikliebenden Elternhaus auf; sein Vater war ein bedeutender Hornist am Münchner Hoforchester. Richard konnte früher Noten schreiben als Buchstaben und komponierte schon im Vorschulalter. Während seiner Gymnasial- und Universitätzeit entstanden weitere Kompositionen, die ihm scheinbar mühelos zufielen. Der Pianist und Dirigent Hans von Bülow entdeckte die musikalische Begabung des jungen Mannes und berief ihn 1885 als Kapellmeister nach Meiningen. Strauss ging jedoch schon 1886 nach München zurück und wurde dort ebenfalls als Kapellmeister tätig.

Am 2. August 1889 wurde der Komponist und Dirigent Richard Strauss, der sich am 7. März in Weimar persönlich vorgestellt hatte, als zweiter Kapellmeister am Hoftheater verpflichtet. Er soll München, wo er nur dritter Kapellmeister war und außerdem Streitigkeiten mit dem Intendanten hatte, begeistert mit Weimar getauscht haben – Weimar sollte seine musikalische Heimat werden. Unter dem Generalmusikdirektor Eduard Lassen, auf dessen Rat hin Strauss nach Weimar gekommen war, hatte sich in der Musik die Tradition Franz Liszts und Richard Wagners erhalten. Jetzt übertrug man Strauss die Neueinstudierung von Wagners „Tristan und Isolde" und dieser brachte die Oper mit einheimischen Ensemblemitgliedern und beispiellosem Erfolg als Orchesterleiter auf die Bühne, so dass sie vor ausverkauftem Haus wiederholt werden musste. In einer zweiten Einstudierung sang am 13. Februar 1894 seine Braut Pauline de Ahna die Rolle der Isolde. Nachdem die in Weimar geborene Sängerin Marie Gutheil-Schoder am 1. November 1894 unter der musikalischen Leitung von Strauss die Rolle des Ännchen im „Freischütz" gesungen hatte, soll sein Interesse an anderen Komponisten geweckt worden sein. Er führte mit bedeutenden Aufführungen der Werke von Willibald Gluck, Wolfgang Amadeus Mozart und anderen das Musikleben am Weimarer Hoftheater zu einer neuen Blütezeit. Seine hohen Anforderungen an sich selbst und an das musizierende Ensemble wurden von großen Erfolgen gekrönt. Unter seinem Dirigat wurden am 23. Dezember 1893 die Märchenoper „Hänsel und Gretel" von Engelbert Humperdinck und am 12. Mai 1894 seine eigene Erstlingsoper „Guntram" hier uraufgeführt. Er nutzte die dramatischen Formen, die die Bühne bot, und komponierte zahlreiche Opern und auch Ballette. Die erste Darstellerin des „Hänsel" war Pauline de Ahna, die er im September 1894 heiratete und mit ihr im Haus Erfurter Straße 19 wohnte; eine Gedenktafel erinnert heute daran. Er reformierte die Wagneraufführungen und brachte sie, wie z. B. „Lohengrin" im Februar 1898, ohne Striche auf die Bühne, als sich auch Cosima Wagner im ausverkauften Theater befand.

Als unter dem Namen „Weimarer Osterwoche" vom 11. bis 15. April 1925 am Nationaltheater erstmals Festspiele stattfanden, dirigierte Strauss seine wohl populärste Oper „Der Rosenkavalier". Unmittelbar im Anschluss an die Aufführung wurde ihm im Hotel „Erbprinz" (1990 abgerissen) die Ehrenbürgerurkunde überreicht; die Firma für kunstgewerbliche Lederarbeiten Paul Steneberg hatte das Ehrenbürgerdiplom angefertigt und der Kunstmaler Paul Hornbogen die Schrift gestaltet. Die Zeitung „Deutschland" schrieb am 15. April über das kleine Festessen: „Man hatte das Bewußtsein, einen historischen schöngeistigen Abend zu verleben und Teilnehmer an einer Feier zu sein, die Weimarer Gepräge ohne Politik und Streit hatte und unserer Stadt zu Ruhm und Ehre gereichte."

Die Strauss-Oper „Intermezzo" wurde im selben Jahr am 25.

Richard Strauss 127

Richard Strauss

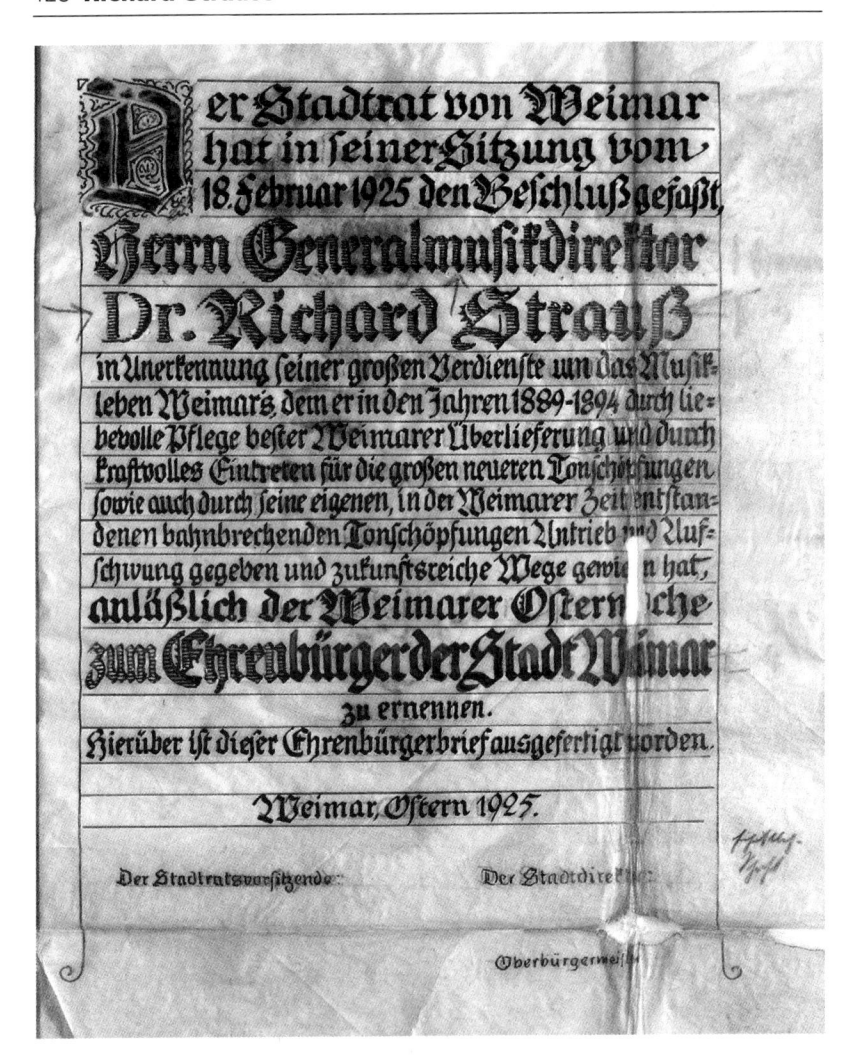

Entwurf der Ehrenbürgerurkunde für Richard Strauss

Dezember in Weimar erstaufgeführt. Am 10. Mai 1934 erlebte seine in Dresden uraufgeführte Oper „Arabella" in Weimar ihre Erstaufführung mit der Sängerin Priska Aich in der Titelrolle. Letztmalig dirigierte Richard Strauss am 9. April 1939 in Weimar die hier entstandene symphonische Dichtung „Tod und Verklärung", und die Weimarer dankten ihm mit einem orkanartigen Beifallsturm. Am 29. Oktober 1940 wurde in seiner Anwesenheit die Neufassung der Oper „Guntram" aufgeführt. Anlässlich seines 100. Geburtstags ehrte das Opernensemble des Deutschen Nationaltheaters den Komponisten und Ehrenbürger am 6. Juni 1964 mit der Erstaufführung von „Die schweigsame Frau".

Seine Stellung und sein geringes Gehalt hatten sich in Weimar nur unwesentlich verbessert. Ein Niedergang des Theaters mit Intrigen begann sich abzuzeichnen, und so verließ Strauss nach fünf Jahren am 1. Juli 1894 wieder die Stadt, in der er für sich keine künstlerische Entwicklungsmöglichkeit mehr sah, der er jedoch verbunden blieb. Er ging wieder zurück in seine Heimatstadt und nahm die Stelle als 1. Hofkapellmeister an. Weitere Wirkungs- und Lebensstationen für ihn waren 1898 in Berlin die Akademie der Künste und die Hofoper als deren Königlich Preußischer Generaldirektor sowie die Wiener Staatsoper, deren Operndirektor er war. In Garmisch-Partenkirchen ließ er sich eine große Villa errichten, in der er mit seiner Frau bis zu seinem Tode lebte. Obwohl er nicht Mitglied der NSDAP war, übte er in den Jahren von 1934 bis 1935 das Amt des Präsidenten der NS-Reichsmusikkammer aus. Eine von ihm komponierte Olympische Hymne wurde am 1. August 1936, dem Eröffnungstag der XI. Olympiade in Berlin uraufgeführt. 1945 erwarb er die österreichische Staatsbürgerschaft und lebte wegen eines Überprüfungsverfahrens seiner Funktion in der NS-Zeit vorübergehend mit seiner Frau in Baden bei Zürich; 1948 wurde er in die Gruppe der Entlasteten eingestuft.

Richard Strauss zählt mit 15 Opern, mehr als 10 symphonischen Werken und über 200 Liedern zu den bedeutendsten Musikern in der ersten Hälfte des 20. Jahrhunderts. Er wurde zum Ehrenmitglied der Wiener Philharmoniker ernannt, war Ehrendoktor der Universitäten Oxford, Heidelberg und München sowie Ehrenbürger auch von Bayreuth und Garmisch-Partenkirchen. Hier starb er, seit langem an einem Nierenleiden krankend, am 8. September 1949.

Am 16. Februar 1939 wurde in Weimar eine Straße nach Richard Strauss benannt.

Friedrich Lienhard

Friedrich Lienhard wurde am 4. Oktober 1865 in Rothbach im Elsaß als Sohn eines Dorfschulmeisters geboren und wuchs in einer kinderreichen Familie auf. Nach dem Besuch des Gymnasiums in Buchsweiler (heute Bouxwiller) begann er ein Studium der Theologie und Philosophie an der Universität Straßburg. Er brach das Studium nach sieben Semestern ab und studierte ab 1887 an der Berliner Universität die Fächer Literatur und Geschichte. Seinen Lebensunterhalt verdiente sich Lienhard zunächst als Hauslehrer, bevor er ab 1893 wenig erfolgreich als freier Schriftsteller und Journalist arbeitete. Der Erfolg sollte sich erst 1896 mit seiner Tätigkeitin der Feuilleton-Redaktion bei der „Deutschen Zeitung" einstellen. Mit dem Schriftsteller und Literaturhistoriker Adolf Bartels, der sein geistiger Weggefährte wurde, gründete Lienhard im Jahre 1900 die Zeitschrift „Heimat. Blätter für Literatur und Volkstum" und schrieb Dramen, Schelmen- und Lustspiele sowie Gedichte und später Romane. Mit der Schrift „Die Vorherrschaft Berlins" entwickelte er seine die „Heimatkunst" erklärende Vorstellung über eine neue literarische Strömung idealisierter Heimatliebe und -darstellung. Er wollte „los von Berlin" und los von der „Asphaltkunst" hin zur Landschaft, in die er seine literarischen Helden stellte. Im Jahre 1903 wurde Thüringen der Mittelpunkt seines schriftstellerischen Wirkens, worüber das „Thüringer Tagebuch" ein literarisches Zeugnis ablegt. Er gab eine Gedichtsammlung heraus, der noch im selben Jahr der erste Teil einer Wartburg-Trilogie folgte. Mit „Luther auf der Wartburg" erschien 1906 der dritte und letzte Teil der Dramen. Jedoch erlebte die Trilogie am Weimarer Hoftheater nur wenige Aufführungen, erfolgreicher war dagegen das 1927 am selben Ort aufgeführte Stück „Münchhausen". Lienhard gab 1905 bis 1908 in Weimar die aus eigenen

Beiträgen zusammengestellte, sechs Bände umfassende Zeitschrift „Wege nach Weimar" heraus, deren programmatischer Untertitel „Beiträge zur Erneuerung des Idealismus" war. In diesem Sinne erklärte sich der Autor als Verkünder einer neuen Weimarkultur: „Demnach ist der Weg nach Weimar ein Weg in die schöpferische Stille. Der Weg nach Weimar ist ein feines Abstandhalten von der Körperlichkeit der Erscheinungswelt und doch eine innige Anteilnahme am Ergehen und Wesen der Mitmenschen und an dem bunten Spiel der Schöpfungskräfte." Von 1920 bis 1929 war er Herausgeber der national-konservativen Kulturzeitschrift „Der Türmer", die ab 1928 in Eisenach erschien. Ihren Leitspruch „Zum Sehen geboren, zum Schauen bestellt" schrieb man auch dem persönlichen Leben Lienhards zu. Seine 15 Bände umfassenden „Gesammelten Werke" erschienen 1924 bis 1926.

Lienhard bereiste in seiner Berliner Zeit Norwegen und Schottland. Er nahm seinen Wohnsitz in Straßburg, wo er 1915 heiratete. Vom 15. August 1916 bis zum 22. Juni 1928 lebte er in Weimar und wohnte in dem vom Architekten Rudolf Zapfe errichteten Wohnhaus in der Carl-Alexander-Allee 4 (heute Freiherr-vom-Stein-Allee).

Gemeinsam mit Bartels und dem Schriftsteller Paul Ernst strebte Lienhard eine literarisch-kulturelle Erneuerung Weimars an. Als „Praeceptor Germaniae" bezeichnet, wollte er mit nationalistischer Heimatdichtung Weimar zu einem Mittelpunkt der völkischen Ideologie machen und einen neuen „Weg nach Weimar" beschreiten. Hatte sich zu Beginn des 20. Jahrhunderts eine neue realistische Kunstauffassung entwickelt, der die völkischen Bestrebungen entgegen standen, so fanden diese aber im konservativen Bildungsbürgertum einen fruchtbaren Nährboden, auf dem sich in der Folgezeit Rassismus und Antisemitismus als ein neuer „Geist von Weimar" unheilvoll etablieren sollten. In seinen Schriften stellte Lienhard sein eigenes Weltbild dar und gelangte mit der Absage an eine progressive Entwicklung von

Friedrich Lienhard

Friedrich Lienhard

Kunst und Kultur in bürgerlich-konservativen Kreisen Weimars zu Akzeptanz und Ansehen. Die öffentlichen Ehrenämter blieben nicht aus: Lienhard war Ehrensenator des Deutschen Schriftstellerverbands, Ehrenvorsitzender des Evangelischen Presseverbands für Thüringen, Ehrenmitglied des Bühnenvolksbundes und seit dem 4. Oktober 1925 Ehrenbürger der Universität Jena. Auf der Tagung der Deutschen Shakespeare-Gesellschaft am 23. April 1929 in Weimar wurde er zu deren Ehrenmitglied ernannt. Die Universitäten Münster und Straßburg verliehen ihm die Ehrendoktorwürde und die Thüringer Landesregierung den Professorentitel. Sein öffentliches Engagement für seine Wahlheimat zeigte sich im gemeinsamen Protest mit Weimarer Kulturschaffenden, wie mit dem Bildhauer Richard Engelmann, dem Maler Lyonel Feininger, dem Pianisten Bruno Hinze-Reinhold und dem späteren Ehrenbürger Heinrich Lilienfein, gegen den Beschluss der Thüringer Landesregierung vom 2. November 1923 über die Nutzung der historischen Kavaliershäuser in Belvedere als Kasernen der Landespolizei.

Im Jahre 1915 erreichte den Weimarer Oberbürgermeister ein Antrag aus Straßburg, Lienhard anlässlich seines 50. Geburtstages zum Ehrenbürger zu ernennen. Aber die Deutsche Schillerstiftung lehnte den Vorschlag in einem Gutachten kategorisch ab, „weil die Gemeindebehörde diesen Dichter dadurch dem großen Weimaraner G o e t h e gleichstellen würde ... denn weder das Thüringer Tagebuch des Dichters, noch seine Schrift Das klassische Weimar, noch ... Wege nach Weimar ... haben mit der Stadt Weimar als solcher etwas besonderes zu tun". Und die Stadtverwaltung ließ es mit einem Glückwunschschreiben an Lienhard bewenden, der 1921 Vorsitzender der Schillerstiftung wurde und in den Vorständen der Goethe- und der Shakespeare-Gesellschaft tätig war. Erst zehn Jahre später regte Oberbürgermeister Walther Felix Mueller erneut die Auszeichnung des Dichters, Schriftstellers und Herausgebers Friedrich Lienhard mit dem Ehrenbürgerrecht an, und der Stadtrat beschloss am 1. September

1925, „Herrn Professor Dr. phil. h. c. D. h. c. Friedrich Lienhard, den edlen deutschen Dichter und hochgesinnten Führer auf den ‚Wegen nach Weimar', den Vorkämpfer für die Wiedergeburt einer idealen Weltanschauung und die Beseelung des neuen Deutschland anläßlich seines 60. Geburtstages in dankbarer Anerkennung seiner Verdienste um die Förderung der geistigen Interessen der Stadt Weimar zum Ehrenbürger zu ernennen". Die Werkstatt des Kunstbuchbindermeisters Otto Dorfner gestaltete die Urkunde auf Kalbspergament handgeschrieben und in Lama-Ziegenleder gebunden. 1928 verließ Lienhard mit seiner Frau Weimar „aus rein persönlichen Gründen" und widersprach öffentlich den Mutmaßungen, dass der Umzug nach Eisenach infolge von „Verstimmungen" geschehe.

Friedrich Lienhard litt an einem chronischen Nierenleiden und starb nach einem Schlaganfall am 30. April 1929 in Eisenach, wo sich sein Grab auf dem Neuen Friedhof befindet. In einem Nachruf heißt es: „Die Warmherzigkeit machte ihn auch als Menschen liebenswert und gab seiner Persönlichkeit die vollkommene Harmonie, die der eigentliche Grundzug seines Wesens war."

Eduard Scheidemantel

Eduard Scheidemantel entstammte einer alteingesessenen Weimarer Handwerkerfamilie, die im Kultur- und Wirtschaftsleben der Stadt eine besondere Rolle gespielt hat. Sein Vater Hermann begründete eine Kunsttischlerei und Möbelfabrik, die 1899 in der Schwanseestraße erheblich ausgebaut und von dem jüngsten Sohn Friedrich übernommen wurde. Der älteste Sohn Karl lebte als ein bekannter Kammersänger in Dresden. Eduard, der mittlere Sohn, wurde am 11. März 1862 in der Wagnergasse geboren und wuchs in der geistigen Atmosphäre des nachklassischen Weimar heran. Nach der Reifeprüfung am Wilhelm-Ernst-Gymnasium studierte er in Jena und Leipzig Germanistik und klassische Philologie und arbeitete nach seinem Berufsabschluss 30 Jahre lang als musikkundiger Oberlehrer für Deutsch, Latein und Geschichte am Wilhelm-Ernst-Gymnasium, wo er selbst einst Schüler war. Er sah in seiner Schultätigkeit nicht nur pädagogisch-erzieherische Aufgaben, sondern erbegeisterte seine Schüler ebenso für den genius huius loci, wie er selbst von ihm erfüllt war. Die Novemberrevolution 1918 und ihre Folgen schienen sein Weltbild zu erschüttern, aber er stellte sich neuen Aufgaben, als er als Oberregierungsrat ins Thüringische Volksbildungsministerium berufen wurde und hier die Probleme des Schul- und Bildungswesens in seinen Zuständigkeitsbereich fielen.

Am 21. Mai 1906 wurde im Hotel „Elephant" unter Vorsitz von Scheidemantel die Ortsgruppe Weimar des Bundes Heimatschutz gegründet mit der Aufgabe, sich „der Pflege und Erhaltung des Stadtbildes und der möglichst harmonischen Eingliederung der Neubauten in den Rahmen der künstlerisch-architektonischen Überlieferung" zu widmen. Schon frühzeitig fühlte sich Scheidemantel besonders von der Persönlichkeit Friedrich Schillers

136 Eduard Scheidemantel

Eduard Scheidemantel

angezogen. Am 30. September 1906 war er Mitbegründer des Deutschen Schillerbundes, im Jahr 1909 zunächst sein 2. und seit dem 6. Dezember 1912 sein 1. geschäftsführender Vorsitzender. Der Schillerbund veranstaltete in Weimar erstmals vom 6. bis zum 24. Juli 1909 für die deutsche Jugend Nationalfestspiele mit kostenlosen Theateraufführungen und Besichtigungen der Gedenkstätten, an denen auch 600 Schüler aus Antwerpen, Brüssel und St. Petersburg sowie aus Österreich teilnahmen.

1847 erwarb die Stadt das Schillerhaus, für das Scheidemantel später als dessen Kustos in jahrzehntelanger mühevoller Arbeit die musealen Sammlungen ergänzt hat. Ebenso hat er sich um das von der Stadt 1915 erworbene Kirms-Krackow-Haus in der Jakobstraße verdient gemacht, indem er in ihm die bürgerliche Welt der nachklassischen Zeit museal wieder auferstehen ließ. Außerdem hat er in der zweiten Etage des Hauses Erinnerungsstätten für Johann Gottfried Herder, Christoph Martin Wieland, Johannes Falk und Karl August Musäus geschaffen und es zu einem „Kleinod erlesenster Art" innerhalb der Weimarer Gedenkstätten entwickelt, wie der Philologe Dr. Max Hecker 1937 schrieb. Die ureigenste Schöpfung Scheidemantels, der seine fürsorgliche Tätigkeit den vergessenen Erinnerungsorten zuwandte, war die Wiederherstellung des Jakobsfriedhofs und des Kassegewölbes, Schillers erster Begräbnisstätte. Politisch Gleichgesinnte fand er in der Deutschen Demokratischen Partei (DDP), und im Gemeinde- bzw. Stadtrat setzte er seit 1902 als gewähltes Mitglied sein Wissen und seine Erfahrungen auf schulischem und kulturellem Gebiet ein.

Aus Anlass seiner 25-jährigen Tätigkeit in der Kommunalpolitik wollte die Stadtverwaltung Eduard Scheidemantel im Jahre 1926 entsprechend ehren. Die Vorschläge reichten von einer öffentlichen Beglückwünschung, einem Eintrag ins Goldene Buch der Stadt über die Neubenennung einer Straße „bei passender Gelegenheit" bis zu einem von dem Kunstmaler Otto Rasch gemalten Ölbild „Schillers Arbeitszimmer". Der Hauptausschuss beendete die Debatte und empfahl auf seiner Sitzung am 14. Dezember 1926 die Verleihung des Ehrenbürgerrechts. Daraufhin beschloss der Stadtrat am 17. Dezember, „Herrn Oberregierungsrat Professor Dr. Eduard Scheidemantel, den bewährten Förderer des geistigen Weimar, den verdienstvollen Mitbegründer und langjährigen Leiter des Deutschen Schiller-Bundes und der Deutschen Schiller-Festspiele, den unermüdlichen Kurator des Schiller- und Kirms-Krackow-Hauses anläßlich seiner 25jährigen Zugehörigkeit zum Gemeinde- und Stadtrat in dankbarer Anerkennung seiner Verdienste um seine Vaterstadt zum Ehrenbürger zu ernennen." Kunstbuchbindermeister Otto Dorfner selbst fertigte das am 4. Januar 1927 ausgestellte und für den Stadtvorstand von Oberbürgermeister Dr. Walther Felix Mueller unterzeichnete Ehrenbürgerdiplom an. Von der Überreichung berichtete die Tageszeitung, dass dem Stadtrat die Überraschung gelungen sei und der Geehrte in seiner Dankesrede gegen die Rührung angekämpft habe. Scheidemantel gehörte seit 1906 der Goethe-Gesellschaft und seit 1929 deren Vorstand an. Ebenso war er in der Deutschen Schillerstiftung und im Weimarer Bismarckverein tätig. Im Jahr 1932 wurde er mit der Goethemedaille für Kunst und Wissenschaft ausgezeichnet. Man nannte ihn einen „Kulturweimarer", der in zahlreichen, in den Mitteilungen des Deutschen Schillerbundes erschienenen Aufsätzen, in Monografien wie „Das klassische Weimar", erschienen 1907, und als Herausgeber der in mehreren Auflagen in Weimar erschienenen „Erinnerungen von Charlotte Krackow" die Vielfalt seiner engen Beziehung zum klassischen und nachklassischen Weimar dokumentiert hat.

Scheidemantel wohnte mit seiner Ehefrau Mimi in der Wildenbruchstraße 18 (heute Jahnstraße). Er starb am 18. März 1945 in Weimar und eine große Trauergemeinde gab ihm das letzte Geleit. Seine Grabstätte, in der 1958 auch seine Frau beigesetzt wurde, befindet sich auf dem Hauptfriedhof.

Martin Donndorf

Mit dem Kommunalpolitiker Dr. jur. Martin Donndorf lebte und wirkte in dritter Generation ein Vertreter der Weimarer Familie namens Donndorf in der Stadt an der Ilm: der Großvater, Tischlermeister Adolph Donndorf, der Vater, Bildhauer und Ehrenbürger Weimars Prof. Adolf von Donndorf, und dessen Sohn, der Oberbürgermeister.

Adolf Julius Martin Donndorf wurde am 18. Juli 1865 in Dresden geboren. Nach dem Besuch des Gymnasiums und dem sich anschließenden Studium legte er die große juristische Staatsprüfung ab und war danach fünf Jahre lang als Ratsassessor im kommunalen Dienst der Stadt Leipzig tätig. Er heiratete im Jahre 1894 in Dresden und bewarb sich am 17. Dezember 1897 um die Stelle als II. Bürgermeister in der Residenzstadt Weimar, wo er am 4. März 1898 auf sechs Jahre in dieses Amt gewählt wurde. Durch seine Wahl zum Bürgermeister erwarb er gleichzeitig nach Artikel 69 der Gemeindeordnung das Bürgerrecht, wie es im Bürgerbuch vermerkt ist. Seine erste Wohnung befand sich in der Belvederer Allee 9, bevor er später in die Luisenstraße 19 (heute Humboldtstraße) zog, wo er bis zu seinem Tode wohnte. In seiner zweiten Amtszeit als II. Bürgermeister übernahm der promovierte Jurist Donndorf nach dem Tode von Oberbürgermeister Karl Pabst vertretungsweise die Stelle des I. Bürgermeisters.

Für das deutschlandweit ausgeschriebene Amt des Stadtoberhaupts von Weimar bewarben sich im Januar 1911 neben Donndorf auch Kandidaten aus Lübeck, Bückeburg, Görlitz, Stettin und aus anderen Städten. „Ich bin national und monarchistisch gesinnt", begründete Donndorf seine Bewerbung. Er kenne die wirtschaftlichen und sozialen Bedürfnisse der Einwohner, die Verwaltungs- und Finanzpraxis der Stadt und er sei ein Freund jedes gesunden Fortschritts. Das Interesse der Weimarer an der

140 Martin Donndorf

Martin Donndorf

Vorstellung von drei nominierten Kandidaten, zu denen Donndorf gehörte, war groß, wie die Anwesenheit von 600 Bürgern im Saal des Stadthauses zeigte. Die Wahl fand am 28. März 1911 im Bernhardsaal des Rathauses statt. Nicht wahlberechtigt waren u. a. die Bezieher von öffentlichen Armenunterstützungen, Bürger, die sich in Konkurs befanden, oder ihre Gemeindeabgaben nicht bezahlt haben. 998 von 2225 stimmberechtigten Einwohnern – insgesamt haben 1915 ihr Wahlrecht wahrgenommen – wählten Donndorf auf sechs Jahre denkbar knapp zum I. Bürgermeister der 35 006 Einwohner zählenden Stadt. Im Juni 1912 wurde ihm der Titel „Oberbürgermeister" verliehen; eine weitere Amtszeit auf zwölf Jahre erfolgte später durch seine Wiederwahl.

Seit der Ankunft Martin Donndorfs in Weimar hatte die Stadt einen wirtschaftlichen und kulturellen Aufbruch bei vorübergehend steigender Bevölkerungszahl erlebt. Von der Inbetriebnahme der elektrischen Straßenbahn am 4. Juni 1899, über die Eröffnung des neu errichteten Hoftheaters am 11. Januar 1908 und den Umbau des Messhauses 1912 bis zur Erbauung der Siedlungen Heimfried und Landfried als Notwohnungen für Arbeiterfamilien in den Jahren 1919/20 reichte das äußerlich sichtbare kommunalpolitische Spektrum. Eine gesunde Steuerpolitik ermöglichte die Vergrößerung des städtischen Grundbesitzes durch Ankäufe, wie für den Flugplatz Nohra während des Ersten Weltkrieges. Donndorfs Augenmerk galt besonders auch den Schulen und Kultureinrichtungen. Mit der Überführung des Naturwissenschaftlichen Museums am 1. April 1903 in städtische Verwaltung wurde das erste selbständige Museum Thüringens geschaffen. Insbesondere hat sich Weimar zu einer Fremden- und Kongressstadt entwickelt, in der bedeutende Persönlichkeiten lebten und arbeiteten. Gab es 1902 nur 25 fabrikmäßig arbeitende Betriebe mit 1065 Beschäftigten, so waren es 1913 bereits 117 Betriebe mit 3200 Beschäftigten. In den Jahren von 1914 bis 1918 sowie in der Nachkriegszeit stagnierte die Entwicklung und Hunger und Arbeitslosigkeit der Bevölkerung bildeten eine besondere Herausforderung für die Kommunalpolitik. Kriegsbedingt bestand zu dieser Zeit der Stadtvorstand lediglich aus dem Oberbürgermeister und zwei ehrenamtlichen Stadträten, einer von ihnen war der spätere Ehrenbürger Wilhelm Heller. 1918 führten die politischen Ereignisse der Novemberrevolution zum grundlegenden gesellschaftlichen Umbruch – Weimars Status als großherzogliche Residenzstadt war beendet.

Infolge seines angegriffenen Gesundheitszustands sah sich Donndorf nicht mehr in der Lage, sein verantwortungsvolles Amt weiterführen zu können und beantragte Ende 1919 die Versetzung in den Ruhestand. „Die schwere Berufsarbeit der Kriegs- und ersten Nachkriegszeit, die ständige Sorge um Aufrechterhaltung von Ruhe und Ordnung hatten meine geistige Spannkraft erschöpft und ich sah mich zur vorzeitigen Aufgabe meines verantwortungsvollen Amtes genötigt ..." begründete er später die Amtsaufgabe und verabschiedete sich nach fast 22 Jahren im Dienste Weimars am 13. Mai 1920 aus dem Rathaus; seine Nachfolge als Oberbürgermeister trat Dr. jur. Walther Felix Mueller an.

Nach seinem Rücktritt vom Amt betätigte sich der als kenntnisreich, vom Vater mit künstlerischem Talent begabte und als „kultiviert" bezeichnete Donndorf nunmehr in der Thüringischen Landeshauptstadt weiterhin in deren öffentlichen kulturellen Angelegenheiten. Er arbeitete 38 Jahre lang als Schriftführer, Schatzmeister und Vorsitzender des geschäftsführenden Ausschusses der im Juni 1885 in Weimar gegründeten Goethe-Gesellschaft ebenso als stellvertretender Vorsitzender des 1876 gegründeten Volksbildungs- und Lesehallenvereins und der am 1. August 1918 in städtische Verwaltung übernommenen Sparkasse. Er war auch zweiter Vorsitzender des 1906 gegründeten Deutschen Schillerbundes und von 1928 bis zu seinem Rücktritt 1935 Vorsitzender des Weimarer Zweigvereins der 1859 gegründeten Deutschen Schillerstiftung, deren Ehrenmitglied er wurde.

Am 20. Juni 1930 beschloss der Stadtrat zu Weimar mit zwei Gegenstimmen der Kommunistischen Partei Deutschlands, „Herrn Dr. Martin Donndorf, den langjährigen, verdienstvollen Bürgermeister (1898–1910) und Oberbürgermeisters (1910–1920) der ehemaligen Haupt- und Residenzstadt Weimar anläßlich seines 65jährigen Geburtstages in besonderer Anerkennung und aufopfernden Tätigkeit, die er der Stadt Weimar während des Weltkrieges sowie auch nach Übertritt in den Ruhestand als Vorstandsmitglied der Goethe-Gesellschaft und anderer gemeinnütziger Gesellschaften und Vereinen geleistet hat ..." am 18. Juli 1930 das Ehrenbürgerrecht zu verleihen. Die Firma Paul Steneberg für kunstgewerbliche Lederwaren, Schillerstraße 1, bekam den Auftrag, den Ehrenbürgerbrief „prächtig wie das Goldene Buch" zu gestalten.

Sieben Jahre später starb Martin Donndorf als Witwer nach langer Krankheit am 28. Oktober 1937 im Sophienkrankenhaus. Zur Bestattung am 2. November 1937 auf dem Weimarer Friedhof ließ auch die ehemalige Großherzogin Feodora von Sachsen-Weimar einen Kranz niederlegen.

Otto Erler

Auf Wunsch des Gauleiters und Reichsstatthalters in Thüringen, Fritz Sauckel, fassten die Ratsherren auf ihrer Sitzung am 9. Juli 1937 folgenden Beschluss: „Professor Otto Erler wird anlässlich seines 65. Geburtstages zum Ehrenbürger der Stadt Weimar ernannt". Die von Otto Dorfner buchkünstlerisch gestaltete Ernennungsurkunde überreichte Oberbürgermeister Walther Felix Mueller in Anwesenheit der Familie und einiger Ratsherren in der Wohnung Johann-Albrecht-Straße 15 (heute Kantstraße). Ebenfalls am 4. August 1937 erhielt eine Straße (heute Scharnhorststraße) den Namen des 65-jährigen Bühnendichters

Erler wurde am 4. August 1872 als Sohn eines Arztes in Gera geboren. Sein Großvater väterlicherseits lebte als Schäfer in Dorna bei Gera. Dessen enge Naturverbundenheit hat entscheidend den Charakter und das Talent des Enkels geprägt. Erler studierte in Marburg und Berlin Philosophie und zog 1902 nach Dresden, wo er zunächst als Lehrer deutsche Literatur am Realgymnasium unterrichtete, bevor er sich beruflich als Autor bühnenwirksamer Theaterstücke und lyrischer Verse profilierte. Das Dresdner Hoftheater hatte Erlers Erstlingswerke angenommen, die dieser allerdings wieder zurückzog. Ab 1917 arbeitete er als Dramaturg am dortigen Staatlichen Schauspielhaus.

Sein 1901 erschienenes Drama „Giganten" zeigte die ideologische Richtung an, unter der er sich künftig zum Dramatiker entwickelte. Bereits 1903 erschien eine antisemitische Tragikomödie, die ihre Uraufführung in Meiningen erlebte; weitere Schriften völkischen Gedankenguts folgten ihr. Dazu trug seit Beginn des 20. Jahrhunderts auch seine enge Freundschaft mit dem Literaturhistoriker Adolf Bartels bei. Mit diesem in der Weltanschauung einig, stand auch Erler später dem Nationalsozialismus nahe.

Otto Erler

Otto Erler

Mit Zustimmung des Herrn Beauftragten der Partei und der Ratsherren wird dem Dramatiker

OTTO ERLER

aus Anlaß seines 65. Geburtstages
das **Ehrenbürgerrecht**
der Thüringischen Gau- und Landeshauptstadt Weimar verliehen.
Die klassische Kulturstadt Weimar hat es dankbar begrüßt, daß der thüringische Landsmann Otto Erler nach 30-jährigem Schaffen in Dresden, seiner lang gehegten Sehnsucht folgend, Weimar zum Wohnsitz gewählt hat. Die Stadt ist sich bewußt, in Otto Erler den bedeutendsten dramatischen Dichter thüringischer Abstammung zu beherbergen, einen Dichter, der in seinem gesamten bisherigen Schaffen einzigartige Bekenntnisse zu den unvergänglichen völkischen Gesinnungs- und Charakterwerten abgelegt und den Grundproblemen des deutschen Lebens ewig gültige Gestaltung verliehen hat. Weimar empfindet es mit Stolz, daß die auf allen deutschen Bühnen seit Jahrzehnten aufgeführten Werke Otto Erlers von Anbeginn an auch im deutschen Nationaltheater eine würdige Pflegestätte gefunden haben; vor allem auch, daß in jüngster Zeit sein für uns und die kommende Generation so bedeutungsvolles Drama "Thors Gast" zu nachhaltigster Wirkung gelangt ist und auf Wunsch des Reichsstatthalters und Gauleiters alljährlich zu Frühlingsanfang symbolhaft zu immer neuem Leben und immer neuer Wirkung erweckt werden soll.
Hierüber ist dieser Ehrenbürgerbrief ausgefertigt worden.
Weimar, am 4. August 1937

h. W.F. Mueller.

Oberbürgermeister

Ehrenbürgerurkunde für Otto Erler

Nach 30-jährigem Schaffen in Dresden kam er 1932, angezogen von der musischen Atmosphäre der Stadt, nach Weimar. Bereits 1903 war hier ein Theaterstück von ihm am Hoftheater aufgeführt worden. Gründe für den Umzug waren außerdem auch einstige familiäre Beziehungen zum Weimarer Kreis um Franz Liszt. Begeistert erwanderte er den Thüringer Wald – oft gemeinsam mit Bartels – und legte in seinen Gedichten Bekenntnisse zur Thüringer Heimat ab. So wurde Erler 1937 als „bedeutendster dramatischer Dichter thüringischer Abstammung, der Bekenntnisse zu den unvergänglichen völkischen Gesinnungs- und Charakterwerten abgelegt und den Grundproblemen des deutschen Lebens ewig gültige Gestaltung verliehen hat" bezeichnet.

Er war verheiratet mit der Schwester des Schriftstellers und Generalintendanten des Deutschen Nationaltheaters Dr. Hans Severus Ziegler, unter dessen Regie Dramen Erlers in Weimar zur Aufführung kamen. Alljährlich zum Frühlingsanfang sollte im Deutschen Nationaltheater symbolhaft „Thors Gast" aufgeführt werden, das 1937 gleichzeitig in Dresden ur- und in Weimar erstaufgeführt wurde.

Im Jahre 1938 erhielt der Dichter und Dramatiker Professor Dr. phil. Otto Erler den Kunstpreis der Stadt Dresden verliehen. Zu seinem 70. Geburtstag am 4. August 1942 ernannte ihn die Universität Jena zu ihrem „Ehrenbürger" mit der Begründung, er habe „deutschem Geist und deutscher Seele in seinen Werken lebensvolle dramatische Gestalt verliehen". Im selben Jahr wurde er mit der Goethemedaille für Kunst und Wissenschaft ausgezeichnet. Erlers theaterwirksame Bühnenstücke fanden Verbreitung und wurden zum Teil ins Englische, Französische und Russische übersetzt. Werke des heute in Vergessenheit geratenen, die NS-Ideologie verherrlichenden Autors aus den Jahren 1942 und 1943 wurden 1946 wegen ihres tendenziös-antisemitischen Gedankenguts auf den Index der in öffentlichen Bibliotheken auszusondernden Literatur gesetzt.

Erler erlag am 8. Oktober 1943 nach der Uraufführung seines Stückes „Die Blutsfreunde" im Dresdner Schauspielhaus einem Herzversagen.

Walther Felix Mueller

Am 28. März 1920 fiel die Wahl zum Oberbürgermeister der Stadt Weimar mit 5211 von insgesamt 8821 Stimmen auf Dr. jur. Walther Felix Mueller.

Mueller wurde am 23. November 1879 in Leipzig geboren, wo er die Thomasschule und das juristische und volkswirtschaftliche Studium erfolgreich abschloss; mit 25 Jahren promovierte er und war ab 1907 in der Kommunalpolitik in Dresden, Osnabrück und als Stadtrat in Magdeburg tätig. Dekoriert mit dem Ritterkreuz 1. Klasse, erlebte er den Ersten Weltkrieg 1914 bis 1918 bei der kämpfenden Truppe.

Am 9. Juni 1920 trat Mueller das Amt des Oberbürgermeisters in Weimar an und wohnte mit seiner Frau Hellen Mueller-Schlenkhoff und drei Stiefsöhnen in der Marienstraße 11. Die Ehefrau des neu gewählten Oberbürgermeisters stammte aus einer vermögenden westfälischen Familie. Mit ihr trat erstmals die Frau eines Kommunalpolitikers, die sozial vielseitig engagiert, technisch interessiert und finanziell unabhängig war, in die Weimarer Öffentlichkeit. Sie bildete schnell einen Mittelpunkt im gesellschaftlichen Leben der Stadt.

Die Wiederwahl Muellers als Oberbürgermeister 1925 auf weitere zwölf Jahre wies den Juristen als Sachkenner in Finanzfragen aus, der es verstanden hat, „sowohl die unmittelbaren Auswirkungen des Krieges wie auch die besonderen der Geldentwertung und der Marktstabilisierung zu überwinden." In den 1920er Jahren hatte Weimar als politischer Mittelpunkt Thüringens einen äußerlich an vielen neuen privaten und öffentlichen Bauwerken sowie an Sportstätten sichtbaren Entwicklungsschub erhalten, der der Landeshauptstadt gut zu Gesicht stand. Im Jahre 1924 war sie bei 25 493 Einwohnern und 83 897 Besuchern zunehmend Schul- und Fremdenverkehrsstadt geworden. Weimar stand 1932

Walther Felix Mueller

im Interesse der literarischen Welt, als hier vom 20. bis zum 28. März anlässlich des 100. Todestages des Dichters eine Goethe-Gedenkwoche stattfand. Andererseits kennzeichneten Arbeitslosigkeit, Notstandsarbeiten, Hungermärsche, Wohnungsnot und Streiks die soziale Situation der Bevölkerung. Am 15. Juli 1932 geriet Mueller in der Marienstraße sogar in persönliche Bedrängnis mit Demonstranten, die die Rücknahme der Kürzung der „Unterstützungssätze für Wohlfahrtserwerbslose" forderten. Dazu hieß es in einem Flugblatt: „Durch die strikte Ablehnung jeder Verhandlung erzeugte der Oberbürgermeister unter den Erwerbslosen eine solche Stimmung, dass sie ihm gegenüber zur Selbsthilfe griffen."

Die NSDAP erstarkte nach der Gründung einer Ortsgruppe 1925 und dem 2. Reichsparteitag in Weimar im folgenden Jahr. Mueller trat ihr 1933 auf Wunsch des Gauleiters Fritz Sauckel bei, ohne stets mit ihr konform zu gehen, ein Parteiamt einzunehmen oder die Parteiuniform zu tragen. Er bezeichnete sich selbst als „Mann demokratischer Gesinnung" und lehnte die Zerstörung des Asbachtals zugunsten der Errichtung eines „Gauforums" an dieser Stelle ab. Die Konsequenzen aus den Konflikten mit der NSDAP teilte Sauckel den Stadtvätern am 14. Juni 1937 in einer nichtöffentlichen Ratsherrensitzung mit: Der Oberbürgermeister habe aus „gesundheitlichen Gründen" um seine Beurlaubung gebeten und wolle in den Ruhestand treten, man solle etwaigen Gerüchten entgegentreten und Mueller das Ehrenbürgerrecht verleihen. In der Ehrenbürgerurkunde vom 30. September 1937 wurde die Versetzung Muellers in den Ruhestand und die Anerkennung seiner Verdienste um die Stadt Weimar als Begründung genannt. In der Feierstunde pries der Gauleiter in „richtungsweisenden Ausführungen die stolze Entwicklung der Gauhauptstadt", der jetzt der NSDAP-Oberbürgermeister Otto Koch vorstand. Bereits im Jahre 1939 kehrte Mueller noch einmal ins Berufsleben zurück, als er in die Verwaltung des besetzten Westgebiets berufen wurde. 1945 resümierte Mueller: „So bin ich auf ‚nationalsozialistische Weise' aus dem Amt entfernt und zugleich von der Stadt zum Ehrenbürger ernannt worden".

Nach der Beendigung des Zweiten Weltkrieges erreichte Mueller trotz beigebrachter politischer Leumundszeugnisse von Persönlichkeiten des öffentlichen Lebens seine Rehabilitierung nicht, obwohl ihm unter anderen Oberbürgermeister a. D. Dr. phil. Fritz Behr nach mehrjähriger Zusammenarbeit im Stadtrat vor 1933 bescheinigte: „Er [Mueller] hat sich in all den Jahren als ein Mann von Charakter und demokratischer Einstellung gezeigt". Sicher enttäuscht über die öffentliche Meinung, gab Mueller am 18. November 1946 das Ehrenbürgerrecht zurück und schrieb an Oberbürgermeister Dr. jur. Gerhard Hempel: „Zur Begründung meines Entschlusses erlaube ich mir darauf hinzuweisen, dass der Vorschlag zur Übertragung des Ehrenbürgerrechts vonseiten des ehemaligen Gauleiters ausging und nur äusserlich mit Rücksicht auf meine 18-jährigen, der Stadt geleisteten Dienste, in Wirklichkeit im Interesse der Partei erfolgte, und zwar zu dem Zweck, den unter höchst unerfreulichen Begleitumständen ausgeübten Zwang zum Rücktritt in der Öffentlichkeit zu verdecken. Tatsächlich bedeutete das Ganze eine unbegründete und ungerechte Massregelung im Zuge der nationalsozialistischen Säuberungsaktion. Seine Niederlegung ist selbstverständlich."

Mueller verließ Weimar nach mehr als einem Vierteljahrhundert. Überliefert sind u. a. die von ihm 1934 und 1936 herausgegebene Schrift „Geschichte Eigenart und Bedeutung der thüringische Landeshauptstadt Weimar" und der Stadtführer „Weimar. Die Landeshauptstadt Thüringens." Walther Felix Mueller starb am 4. November 1970 in Wiesbaden.

Anton Kippenberg

Die Weimarer Ratsherren beschlossen auf ihrer Sitzung am 29. März 1944, den Verlagsbuchhändler und Sammler Anton Kippenberg anlässlich seines 70. Geburtstags als „eine notwendige Dankespflicht" zum Ehrenbürger zu ernennen. In der Begründung hieß es, „Professor Dr. Kippenberg steht der Stadt Weimar als Präsident der Goethe-Gesellschaft besonders nahe. Als Schöpfer und Leiter des Insel-Verlags hat er die Pflege des mit dem Namen Weimars aufs engste verbundenen deutschen Idealismus unbeirrt durch den Wandel der Zeiten in den Schwerpunkt seiner Arbeit gestellt, als Sammler hat er wie kein Zweiter unter dem Zeichen ‚Goethe, seine Welt und seine Zeit' wertvollstes deutsches Kulturgut vor der Zerstreuung und Abwanderung bewahrt und dadurch für Deutschland erhalten. Als Wissenschaftler und hingebungsvoller Verehrer der großen weimarischen Kulturepoche hat er die Goethe- und Schiller-Forschungsstätten unserer Stadt jederzeit uneigennützig und tatkräftig gefördert. So war er sein Leben lang bestrebt, die große deutsche Überlieferung, deren Symbol Weimar ist, für Gegenwart und Zukunft lebendig zu erhalten."

Anton Kippenberg wurde am 22. Mai 1874 in Bremen geboren, wo er in einer kinderreichen alteingesessenen Familie aufwuchs. Mit seinen Eltern besuchte er im Alter von zehn Jahren zum ersten Mal Weimar und bekannte später: „... es ist die Stadt selbst ..., die mich immer wieder in ihren Bann zog". Er absolvierte eine Ausbildung als Buchhändler und ging 1894 in die Buchstadt Leipzig, um in einem wissenschaftlichen Verlag zu arbeiten. Als Buchhandlungsgehilfe hat er sich aus eigener Kraft das Universitätsstudium ermöglicht, die Fächer Germanistik, Musikgeschichte und Romanistik belegt und das Studium 1901 mit der Promotion abgeschlossen. Seine Hauptschaffenszeit begann

Anton Kippenberg, 1949

1905 mit der Übernahme des im letzten Jahr des 19. Jahrhunderts gegründeten Insel-Verlags, den er fortan leitete und zu Weltruhm führte. Er erfüllte mit dem in Leipzig ansässigen Verlag für europäische Kunst und Kultur Goethes Forderung nach Weltliteratur und erwarb sich mit ihm ebenso Verdienste um eine Buchkultur – z. B. durch Faksimile und einer Dünndruck-Ausgabe der Werke Goethes – wie um die Sprachpflege. Von großer verlegerischer Leistung zeugt die volksnahe „Inselbücherei". Gilt der Verlag als sein berufliches Hauptwerk, so machte Kippenberg eine Goethesammlung mit einer speziellen Abteilung „Das alte Weimar" zu seinem wissenschaftlichen Lebenswerk und entwickelte sie zur größten privaten Sammlung dieses Inhalts in der Welt.

Wiederholt ließ er in Ausstellungen die Öffentlichkeit an den Geistesschätzen teilhaben. Der Zerstörung Leipzigs durch Fliegerbomben im Zweiten Weltkrieg fiel auch der Insel-Verlag im Dezember 1943 zum Opfer. Das eigene Wohnhaus musste nun als Verlagshaus dienen. Die Goethe-Sammlung wurde zunächst nach Thüringen und Sachsen ausgelagert. Kippenberg schrieb am 2. September 1945 an den Komponisten Richard Strauss: „Meine ganze Sammlung nach abenteuerlichen Mühen aus sechs weit im Lande verstreut liegenden Kellern" in die Bergungsstelle für Kunstbesitz nach Marburg/Lahn gebracht. Heute gehört sie zum Goethe-Museum Düsseldorf, ein zweiter Verlagssitz des Insel-Verlags befindet sich in Leipzig.

Von 1938 bis 1950 nahm Kippenberg mit Hingabe die Geschäfte der Goethe-Gesellschaft als ihr Präsident wahr und stand zu Goethe in einem vielseitigeren Verhältnis als irgendein früherer Präsident dieser bedeutenden Literatur-Gesellschaft; „Goethe, seine Zeit und seine Welt" bestimmten seine wissenschaftliche Tätigkeit. Als Vorsitzender der Leipziger Gewandhaus-Gesellschaft förderte er insbesondere die Verbindung von Dichtung und Musik.

Anlässlich seines 70. Geburtstags wetteiferte Weimar mit den Städten Leipzig und Frankfurt/Main, um Professor Dr. Anton Kippenberg für seine Verdienste gebührend zu ehren. Da die Verleihung einer Ehrenbürgerschaft während des Krieges aufgrund von Erlassen vom 21. Juni und 13. September 1941 grundsätzlich nur mit einer Sondergenehmigung erlaubt war, beantragte Oberbürgermeister Otto Koch diese über den Reichsstatthalter und Gauleiter Fritz Sauckel als dem Beauftragten der NSDAP in Berlin. Im Falle Kippenbergs genehmigte der Reichsminister für Volksaufklärung und Propaganda Joseph Goebbels die Ehrenbürgerschaft. Auf einem Festakt im Bernhardsaal des Rathauses nahm der Jubilar am 22. Mai 1944 den von Kunstbuchbindermeister Otto Dorfner gestalteten Ehrenbürgerbrief der Stadt Weimar entgegennehmen. Auf dem Festakt sprachen der Dichter und

Präsident der Europäischen Schriftsteller-Vereinigung, Dr. med. Hans Carossa, und der Direktor des Goethe- und Schiller-Archivs, Prof. Dr. Hans Wahl, für den Freund, der seit 60 Jahren auf eine magische Weise mit Weimar verbunden sei. Als Ehrenbürger wurde Kippenberg, der Weimar als die „Wahlheimat seiner Seele" bezeichnete, 1944 auch formal Bürger der Stadt. Er nannte in seiner Dankesrede wiederholte Besuche, wie die Teilnahme an der Einweihung des Goethe und Schiller-Archivs am 28. Juni 1896, die Zusammenarbeit mit Elisabeth Förster-Nietzsche und dem Rilkearchiv und nicht zuletzt das Kennenlernen seiner Ehefrau auf einer Tagung der Goethe-Gesellschaft im Jahre 1904. Auch waren die Kippenbergs in den Sommermonaten von 1936 bis 1942 häufig Mieter des im Park an der Ilm neben Goethes Gartenhaus gelegenen Pogwischhauses (Am Horn 4a). Über die Arbeit seines Verlags in der NS-Zeit schrieb Kippenberg am 30. Juni 1946: „Wir haben zwölf Jahre lang unter vielen Schwierigkeiten und Anfeindungen dem Nazitum standgehalten, und es ist wohl ein einziger Fall, dass die gesamte Mitarbeiterschaft einer Firma [Insel-Verlag] vom Chef bis zum Laufburschen herunter der Partei [NSDAP] nicht angehört hat".

Mit der Verleihung der Ehrenbürgerwürde verband sich das Wunschdenken der Stadt, dass die wertvolle Sammlung Kippenbergs nach Kriegsende nach Weimar verlegt werden könne, und man sah schon als möglichen Standort die nicht näher lokalisierte Nähe des „Gauforums" vor. Nach 1945 erhoffte man sich sogar den Insel-Verlag in den Mauern der Stadt Weimar. Aber der Verleger schrieb im Oktober 1949 unmissverständlich an Oberbürgermeister Hermann Buchterkirchen, er sehe Weimar sich nicht als Verlagsort, sondern eher als Besuchs- und Kongressstadt entwickeln.

Nach längerem Leiden starb Anton Kippenberg, Ehrenbürger Leipzigs, Weimars und Bremens (1949), am 21. September 1950 in Luzern; die Trauerfeier fand sieben Tage später in Marburg statt.

Paul Schultze-Naumburg

Prof. Dr.-Ing. h. c., Dr. phil. h. c. Paul Schultze-Naumburg, Mitglied der Akademie des Bauwesens und Mitglied der Akademie der bildenden Künste Berlin, teilte am 19. November 1946 dem Oberbürgermeister der Stadt Weimar, Dr. Gerhard Hempel, schriftlich mit: „Ich lege hiermit meine Ehrenbürgerschaft der Stadt Weimar nieder". Am 5. Dezember 1946 nahm die Stadtverordnetenversammlung die Niederlegung an, da er „als Exponent des Nationalsozialismus" zu betrachten und der Aberkennung zuvorgekommen sei. Trotz des Verbots, während des Krieges das Ehrenbürgerrecht zu verleihen, hat die Stadt Weimar mit einer Sondergenehmigung aus Berlin am 10. Juni 1944 Schultze-Naumburg zu ihrem Ehrenbürger für „sein der deutschen Kultur gewidmetes Lebenswerk" ernannt. Weiter hieß es in der Begründung, dass er mit seinem „Kampf gegen den Kulturbolschewismus für das Reich beispielhaft gewirkt" habe. Am 10. Juni 1944 erteilte ihm die Jenaer Universität eine akademische Ehrung, die 1946 gestrichen wurde.

Am 10. Juni 1869 wurde Paul Schultze, (später Schultze-Naumburg) in Almerich bei Naumburg als jüngster von drei Söhnen eines Kunstmalers geboren. Er besuchte in Naumburg das Realgymnasium und begann 1887 eine sechsjährige Ausbildung an der Staatlichen Akademie der bildenden Künste Karlsruhe. Dort war er Meisterschüler im Atelier von Prof. Ferdinand Keller. Ihn interessierte vor allem die „freie Kunst", aber gleichzeitig hospitierte er auch an der Technischen Hochschule, bevor er sich der Architektur zuwandte. 1893 siedelte er nach München über und nahm dort an der Gründung der Sezession teil, bei der er künftig regelmäßig seine Bilder vorwiegend mit Motiven der Saale- und Unstrutlandschaft ausstellte. In München unterhielt er eine Privatschule, in der er auch unterrichtete. Auf der Grundlage eigener

Erfahrungen verfasste er Aufsätze über Wohnungseinrichtungen und veröffentlichte sie in der Zeitschrift „Kunstwart". Seit 1895 trat er für Reformen des Bauens ein. Aus seinen Einzelaufsätzen zu Themen wie Hausbau, Landschaftsgestaltung, Dörfer und Kleinbürgerhäuser entstand ein mehrbändiges Sammelwerk über das neue Bauen. Er wollte das Haus aus der Landschaft, mit deren Gestaltung er sich intensiv beschäftigte, heraus wachsen lassen, lehnte das Flachdach auf dem Haus strikt ab und griff technische Neuerungen auf, die er in seine Baupläne einbezog. 1897 übersiedelte Schultze-Naumburg nach Berlin, wo er ebenfalls in Ausstellungen vertreten war. Sowohl Zustimmung als auch massive Ablehnung rief er mit dem 1899 erschienenen Buch „Kultur des weiblichen Körpers" hervor, das Kleidungsfehler, wie das Tragen eines einschnürenden Korsetts, aufzeigte.

Die berufliche Wende kam im Jahre 1901, als sich Schultze-Naumburg auf Saaleck bei Bad Kösen ein Landhaus baute, das als ein Musterbeispiel seiner Bauweise galt. Hatte er nach 1897 begonnen, auch Möbel zu entwerfen, so erhielt er jetzt Aufträge für Inneneinrichtungen, die in den von ihm 35 Jahre lang geleiteten Saalecker Werkstätten für Innenarchitektur von zeitweise 60 Mitarbeitern hergestellt wurden. 1901 erhielt er einen Lehrauftrag für Maltechnik an der 1860 gegründeten jetzigen Kunsthochschule in Weimar, den er aber nach zwei Jahren wieder niederlegte; denn 1903 erhielt er den ersten großen Bauauftrag – er arbeitete jetzt als Architekt. Reisen nach Ungarn, Österreich, Italien, Skandinavien und England festigten in ihm seine Sichtweise auf die Architektur, deren Gestaltungsgrundlage die Begriffe „Heimat" und „Volkstum" waren. Er entwarf Wohnhäuser mit Gärten, Verwaltungs- und Industriegebäude sowie Schlossbauten, wie das von 1913 bis 1917 nach seinen Plänen errichtete Kronprinzenpalais „Cecilienhof" in Potsdam.

Nach dem Ersten Weltkrieg blieben die Bauaufträge aus. Schultze-Naumburg, seit 1923 Ehrendoktor der Universität Tübingen, vollzog eine Gedankenwandlung und entwickelte

Paul Schultze-Naumburg

Paul Schultze-Naumburg

sich in der Gefolgschaft Adolf Hitlers seit 1926 zu einem Protagonisten der Rassenlehre auf dem Gebiet der Architektur und Kunst. Seine völkische Kunstauffassung und die Verknüpfung der Kunstbetrachtung mit der Rassenfrage propagierte er in dem 1928 in München erschienenen Buch „Kunst und Rasse". Als der Thüringer Landtag am 31. Januar 1930 mit Wilhelm Frick den ersten Nationalsozialisten zum Innen- und Volksbildungsminister wählte, berief dieser Schultze-Naumburg im Frühjahr zum Direktor der vereinigten Staatlichen Hochschulen für Baukunst, bildende Kunst und Handwerk in Weimar mit dem Ziel ihrer organisatorischen und inhaltlichen Umgestaltung. Schultze-Naumburg erlebte jedoch am Ort der Gründung des Staatlichen Bauhauses 1919 erhebliche Widerstände und die öffentliche Verwerfung seiner Pläne. Nach dem Rücktritt Fricks wurde er kurzzeitig als Direktor entlassen, aber mit der Bildung der ersten NS-Regierung in Thüringen wieder ins Amt berufen. Er schuf mit zum Teil neuen Lehrkräften eine neue Hochschulstruktur, in deren Ergebnis u. a. das Handwerk ausgegliedert wurde und die Bauhochschule mit dem Abschlusszeugnis die Berufsbezeichnung „Diplom-Architekt" verlieh. Als „Pionier nationalsozialistischer Baugesinnung" vertrieb er die noch in Weimar arbeitenden Bauhäusler und verdingte sich als „Bilderstürmer" von 70 Gemälden so genannter entarteter Kunst aus dem Schlossmuseum, wofür ihn der Deutsche Künstlerbund als Mitglied ausschloss. Dessen ungeachtet führte er – bestärkt durch die NS-Ideologie – seinen unerbittlichen Kampf gegen jüdische Einflüsse auf dem Gebiet der Kunst.

Am 21. Mai 1906 gründete sich in Weimar eine Ortsgruppe des Bundes Heimatschutz für die Erhaltung des traditionellen Stadtbildes, der Schultze-Naumburg als Vertreter des Heimatschutzgedankens angehörte. Nach seinen Plänen wurden 1906 die Villa „Ithaka" für Ernst von Wildenbruch am Horn 25 und dessen Mausoleum auf dem Neuen Friedhof errichtet. 1935 legte er den Bauentwurf für die innen unvollendet gebliebene Nietzsche-Gedächtnishalle in der heutigen Humboldtstraße 36a vor. Er wohnte seit 1934 in der von ihm umgebauten Villa in der Belvederer Allee 19. Der Maler, Publizist und Architekt Paul Schultze-Naumburg starb am 19. Mai 1949 in Jena, seine Urne wurde in Weimar im Wildenbruch-Mausoleum auf dem Neuen Friedhof beigesetzt.

Rudolf Paul

Der spätere Thüringer Ministerpräsident Prof. Dr. jur. Rudolf Paul wurde am 30. Juli 1893 als Sohn eines Baumeisters in Gera geboren, wo er auch die Schule besuchte. Nach dem Abitur studierte er Rechts- und Staatswissenschaften an den Universitäten in Leipzig und Berlin. Das durch seine Teilnahme am Ersten Weltkrieg unterbrochene Studium setzte er 1919 in Jena fort, wo er 1920 zum Thema der Gemeindegesetzgebung im Freistaat Reuß j. L. im 19. Jahrhundert promovierte.

Seit 1922 war Paul in der Deutschen Demokratischen Partei (DDP) bzw. der Deutschen Staatspartei (DStP) politisch organisiert und von 1925 bis 1933 Vorsitzender des Landesunterverbandes Ostthüringen. Er arbeitete am Landgericht Gera als Staatsanwaltsrat bis zu seiner Entlassung durch die Thüringer Ordnungsbund-Regierung aus dem Staatsdienst 1924. Seit dieser Zeit war er in Gera als Rechtsanwalt und Notar tätig. Nach einem Disziplinarverfahren vor der Thüringer Anwaltskammer entzogen ihm 1933 die Nationalsozialisten seine Zulassung als Anwalt, und er bewirtschaftete bis 1945 in Ulrichswalde bei Stadtroda den eigenen Bauernhof. Im Jahre 1938 ließ er sich von seiner jüdischen Frau scheiden. Sie wurde 1942 von den Nationalsozialisten deportiert und kam 1945 im Konzentrationslager Stutthof um.

Nach dem Zweiten Weltkrieg setzte die amerikanische Besatzung Paul am 7. Mai 1945 als Oberbürgermeister von Gera ein, was die Sowjetische Militäradministration für Thüringen (SMATh) später bestätigte. Das Betätigungsfeld des versierten Rechtsanwalts sollte in Gera vorrangig in der Neuordnung der städtischen Verhältnisse liegen, aber bereits am 16. Juli 1945 übernahm er neue Aufgaben. Ausgestattet mit dem Vertrauen der SMATh, wurde der als karrierebewußt bezeichnete Rechtsanwalt nach dem Weggang von Dr. Hermann Louis Brill aus Thüringen

Rudolf Paul

Rudolf Paul, 1946

zum Landespräsidenten gewählt und am 14. August 1945 zum Ministerpräsidenten ernannt. Das Amt des Landespräsidenten übte er bis zum 3. Dezember 1946 aus. Auf Vorschlag der SED-Fraktion wählte der Landtag Rudolf Paul am 4. Dezember 1946 einstimmig zum Ministerpräsidenten des Landes Thüringen. Er trat das Amt, das er bis zum 1. September 1947 inne hatte, mit dem Versprechen an, dem Recht und nicht den Sonderinteressen von Gruppen dienen zu wollen. Am 20. Oktober 1946 wurde er Mitglied des Thüringer Landtags und legte am 24. März 1947 sein Mandat nieder. Obwohl liberal-demokratisch gesonnen, trat er auf dem Gründungsparteitag der SED am 7. April 1946 in Gotha dieser Partei bei und wurde Mitglied ihres Landesvorstands.

Ein weiteres Betätigungsgebiet erschloss sich ihm, als ihn die Friedrich-Schiller-Universität Jena 1946 zum Honorarprofessor für Theorie und Praxis der Politik ernannte. Außerdem erfuhr Paul eine akademische Ehrung in Würdigung seines Anteils am Wiederaufbau des kriegsbeschädigten Universitätsgebäudes, an der Wiederaufnahme der Vorlesungen und für sein verständnisvolles Eintreten „für die Forschung und Unterricht ... im Interesse der durch den Geist demokratischer Erneuerung bestimmten Erziehung und Herausbildung des gesamten deutschen Volkes ...".

Anlässlich der einjährigen Wiederkehr des Amtsantritts als Landespräsident fand am 16. Juli 1946 zu Ehren Rudolf Pauls im Saal des Präsidialamtes der Landesregierung am Platz der Demokratie in Weimar eine Feierstunde statt. Im Austausch von Dankbezeugungen erklärte Paul gegenüber Garde-Generalmajor Iwan Sosonowitsch Kolesnitschenko von der SMATh: „Es ist mir eine hohe Genugtuung, namens des Landes erklären zu können, dass Sie in keinem einzigen Fall die erhöhte Position des Siegers gegenüber dem Besiegten bezogen haben". Anschließend überreichte Oberbürgermeister Otto Faust in seinem Dienstzimmer im Rathaus den Ehrenbürgerbrief an Paul „in Würdigung seines unablässigen Wirkens für die wirtschaftliche und politische Einheit Deutschlands, in dankbarer Anerkennung seiner Verdienste um die Wiederherstellung von Recht und Ordnung und um die Förderung des Aufbaues im Lande Thüringen, im Hinblick auf die hierdurch neu entstehende Geltung der Stadt Weimar als Stätte wahrer Humanität und deutschen Geistes". Der kleine Kreis geladener Gäste, dem drei Vizepräsidenten, acht Landesdirektoren, Vertreter der Kirche und Hochschulen, die Schriftleiter der Zeitungen, die Landesvorstände der Parteien sowie fünf Vertreter der SMATh angehörten, feierte Paul als ersten Ehrenbürger im demokratischen Deutschland. Nach Erhalt der von Buchbindermeister Otto Dorfner auf Kalbspergament geschriebenen und im rostroten Maroquinleder gebundenen Urkunde versicherte Paul: „Ehrenbürger der Stadt Weimar zu sein, begründet nicht nur eine Verpflichtung gegenüber der Einwohnerschaft, sondern gegenüber der deutschen Kultur".

Im Juni 1947 reiste Paul mit einer Gruppe ostdeutscher Ministerpräsidenten als deren Leiter zu einer gesamtdeutschen Ministerpräsidentenkonferenz nach München und am 1. September aus persönlichem Anlass nach West-Berlin. Die Weimarer Tageszeitung informierte am 12. September 1947 ihre Leser, dass Ministerpräsident Paul mit seiner zweiten Ehefrau und vier weiteren Personen in zwei Autos ohne Angabe des Ziels und der Gründe seiner Reise das Bundesland Thüringen verlassen und bisher nicht zurückgekehrt sei. Möglicherweise bestimmten ihn vorausgegangene Auseinandersetzungen zu diesem Schritt, die ihre Ursache in der Überprüfung der bisher durchgeführten Sequestration hatte. Für Paul trat Werner Eggerath die Nachfolge als Ministerpräsident bis 1952 an. Am 27. Februar 1948 beschlossen die Fraktionen der SED, LDP und CDU der Weimarer Stadtverordnetenversammlung einstimmig, dem ehemaligen Ministerpräsidenten Rudolf Paul, weil „der sein Amt und sein Land im Stich gelassen hat", das Ehrenbürgerrecht abzuerkennen; die Friedrich-Schiller-Universität Jena erkannte ihm aus dem selben Grund am 10. März 1948 die Professur ab.

Rudolf Paul siedelte nach Frankfurt/Main über, wo er ab 1948 wieder seinen Beruf als Rechtsanwalt ausübte und 28. Februar 1978 verstarb.

Thomas Mann

„Nach einem überreichen, unvergesslichen Festtage dankbar scheidend grüsse ich diese Stadt unsterblichen Ruhmes mit tausend guten Wünschen" schrieb der Schriftsteller und Dichter Thomas Mann am 2. August 1949 in das Gästebuch der Stadt Weimar. Dem war am Vortag die Festveranstaltung des Deutschen Goethe-Ausschusses 1949 im Deutschen Nationaltheater zum 200. Geburtstag von Johann Wolfgang von Goethe vorausgegangen, zu der die Stadt den 74-jährigen Thomas Mann aus den USA nach Weimar eingeladen hat. Er reiste über Frankfurt/Main an, wo er am 25. Juli in der Paulskirche an den Goethe-Feierlichkeiten teilgenommen hatte.

Der Schriftsteller Heinz Winfried Sabais war Mitunterzeichner eines Antrags vom 30. Juni 1948, Thomas Mann die Ehrenbürgerschaft zu verleihen. Auf Anregung des Deutschen Kulturbundes brachte er zu Beginn des Jahres 1949 als Sekretär des Goethe-Ausschusses mit der folgenden Begründung erneut den Antrag in die Stadtverordnetenversammlung ein: "Der Schriftsteller Thomas Mann ist im Jahre 1875 geboren, hat 1929 den Nobelpreis für Literatur erhalten, ist 1933 von Deutschland emigriert und seit 1945 amerikanischer Staatsbürger. Mann gilt auch im Ausland als literarischer Repräsentant Deutschlands. Umstritten ist seine nationalistische Haltung während des Ersten Weltkrieges. Von ihm sind Anklagen gegen das Deutschland des Nazismus erhoben worden. Über Thomas Mann und sein Wirken ist in der deutsche Presse kritisch Stellung genommen worden; er gilt aber als unantastbar im Wert seines Wirkens. Die amerikanische Havard-Universität hat ihm im Jahre 1938 die Würde eines Dr. phil. h. c. verliehen. Die Universität Bonn hat Thomas Mann gebeten, das ihm 1933 aberkannte Recht eines Dr. h. c. wieder anzunehmen. Die Stadt Budapest plant eine Ehrung Thomas

Manns durch Verleihung des Ehrenbürgerrechts." Dieser Antrag stieß in der SED-Fraktion auf Widerstand und wurde mehrmals zur Beratung in verschiedene Ausschüsse der Stadtverordnetenversammlung verwiesen. Am 8. Februar ergab eine Abstimmung zum Antrag drei Ja-, drei Gegenstimmen und drei Stimmenthaltungen, am 22. März einigte man sich darauf, dass „... durch die Ehrung Thomas Manns für Deutschland wieder eine Verbindung zur Weltliteratur geschaffen" werde, die Schwierigkeit bestehe in seiner amerikanischen Staatsbürgerschaft. Am 29. März beschlossen die Abgeordneten im Namen der Bürgerschaft einstimmig, „... dem deutschen Schriftsteller und Dichter THOMAS MANN anläßlich der Nationalfeier zum 200. Geburtstag Johann Wolfgang Goethes das Ehrenbürgerrecht zu erteilen. Eingedenk ihrer klassischen Tradition, die ins Lebendige fortzusetzen das Anliegen unserer Generation sein muß, ehrt die Stadt Weimar den berühmten Bewahrer und Mehrer deutscher Sprache und Literatur und damit auch den würdigen Repräsentanten des Humanismus in unserer Zeit. Er war in den Jahren der Barbarei vielen Deutschen ein Symbol für die Unzerstörbarkeit des Geistes und der Humanität und gehört in der Gegenwart zu den großen Förderern der Demokratie und des Friedens." Wie zuvor fertigte die Dorfner-Werkstatt die Ehrenbürgerurkunde in zweifarbiger Kunstschrift auf Kalbshaut im Ledereinband, handvergoldet in echtem Blattgold und mit einer Schutzkassette zum Preis von 1000 Mark an.

Am 8. Juni 1949 bat Thomas Mann den Oberbürgermeister um Auskunft über Meldungen in der Presse, dass er zum Ehrenbürger von Weimar ernannt sei. Diesbezüglich schrieb er am 12. Juni an Sabais: „Meine Antwort ist selbstverständlich, dass ich die mir angetragene Ehrung dankbar und mit Freude annehme." Thomas Mann und seine Frau Katja wurden am 31. Juli mit allen Ehren in Weimar empfangen. Bevor Oberbürgermeister Hermann Buchterkirchen dem Gast im Deutschen Nationaltheater die vom 28. August 1949 datierte Ehrenbürgerurkunde überreichte,

Thomas Mann in Weimar, 31. Juli 1949

sprach der Dichter und Kulturpolitiker Johannes R. Becher zur „Goethefeier der deutschen Nation", während Mann in seiner Gedenkrede „Goethe und die Demokratie" thematisierte. Aus den Händen von Prof. Dr. Johannes Stroux, Präsident der Akademie der Deutschen Wissenschaften, erhielt Thomas Mann den mit 100 000 Mark dotierten Goethe-Nationalpreis 1949, den der Schriftsteller für den Wiederaufbau der kriegszerstörten Herderkirche stiftete. Der ereignisreiche Tag fand seinen Abschluss mit einem festlichen Abendessen im Hotel „Augusta", in dem die Manns auch übernachteten. Am 25. August bedankte sich Thomas Mann aus Kalifornien beim Oberbürgermeister für die „generöse und wahrhaft rührende Gastfreundschaft". Die Stadt wollte die Verbindung zu ihrem Ehrenbürger aufrecht erhalten und bat ihn am 5. Januar 1950 um Anregungen für die geplante Jubiläumsschau „700 Jahre Weimar", die er diplomatisch umging.

Thomas Mann weilte bereits am 11. November 1910 und am 16. Februar 1921 zu literarischen Vorträgen in Weimar. Vor mehr als 70 Botschaftern und Gesandten sowie nationalen und internationalen Schriftstellern und Literaturwissenschaftlern hielt er in der Goethe-Gedenkwoche am 21. März 1932 in der neun Tage zuvor eingeweihten Weimarhalle die Festrede, in der er vorausschauend an die Bewahrung der Demokratie appellierte. 1939 erschien sein Goethe-Roman „Lotte in Weimar", dessen Schauplatz konnte er damals jedoch nicht besuchen. Aber „nun bin ich da, ... ich bin ein Bürger der Stadt geworden, nach der ich mich damals sehnte und die in meiner Vorstellungswelt, wie in der jedes überhaupt vom Geist berührten Deutschen, eine so bedeutsame Rolle spielt", bekannte er 1949. Ein viertes Mal besuchte er die Stadt zur Schiller-Ehrung 1955, die auf Beschluss des Weltfriedensrates anlässlich des 150. Tagestages des Dichters vom 8. bis zum 15. Mai mit internationaler Beteiligung durchgeführt wurde. Thomas Mann übernachtete im neu gestalteten Hotel „Elephant" und hielt am 14. Mai im Deutschen Nationaltheater die „Ansprache im Schillerjahr". Am Tage darauf verlieh ihm die

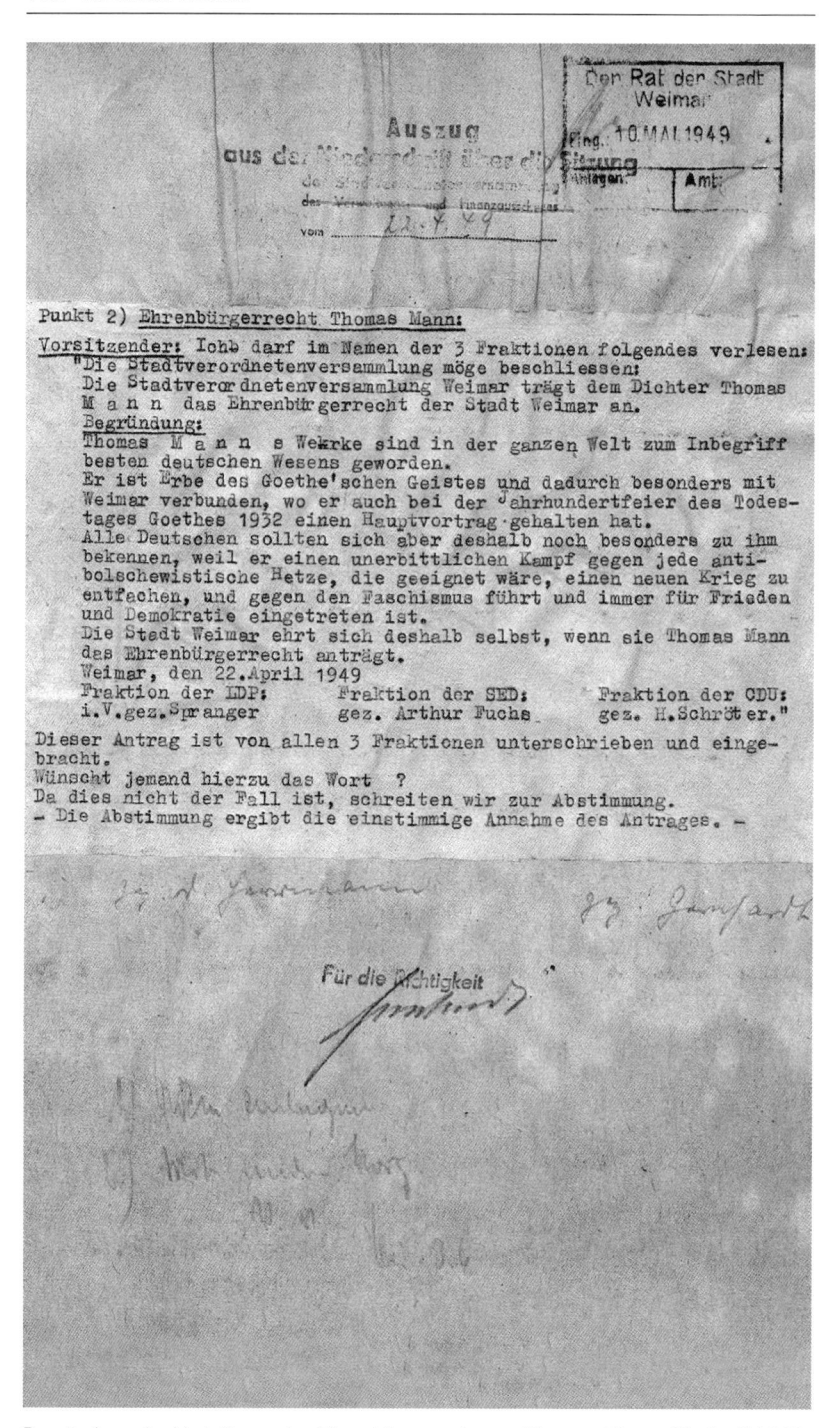

Begründung der Verleihung des Ehrenbürgerrechts an Thomas Mann, 22. April 1949

Philosophische Fakultät der Friedrich-Schiller-Universität Jena im Weißen Saal des Weimarer Schlosses die Ehrendoktorwürde: „Die Fakultät ehrt dadurch einen Meister der deutschen Sprache, einen Gestalter deutscher Lebensform, den Wahrer klassischer Humanität, den Kämpfer für Frieden und Völkerverbindung". Er erhielt auch die Ehrenmitgliedschaft der Deutschen Akademie der Künste und die Deutsche Schillerstiftung ernannte ihn zu ihrem Ehrenpräsidenten. Seit 1952 in der Schweiz lebend, fügte Thomas Mann am 7. Juni 1955 aus seinem Wohnort Kilchberg der gedruckten Danksagung handschriftlich die Worte bei: „Persönlichster Dank, werter Oberbürgermeister, für Ihren Glückwunsch, Ihre edle Gabe! [Gemeint ist eine Schenkung von Radierungen mit Weimar-Motiven des Grafikers Otto Paetz]. Dass ich wieder in Weimar war, und dass meine Welt es unter nur leisem Murren mehr wohl als übel hinnehmen musste, ist mir keine kleine Genugtuung. Wahrhaftig, wenn ich mir das nicht hätte leisten können, so hätte ich umsonst gelebt! Ihr T. M."

Weimars Ehrenbürger starb kurze Zeit später am 12. August 1955 in Zürich und wurde in Kilchberg unter einem schlichten Tessiner Granitwürfel bestattet; er trägt die Inschrift Thomas / Mann / MDCCCLXXV / MCMLV.

Am 16. Februar 1959 wurde in Weimar eine Straße nach Thomas Mann benannt und am 3. Oktober 1965 mit einem Festakt eine Gedenktafel am Deutschen Nationaltheater enthüllt „1949 UND 1955 / BEGEGNETEN SICH HIER / UM GOETHE UND SCHILLER / ZU EHREN / JOHANNES R. BECHER UND THOMAS MANN / VERBÜNDETE IM KAMPF UM DIE BEFREIUNG DEUTSCHLANDS / VOM FASCHISMUS UND IM WIRKEN FÜR DIE WIEDERGEBURT / UNSERER NATIONALEN KLASSISCHEN LITERATUR"

Heinrich Lilienfein

Heinrich Lilienfein wurde am 20. November 1879 in Stuttgart geboren. Der Vater war Jurist, und seine Familie entstammte einem alten schwäbischen Geschlecht. Er besuchte in Stuttgart das humanistische Gymnasium und begeisterte sich schon als Schüler an Friedrich Schillers „Wilhelm Tell". Er studierte bei namhaften Wissenschaftlern an den Universitäten in Tübingen und Heidelberg Geschichte, Philosophie und Kunstgeschichte; der Historiker Bernhard Erdmannsdörfer in Heidelberg wurde 1905 sein Schwiegervater. Nach seiner Promotion zum Doktor der Philosophie im Jahre 1902 wandte sich Lilienfein der Schriftstellerei zu und war bereits mit seinem ersten Roman erfolgreich.

Als Fünfundzwanzigjähriger erlebte er am Deutschen Theater in Berlin die Uraufführung seines Dramas „Maria Friedhammer", das die Probleme einer Mischehe zum Inhalt hat. Im Jahre 1910 erschien das Drama „Der Stier von Olivera", dessen Text der Komponist Eugen d'Albert 1918 vertonte. In den Novellen „Aus Weimar und Schwaben", erschienen 1925, und „Die Geisterstadt", erschienen 1929, hat Lilienfein seiner Heimatverbundenheit mit Schwaben und der Weimarer Gegenwart Ausdruck verliehen. Der 1927 erschienene Roman „Welt ohne Seele" trägt autobiografische Züge seiner Jugendzeit. Am 16. Februar 1935 wurde das Trauerspiel „Tile Kolup" im Deutschen Nationaltheater Weimar zum ersten Mal aufgeführt. Als eine Anklage gegen Tyrannei und Despotismus des Württemberger Herzogs erschien 1938 der Roman „In Fesseln – frei", die Biographie seines Landsmanns, des Dichters und Musikers Christian Friedrich Daniel Schubart.

Das Schaffen von Lilienfein erstreckte sich mit weiteren Künstlerbiographien auch auf kunsthistorischem Gebiet. Er war Teilnehmer des Ersten Weltkrieges, dessen Erlebnisse er

Heinrich Lilienfein

anschließend literarisch verarbeitet hat. Zunächst stand das dramatische Schaffen Lilienfeins unter dem Einfluß des Philosophen Artur Schopenhauer, bis er sich mit seinen Erzählungen, Romanen und Dramen zu einem metaphysischen Idealismus seiner Lebensauffassung bekannte und historische, sagenhafte sowie zeitgeschichtliche Themen erfolgreich darstellte. Er war der bürgerlich-humanistischen Tradition verpflichtet und strebte auch nach Fortführung der klassizistischen Kunstüberlieferung.

Lilienfeins bisherige Lebensstationen waren Stuttgart, Heidelberg und Berlin, bevor er am 9. Dezember 1919 in Weimar zum Generalsekretär der Deutschen Schillerstiftung gewählt wurde, die hier an ihrem Gründungsort auch ihren Sitz hatte. Er trat sein Amt, das ihm künftig ein regelmäßiges Einkommen und Zeit für das eigene literarische Schaffen sicherte, am 1. April 1920 an und übte es bis zu seinem Tode aus. Seine Tätigkeit umfaßte sowohl die geschäftliche Leitung der Stiftung als auch die literarische Gutachtertätigkeit zur materiellen Unterstützung in Not geratener Schriftsteller und auch deren Hinterbliebenen durch die Schillerstiftung. Zu den Geförderten zählten einst Theodor Fontane und Wilhelm Raabe sowie zur Zeit Lilienfeins Hermann Hesse, Ricarda Huch und andere. Zur Feier des 75-jährigen Jubiläums der Deutschen Schillerstiftung hielt Lilienfein am 11. November 1934 im Deutschen Nationaltheater den Festvortrag „Schiller und die Deutsche Schillerstiftung".

Nach dem Ersten Weltkrieg gelang es Lilienfein, der auch dem Deutschen Schillerbund angehörte, den Zusammenbruch der Schillerstiftung zu verhindern, indem er mit großem sozialem Verantwortungsbewußtsein immer wieder Geld beschaffte. Nach der Machtergreifung Hitlers wurde er als Generalsekretär der Schillerstiftung mit den politischen Entscheidungen der Nationalsozialisten konfrontiert. Gemeinsam mit 88 Schriftstellern unterschrieb er im Oktober 1933 ein Treuegelöbnis auf Adolf Hitler. Obwohl Lilienfein 1937 dem Druck der Nationalsozialisten auf Mitgliedschaft in der NSDAP widerstanden hatte, wurde er als Nichtparteimitglied 1944 in die „Gottbegnadeten-Liste" der wichtigsten deutschen Künstler aufgenommen, was ihm eine Freistellung vom Kriegseinsatz sicherte. Im Herbst desselben Jahres wurde die Stiftung in die neugegründete Goebbels-Stiftung für Kulturschaffende eingegliedert, aber mit taktischem Geschick sicherte Lilienfein das eigenständige Fortbestehen der Schillerstiftung über den Zweiten Weltkrieg hinaus. Bereits am 11. Juli 1945 lud er zur konstituierenden Sitzung der Weimarer Zweigstiftung der Deutschen Schillerstiftung ein, deren erster Vorsitzender Dr. Walther Felix Mueller und deren Generalsekretär Lilienfein wurde.

Lilienfeins Verdienste um die Erhaltung des Erbes Friedrich Schillers und die Überlieferung der klassischen deutschen Literatur kamen in seiner Tätigkeit als Generalsekretär der Schillerstiftung zum Tragen. Er gehörte als Vorstandsmitglied der Deutschen Schillergesellschaft in Marbach am Neckar an und war Mitglied des Deutschen Schriftstellerverbandes. Für sein literarisches Schaffen hat Heinrich Lilienfein 1932 die Goethe-Medaille für Kunst und Wissenschaft und 1939 den Schwäbischen Dichterpreis sowie vom Weimarer Stadtrat die große Stadtplakette erhalten. Im selben Jahr wurde er zum Professor ernannt; er war auch Träger der Silbernen Wartburgrose.

Zehn Jahre später wollte ihm die Stadt Weimar die Ehrenbürgerwürde verleihen, obwohl er – wie es hieß – in der Bürgerschaft nicht so bekannt war, da er in seiner vornehmen, zurückhaltenden Art weniger hervorgetreten ist. Doch am 18. November 1949 hat die Stadtverordnetenversammlung „...den einstimmigen Beschluß gefaßt: dem Professor Dr. phil. Heinrich Lilienfein in Weimar, einem aufrecht kämpfenden Verfechter deutscher Gemüts- und Sinnesart und Künder der ewigen Sehnsucht aller Deutschen nach Freiheit des Geistes aus Anlaß seines 70. Geburtstages zum Ehrenbürger der Stadt Weimar zu ernennen. Sie will damit sein dichterisches Lebenswerk ... würdigen und die Dankbarkeit dafür zum Ausdruck bringen, daß er

> *D*ie Stadtverordnetenversammlung hat in ihrer Sitzung vom 18. November 1949 den einstimmigen Beschluss gefasst
>
> Herrn Professor Dr. phil.
>
> **HEINRICH LILIENFEIN**
>
> in Weimar, einem aufrecht kämpferischen Verfechter deutscher Gemüts- und Sinnesart und Künder der ewigen Sehnsucht aller Deutschen nach Freiheit des Geistes aus Anlass seines 70. Geburtstages
>
> zum Ehrenbürger der Stadt Weimar zu ernennen. Sie will damit sein dichterisches Lebenswerk, das im Sinne der Grossen Weimars getan und gestaltet wurde, würdigen und die Dankbarkeit dafür zum Ausdruck bringen, dass er als Generalsekretär der Deutschen Schiller-Stiftung, mit der die Stadt Weimar sich aufs engste verbunden weiss, 30 Jahre lang in besonders schwerer Zeit den Aufgaben dieser Stiftung im Geiste Schillers in vorbildlicher Weise gedient hat.
>
> Darüber wird dieser
>
> **EHRENBÜRGERBRIEF**
>
> ausgefertigt.
>
> WEIMAR, DEN 20. NOVEMBER 1949
>
> Die Stadtverordnetenversammlung und der Rat der Stadt
>
> Vorsitzender   Oberbürgermeister

Ehrenbürgerurkunde für Heinrich Lilienfein

als Generalsekretär der Deutschen Schiller-Stiftung, mit der die Stadt Weimar sich aufs engste verbunden weiß, 30 Jahre lang in besonders schwerer Zeit den Aufgaben dieser Stiftung im Geiste Schillers in vorbildlicher Weise verdient gemacht hat." Die am 20. November 1949 ausgefertigte und von dem Buchkünstler Otto

Dorfner gestaltete Urkunde wurde dem „Dichter und Freund der Dichter" Lilienfein am 20. Januar 1950 stellvertretend für den Oberbürgermeister vom Stadtverordnetenvorsteher Kirchenrat D. Rudolf Herrmann mit folgenden Worten überreicht: „Weimar hat eine große Tradition zu wahren, und darin sollen seine Ehrenbürger Menschen sein, die im geistigen Leben unserer Nation an der Spitze stehen".

Nach Beendigung des Zweiten Weltkrieges stellte er sich als Mitbegründer und erster Vorsitzender des am 1. Oktober 1945 in Weimar gegründeten Landesverbands Thüringen des Kulturbunds zur demokratischen Erneuerung Deutschlands auch den neuen kulturpolitischen Erfordernissen. So genehmigte 1952 der Ministerpräsident der Deutschen Demokratischen Republik persönlich eine monatliche Ehrenpension für Lilienfein, die der Kulturbund und der Schriftstellerverband beantragt hatten. Er wurde als eine gütige, warmherzige und charaktervolle Persönlichkeit beschrieben; seine Villa Kurthstraße 4 (heute Bauhausstraße) galt als Treffpunkt Gleichgesinnter.

Heinrich Lilienfein starb am 20. Dezember 1952 in Weimar. Seine Grabstätte Lilienfeins auf dem Weimarer Hauptfriedhof wird von einer steinernen Büste geschmückt. Eine Gedenktafel erinnert an seinen Wohnsitz, sein literarischer Nachlass befindet sich im Goethe- und Schiller-Archiv.

August Frölich

Am 31. Dezember 1877 im Dorf Sippersfeld in der Pfalz als Sohn eines Kleinbauern und Tagelöhners geboren, widmete August Frölich mehr als sieben Jahrzehnte seines Lebens der Politik. Er wuchs in Kaiserslautern auf und erlernte das Handwerk des Schlossers und Eisendrehers. Den Gepflogenheiten der Zeit entsprach es, dass er sich auf Wanderschaft begab. Im Jahre 1895 trat er dem Deutschen Metallarbeiterverband bei und wurde Vorsitzender der Gewerkschaft der Metallarbeiter in Berlin-Moabit. 1900 wurde er in Berlin Mitglied der SPD, der Partei August Bebels, dem er selbst 1896 in Leipzig begegnet war. 1906 und 1911 stand er an der Spitze der Streikbewegung in Braunschweig und in Ichtershausen. Im thüringischen Altenburg nahm er von 1906 bis 1918 als Geschäftsführer des Metallarbeiterverbands seine erste bedeutende Funktion in der Gewerkschaft wahr. In Altenburg arbeitete Frölich von 1913 bis 1918 als Stadtverordneter, bevor er als links orientierter SPD-Politiker 1918 in die Landesregierung Sachsen-Altenburg berufen wurde. Er galt als einer der Initiatoren der Überwindung der staatlichen Zersplitterung in Thüringen, das bis dahin aus sieben Ländern mit sieben jeweils eigenen Gesetzen bestand. 1921 übertrug man ihm die Verwaltung des Wirtschaftsministeriums des nunmehrigen Freistaates Thüringen. Als die Thüringer Regierung am 28. Juli 1923 zurücktrat, wurde Frölich am 16. Oktober Ministerpräsident einer neu gebildeten Regierung, in der die Sozialdemokraten und Kommunisten über zwei Mandate mehr als die bürgerlichen Parteien verfügten. Diese in der Zeit der Inflation gewählte Arbeiterregierung hatte ihren Sitz im ehemaligen Fürstenhaus am heutigen Platz der Demokratie in Weimar und erklärte nach dem Einmarsch der Reichswehr am 7. Dezember ihren Rücktritt. Von 1924 bis 1933 war Frölich Land-

August Frölich

tagsabgeordneter in Thüringen und Abgeordneter der Sozialdemokraten im Deutschen Reichstag.

Unter dem Nationalsozialismus war der missliebige SPD-Politiker zahlreichen Verfolgungen ausgesetzt. So wurde er 1933 am Tage des Verbots der SPD wegen illegaler antifaschistischer Tätigkeit drei Wochen in Schutzhaft genommen. Als im Jahr 1938 in Berlin eine illegale Gruppe von Sozialdemokraten entdeckt wurde, nahm man Frölich, der als Revisor im Sozialdemokratischen Landesverband Thüringen gearbeitet hatte, in Untersuchungshaft. Es wurde gegen ihn ein Verfahren wegen „Hochverrat" eingeleitet, jedoch wurde er 1939 wieder entlassen. Im Zusammenhang mit dem Attentat auf Adolf Hitler am 23. Juli 1944 wurde Frölich wegen „Beteiligung am Anschlag auf Hitler" abermals verhaftet und im Gestapo-Gefängnis im Marstall verhört. Gemeinsam mit dem früheren Abgeordneten der KPD in seinem Kabinett von 1923, Dr. Theodor Neubauer, kam Frölich ins Gefängnis Berlin-Moabit, aus dem er am 11. Dezember 1944 wieder entlassen wurde.

Nach Beendigung des Zweiten Weltkrieges baute August Frölich 1945 in Weimar zur Linderung der größten Not der Bevölkerung die Organisation des Roten Kreuzes auf. Nach dem Vereinigungsparteitag von SPD und KPD an historischer Stätte in Gotha am 7. April 1946 trat er der neu gegründeten Sozialistischen Einheitspartei Deutschlands (SED) bei. Obwohl er längst das Rentenalter erreicht hatte, wurde der erfahrene Parlamentarier am 21. November 1946 anlässlich der Konstituierung des ersten Thüringer Landtags im Hotel „Elephant" zu seinem Präsidenten gewählt, um fast 70-jährig die von Sorgen erfüllten Nachkriegsjahre zu schultern. Zur Beseitigung eines „Trägers des Systems" verübte ein 27-jähriger Weimarer am 30. Juni 1947 auf Frölich in dessen Dienstzimmer ein vorbereitetes, jedoch misslungenes Attentat aus. Nach der Gründung der Deutschen Demokratischen Republik (DDR) 1949 übernahm Frölich das Amt des Vizepräsidenten der Länderkammer bis zu deren Auflösung 1958. Nach dem Gesetz zur Landesauflösung vom 25. Juli 1952 hörte das Land Thüringen auf, als Verwaltungskörperschaft zu bestehen. Es wurde der Bezirk Erfurt gebildet und Frölich eröffnete am 1. August 1952 die konstituierende Sitzung des neu gebildeten Bezirkstags.

Anlässlich seines 75. Geburtstages am 31. Dezember 1952 verlieh die Stadt Weimar das Ehrenbürgerrecht an August Frölich, dessen Leben und Wirken mit Thüringen wie auch aufs Engste mit Weimar verbunden war. In der von Oberbürgermeister Hermann Buchterkirchen im alten Landtagssaal in der Schwanseestraße überreichten Urkunde hieß es zur Begründung, dass Frölich „… in Würdigung seiner unerschütterlichen Verbundenheit mit der Arbeiterklasse, seines aktiven Kampfes gegen den Faschismus und seiner unermüdlichen Arbeit für den Wiederaufbau der Heimat …" das Ehrenbürgerrecht erhalte. Der Vorschlag, „die schönste Straße des neuen Industrieviertels in Weimar-Nord"nach dem neuen Ehrenbürger zu benennen, wurde nicht verwirklicht. Stattdessen wurde der Freiheitsplatz an der Katholischen Kirche in „August-Frölich-Platz" umbenannt.

Frölich wohnte Am Schönblick 4. Er starb am 22. Januar 1966 in Weimar und wurde auf dem Hauptfriedhof bestattet.

Hermann Abendroth

Hermann Abendroth wurde am 19. Januar 1883 in Frankfurt/Main als Sohn eines Buchhändlers geboren. Nach dem Schulbesuch studierte er von 1901 bis 1905 in München u. a. bei dem Komponisten und Dirigenten Felix Mottl Musik und leitete bereits vor Abschluss seines Studiums den Münchner Orchester-Verein. Zum 1. September 1905 wurde er als Kapellmeister nach Lübeck berufen, wo er das Amt bis zum Jahre 1911 ausübte. Nach einer vierjährigen Tätigkeit in Essen folgten ab 1914 insgesamt 20 Berufsjahre in Köln. Im Jahre 1917 wurde Konrad Adenauer, der spätere Politiker der Bundesrepublik Deutschland (BRD), Oberbürgermeister der Stadt. Er stand Abendroths musikalischen Aktivitäten wohlwollend gegenüber und erkannte ihre besondere kulturelle Bedeutung für die Region. In der Rheinmetropole leitete der Musiker u. a. die Gürzenich-Konzerte und arbeitete als Kapellmeister des Städtischen Orchesters sowie als Direktor des Konservatoriums. 1918 wurde er zum Generalmusikdirektor der Stadt Köln und ein Jahr später zum Professor ernannt. Zu Beginn der 1920er Jahre dirigierte er die Sinfoniekonzerte an der Staatsoper Berlin und arbeitete gelegentlich auch in Bayreuth. Seine zahlreichen Konzertreisen in Deutschland und im Ausland haben ihn europaweit bekannt gemacht. Er verließ 1934 das Rheinland und zog nach Leipzig, wo er 1937 in die NSDAP eintrat. In Leipzig leitete er bis 1945 das Gewandhausorchester.

Nach dem Ende des Zweiten Weltkrieges hat Hermann Abendroth bereits am 30. August 1945 in Weimar als Gast die Staatskapelle dirigiert und das aufnahmefreudige Publikum mit Werken von Ludwig van Beethoven, Joseph Haydn und Robert Schumann erfreut. Im Oktober 1945 erfolgte die Übersiedlung in die Stadt an der Ilm. Für ihn und seine Frau wurde eine Mietwohnung in der Jahnstraße 14 das neue Zuhause und

Hermann Abendroth mit der Staatskapelle im Waggonbau Weimar, 1951

das Deutschen Nationaltheater das berufliche Betätigungsfeld Abendroths als musikalischer Oberleiter und Leiter der Staatskapelle bis zu seinem Tode. Da das Theaterhaus kriegszerstört war, musste die Hauptspielzeit des Deutschen Nationaltheaters am 7. Oktober 1945 in der Weimarhalle eröffnet werden, wo bis 1948 Opern, Operetten und Konzerte stattfanden; legendär sind fast 40 Vorstellungen von Mozarts „Die Hochzeit des Figaro". Am 16. November 1945 dirigierte Abendroth in der Weimarhalle das 1. Nachkriegs-Sinfoniekonzert. Noch im selben Jahr nahm er an der Hochschule für Musik eine Professur für Dirigieren wahr und wurde parallel zu seiner Lehrtätigkeit 1949 Chefdirigent des Leipziger und 1953 des Berliner Sinfonieorchesters des Staatlichen Rundfunkkomitees. Nach Jahren der kriegsbedingten kulturellen Stagnation förderte seine künstlerische Tätigkeit in Weimar das Musikleben und damit das Ansehen der Stadt über ihre Grenzen hinaus. Abendroth, der leidenschaftliche Interpret der Werke von Beethoven, Brahms, Bruckner und Haydn, strebte stets nach unbedingter Werktreue und entwickelte mit musikalischem Können und menschlichem Gespür für die Orchestermitglieder die Weimarer Staatskapelle zu einem Klangkörper von hohem künstlerischen Niveau. Besonders in Osteuropa erlebten Konzerte mit ihm triumphale Erfolge. Seine Gastdirigate in Westdeutschland interpretierte man später in der DDR als ein Bemühen um die nationale Einheit; 1950 dirigierte er ein letztes Konzert in seiner ehemaligen Wirkungsstätte Köln. Er war einer der ersten deutschen Künstler, der nach Kriegsende erfolgreich in Moskau musizierte und die Werke von Dimitrij Schostakowitsch in seinem Repertoire pflegte. Als Vorsitzender des Beethovenausschusses in der DDR im Gedenkjahr 1954 oblag Abendroth die Verantwortung für die musikalische Ehrung dieses Komponisten.

In der Weimarer Bevölkerung war Abendroth bekannt und genoss eine große Popularität. Dem Vorabend des ersten Jahrestages der Befreiung des KZ Buchenwald 1946 gab er mit der Staatskapelle den musikalischen Rahmen. Sie musizierte 1951 unter seiner Leitung zu den Betriebsfestspielen des VEB Waggonbau und ihre sommerlichen Schlosshofkonzerte wurden zu wiederkehrenden musikalischen Erlebnissen. Das Publikum, das sich ihm verbunden fühlte, dankte ihm mit einer überaus freundlichen Begrüßung, wenn er an das Dirigentenpult trat, und mit Ovationen nach der musikalischen Darbietung.

Am 8. Oktober 1952 stellte die Bezirksleitung Erfurt des Kulturbunds zur demokratischen Erneuerung Deutschlands (KB) an den Rat der Stadt Weimar den Antrag, dem Mitglied seines Präsidialrates, Hermann Abendroth, die Ehrenbürgerwürde zu verleihen. Der Rat der Stadt und die Stadtverordnetenversammlung folgten dem Antrag und beschlossen im Namen der Weimarer Bürgerschaft „in Würdigung seiner großen Verdienste, die Herr Professor Hermann Abendroth auf dem Gebiet der Musikpflege erworben hat" ihm anlässlich seines 70. Geburtstags am 19. Januar 1953 die höchste städtische Auszeichnung zukommen zu lassen. Im Urkundentext heißt es begründend: „Es sei darauf hingewiesen, dass Dank der Tätigkeit des Herrn Professor Abendroth die Weimarische Staatskapelle, die er im Oktober 1945 übernahm, zu einem Klangkörper entwickelt wurde, der weit über die Grenzen Deutschlands hinaus bekannt ist".

Hermann Abendroth, der am 1. September 1955 sein 50-jähriges Künstlerjubiläum beging, zählt als hervorragender Interpret klassischer und zeitgenössischer Musik zu den bedeutendsten Künstlerpersönlichkeiten des 20. Jahrhunderts. Er wurde für sein künstlerisches Wirken mit den höchsten staatlichen Auszeichnungen geehrt. So verlieh ihm die Thüringer Landesregierung 1946 den Titel eines „Staatsrats", und die Jenaer Universität ernannte ihn zu seinem 70. Geburtstag 1953 zu ihrem Ehrensenator.

Als Hermann Abendroth infolge eines Schlaganfalls am 29. Mai 1956 in der Chirurgischen Klinik in Jena starb, unterbrach die Volkskammer in Berlin ihre Sitzung für ein ehrendes Gedenken. In einem Nachruf von Oberbürgermeister Dr. Hans Wiedemann wurde er als Mitbürger unter Mitbürgern und als eine gewinnende Persönlichkeit bezeichnet, die Anteil am Leben der Weimarer Bevölkerung und am kommunalen Geschehen gezeigt hat. Zum Staatsbegräbnis am 2. Juni 1956 erwiesen ihm Tausende Weimarer Einwohner die letzte Ehre, bevor er auf dem Historischen Friedhof in Weimar beigesetzt wurde. Am 22. November 1957 erschien eine Briefmarke mit seinem Kopfbild und am 16. Dezember 1959 wurde die Rückoldtstraße in „Hermann-Abendroth-Straße" umbenannt.

Henri Manhès

Am 9. Juni 1889 wurde Henri Manhès, der seinem Namen später „Frédéric" hinzufügte, in Etampes geboren. Im Ersten Weltkrieg kämpfte er als Leutnant bei den Luftstreitkräften und wurde 1918 als Ritter der Ehrenlegion ausgezeichnet. Er war von Beruf Jurist und arbeitete von 1921 bis 1933 als Journalist und Direktor einer Verlagsanstalt. Schon 1933 war er Offizier der französischen Ehrenlegion. Als überzeugter Republikaner und Demokrat setzte er sein Leben im spanischen Bürgerkrieg bei den Internationalen Brigaden gegen die Truppen Francos, Hitlers und Mussolinis ein. Am 15. Juni 1939 wurde er zum Hauptmann der Luftwaffe ernannt und bekleidete bei Ausbruch des Krieges den Rang des Kommandeurs einer Luftstaffel. Als Oberst der Luftwaffe war er an der Organisation der Freien Französischen Streitkräfte beteiligt. Auf eigenen Wunsch wurde er im August 1940 aus der Armee entlassen. Im selben Jahr gründete er die Gruppe „Les Compagnons de Frédéric" und „Ceux de la Libération" zum Zweck der Aufklärung und Fluchthilfe. Er war befreundet mit dem im Untergrund lebenden und die Widerstandsbewegung in Frankreich organisierenden Jean Moulin, der nach Folterungen durch die Gestapo auf dem Weg in ein deutsches Konzentrationslager umgekommen ist. Bei seiner Rückkehr aus London von dem dort im Exil lebenden General Charles de Gaulle, wo Manhès zum Vertreter Moulins erst im nicht deutsch besetzten, dann auch im besetzten Gebiet Frankreichs ernannt worden war, fiel er am 3. März 1943 beim Fallschirmabsprung der Vichy-Polizei in die Hände, wurde am 5. April an die deutsche Gestapo ausgeliefert und am 3. November 1943 zum Tode verurteilt. Das Urteil wurde nicht vollstreckt und er am 18. Januar 1944 in das KZ Compiègne in Süd-Frankreich eingewiesen.

Mit 920 anderen Franzosen wurde Manhès von dort als politischer Häftling in das KZ Buchenwald deportiert, am 24. Januar 1944 mit der Häftlingsnummer 42040 registriert und in den Block 58 eingewiesen. Eine Gruppe der Neuangekommenen übernahm die Führung über die sich im Lager befindenden Franzosen und konstituierte sich im Juni 1944 unter Leitung von Manhès als Comité des intérêts francais (C.I.F.). Das Komitee vertrat alle 34 Widerstandbewegungen im Lager und diente der moralischen und physischen Unterstützung der französischen Gemeinschaft auf der Basis des Antifaschismus, der internationalen Solidarität, der Sabotage der Kriegsproduktion überwiegend im Gustloff Werk II Buchenwald, der Vermeidung von Todeskommandos – insbesondere ins KZ Mittelbau Dora, dem „Friedhof der Franzosen" – und der militärischen Vorbereitung eines Aufstands zur Befreiung durch illegale Waffenbeschaffung und militär-technische Schulung. Für die illegale Militärorganisation (BAFL) leitete Colonel Manhès mit seinen militärischen Erfahrungen in der französischen Widerstandsbewegung unter deutscher Besetzung die französische Sektion, bestehend aus Häftlingen aller sozialen Schichten und politischen Ansichten. Gemeinsam mit seinem Freund Marcel Paul, nach dem 1985 in Weimar eine Straße benannt wurde, organisierte Manhès unter Einsatz des eigenen Lebens den Überlebenskampf seiner Kameraden gegen den SS-Terror.

Er wurde nach der Befreiung Buchenwalds am 11. April 1945 Mitglied des Internationalen Lagerkomitees, das sich um die Versorgung der Überlebenden mit Kleidung und Nahrung kümmerte, den Freiheitsappell am 12. und die Trauerkundgebung am 19. April sowie die Rückkehr der Franzosen in die Heimat organisierte. In amerikanischen Dokumentationen vom 16. April 1945 wurde die Zahl der überlebenden Franzosen mit 2900 und vom Oktober 1945 die der verstorbenen mit 3000 angegeben.

Als einer der zuerst Befreiten flog Manhès am 18. April mit dem Flugzeug nach Frankreich zurück. Er gründete am 6. Oktober

186 Henri Manhès

Henri Manhès

Henri Manhès 187

Henri Manhès in der Gedenkstätte Buchenwald, 1954

1945 den Nationalen Verband der Widerstandskämpfer, Deportierten, Internierten und Patrioten (FNDIRP), dessen Präsident er wurde. Ebenso war er Präsident der im Juni 1951 in Wien gegründeten Fédération Internationale des Résistants (FIR), der Dachorganisation der nationalen Verbände ehemaliger Widerstandskämpfer gegen das NS-Regime.

Am 15. September 1958 ernannte die Stadtverordnetenversammlung Henri Manhès aus Anlass der Einweihung der Mahn- und Gedenkstätte Buchenwald zum Ehrenbürger von Weimar. „Für seine großen Verdienste im Kampf gegen Faschismus und Krieg sprechen die Bürger der Stadt Weimar durch diese Ehrung ihre Verbundenheit und Dankbarkeit aus". Am selben Tag bedankte er sich im Gästebuch der Stadt wie folgt: „Ein soeben zum Ehrenbürger der Stadt Weimar Ernannter ist beschämt, ob der großen Ehre, die ihm zuteil wurde und glücklich, dass die Last dieser Ehre nicht auf ihm allein liegt, sondern dass er sie mit all seinen Kameraden des internationalen Widerstands teilen kann, die in der Internationalen Föderation der Widerstandskämpfer vertreten sind."

Im Namen derer, die im Todeslager Buchenwald gefangen gehalten wurden, richtete er seinen herzlichen Dank an die Abgeordneten und den Magistrat der Stadt Goethes und Schillers für den Beitrag, den sie zur Errichtung des Mahnmals von Buchenwald geleistet haben. „Dieses gigantische Werk wird nicht nur den Heldenmut der inhaftierten Widerstandskämpfer sondern auch den kriminellen Sadismus der Nazis in Erinnerung halten".

Als Schwerkriegsbeschädigter wurde Manhès 1958 pensioniert. Er starb am 25. Juli 1959 in Nizza und wurde am 25. Juni 1974 auf den Friedhof Père Lachaise in Paris umgebettet. Heute tragen Straßen in Nizza und Paris seinen Namen. Am 9. Mai 1961 wurde an der von Häftlingen des KZ Buchenwald errichteten Blutstraße auf dem Ettersberg zum Gedenken an Manhès eine Stele enthüllt und der Platz „Colonel-Manhès-Platz" benannt.

Louis Fürnberg

„Alt möcht ich werden wie ein alter Baum, / mit Jahresringen, längst nicht mehr zu zählen, mit Rinden, die sich immer wieder schälen, mit Wurzeln tief, daß sie kein Spaten sticht ..."

Der Lyriker und Schriftsteller jüdischer Herkunft Louis (im Geburtsmatrikel der Israelitischen Kultusgemeinde Alois) Fürnberg, der diese Verse schrieb, wurde am 24. Mai 1909 im mährischen Iglau (heute Jihlava, Tschechien) als Sohn eines Kaufmanns geboren. In Karlsbad (heute Karlovy Vary, Tschechien) besuchte er das Gymnasium, das er vorzeitig verließ, und auch die Lehre als Kunstkeramiker mußte er wegen einer Lungenerkrankung abbrechen. 1927 setzte Fürnberg seine Ausbildung auf der Deutschen Handelsakademie in Prag fort. Seinem innersten Bedürfnis folgend, betätigte er sich auf literarischem Gebiet. Er beschäftigte sich mit deutscher und tschechischer Literatur, schrieb Gedichte, die 1927 in einer ersten Buchausgabe erschienen, nahm gleichzeitig Klavierunterricht und vertonte gelegentlich auch seine Lieder. Seine Gedichte, Kantaten und Texte schrieb Fürnberg unter dem Pseudonym „Nuntius" vor allem für die von ihm 1932 gegründete Agitprop-Gruppe „Echo von links", die ein Jahr später erfolgreich in Moskau und Paris auftrat. So wurde er in der Tschechoslowakei ein bekannter junger Dichter und Journalist, dessen deutschsprachige Texte durch den Schriftsteller Max Brod im Prager Tagblatt und später nicht nur von der linken sondern auch von der liberal-bürgerlichen Presse gedruckt wurden.

Bereits als Lehrling hatte Fürnberg soziale Widersprüche erfahren und sich an einem Streik beteiligt, sodass er folgerichtig seinen politischen Weg im Jahre 1924 als Mitglied der Sozialistischen Jugend begann und 1928 in die deutsche Sektion der Kommunistischen Partei der Tschechoslowakei eintrat. Er heiratete 1937 in Prag-Dejvicdie 26-jährige Lotte Wertheimer, die aus einer reichen jüdischen Fabrikantenfamilie stammte. Als die deutsche Wehrmacht am 15. März 1939 in Prag einmarschierte und die Stadt besetzte, musste die Familie vor der Verfolgung durch die Nationalsozialisten in den Untergrund gehen. Nach mehreren misslungenen Fluchtversuchen über die polnische Grenze wurde das Ehepaar verhaftet. Die Nazis deportierten und ermordeten mehr als 20 Familienmitglieder; Walter, der 29-jährige Bruder Fürnbergs, wurde 1942 bei pseudo-medizinischen Versuchen im Konzentrationslager Buchenwald umgebracht. Während man Lotte Fürnberg nach England abschob, wurde ihr Ehemann bei den Gestapoverhören fast bis zum Verlust seines Gehörs misshandelt, bevor er 1939 der Haft entkommen konnte. Für ihn und seine Frau folgten unstete Jahre des Exils von Italien, nach Jugoslawien, über Griechenland und die Türkei bis nach Palästina. Hatte Louis Fürnberg schon in seiner Jugend den Antisemitismus kennen gelernt, so bemühte er sich jetzt in der Emigration besonders um die Versöhnung und das friedliche Miteinander von Juden und Moslems. Als ein Spiegelbild seiner inneren Zerrissenheit erschien 1943 in London unter seinem Pseudonym „Nuntius" mit einem Vorwort des ihm freundschaftlich verbundenen Schriftstellers Arnold Zweig der Gedichtband „Hölle, Hass und Liebe".

Im Jahre 1946 konnte die Familie von Jerusalem nach Prag zurückkehren, wo Fürnberg sich zunächst journalistisch betätigte, bevor er Mitarbeiter im Informationsministerium wurde. Jedoch war er in der ČSR ein Fremder, denn er besaß dort nicht das für ihn als Schriftsteller lebenswichtige deutschsprachige Umfeld. Da seine Texte in dieser Zeit nicht in Prag erscheinen konnten, wurden die Mozart-Novelle 1947 in Wien, der seine eigene Geschichte reflektierende Zyklus „Der Bruder Namenlos. Ein Leben in Versen" 1947 in Basel und das Poem „Die spanische Hochzeit", ein Dokument des Zeitgeschehens, 1948 in Ost-Berlin veröffentlicht. Als ein parteinehmender, „politischer Schriftsteller", als der er sich Zeit seines Lebens verstand, schrieb er 1949 zum

Louis Fürnberg 191

Louis Fürnberg, 1946

IX. Parteitag der KPČ das Lied „Die Partei" als ein „trotziges Dennoch-Bekenntnis" (Wulf Kirsten). Im selben Jahr wurde er als Kulturattaché an die erste tschechische Botschaft in Berlin akkreditiert. Bald darauf wurden in der Tschechoslowakei, wie auch in anderen Ländern des Ostblocks, führende Parteimitglieder politisch verfolgt und oft zum Tode verurteilt. Fürnberg, darüber tief betroffen, wurde 1952 während der so genannten Slánsky-Prozesse mit der gesamten Botschaft aus Berlin und damit aus dem diplomatischen Dienst abberufen. Er schrieb im Dezember: „In dieser harten bösen Zeit / kommt der Mensch mit seinem Herzen nicht weit ..." 1953 fand er in Prag im Schulministerium eine neue Betätigung, aber keine Erfüllung in dieser Arbeit.

Im Jahre 1949 hat er mit einer tschechischen Delegation erstmals Weimar besucht und konnte 1954 dorthin übersiedeln. Mit seiner Familie bewohnte er eine Villa in der Rainer-Maria-Rilke-Straße 17, woran seit 1962 eine Gedenktafel erinnert. Die Stadt mit dem Welterbe der Humanisten und Klassiker in ihren Mauern zog ihn magisch an und befruchtete seine schriftstellerische Tätigkeit, die er jetzt wieder in seiner Muttersprache ausüben konnte. Er arbeitete als stellvertretender Direktor der 1953 gegründeten Nationalen Forschungs- und Gedenkstätten der klassischen deutschen Literatur in Weimar (NFG) und empfand seine Tätigkeit als Quelle stetiger Anregungen. Er lebte seine Begeisterung für die Werke Goethes und ging in seiner Tätigkeit den Beziehungen zwischen deutscher und slawischer Kultur nach. Als am 2. September 1956 an der Kegelbrücke eine bronzene Büste für den polnischen Nationaldichter Adam Mickiewicz enthüllt wurde, hielt Fürnberg als Vorsitzender des Deutschen Mickiewicz-Komitees die Festrede. Bereits mit der 1952 erschienenen Novelle „Begegnung in Weimar" hatte er die Erinnerung an das Zusammentreffen der Dichterkollegen Mickiewicz und Goethe 1829 im Haus am Frauenplan wach gehalten. Als Generalsekretär der Deutschen Schillerstiftung widmete er sich besonders der Förderung des schriftstellerischen Nachwuchses und der Verbreitung zeitgenössischer Literatur. Fürnberg war Mitbegründer und Mitherausgeber der seit 1955 in Weimar erscheinenden Literaturzeitschrift „Weimarer Beiträge …". Er veröffentlichte Gedichtbände und Erzählungen, zu denen seine fragmentarische Novelle „Der arme Dr. Eckermann" gehört. Die Verbundenheit mit der Jugend drückte er in Liedern und Gedichten aus, sodass seine Werke die Zeitgeschichte widerspiegeln, und seine Lyrik das vielteilige Leben mit den emotionalen Eindrücken verdichtet.

Es war Louis Fürnberg nicht vergönnt, alt zu werden. Er verstarb schwer herzkrank am 23. Juni 1957 in seinem Wohnhaus. Seine Grabstätte befindet sich auf dem Historischen Friedhof; das Grabmal trägt seine Totenmaske, die der Bildhauer Theobald Müller abnahm.

Am 28. April 1959 fasste die Weimarer Stadtverordnetenversammlung den Beschluss, den Dichter und Kulturpolitiker anlässlich seines 50. Geburtstages in memoriam mit dem Ehrenbürgerrecht, dem Literatur- und Kunstpreis der Stadt Weimar, mit der Errichtung eines Denkmals und durch die Verleihung seines Namens an eine Schule zu ehren. Auf einer festlichen Sitzung der Stadtverordneten im Weißen Saal des Schlosses überreichte Oberbürgermeister Dr. phil. Hans Wiedemann der Witwe Lotte Fürnberg die Ehrenbürgerurkunde, in der es zur Begründung heißt: „Für seine großen Verdienste um die Entwicklung der deutschen sozialistischen National-Literatur und der progressiven literarischen Traditionen unserer Stadt sprechen die Bürger der Stadt Weimar durch diese Ehrung ihre Verbundenheit und Dankbarkeit aus." Am 24. Mai 1959 erhielt die erste nach dem Zweiten Weltkrieg erbaute Schule in der Bodelschwinghstraße den Namen „Louis-Fürnberg-Oberschule". Für den musischen Unterricht der Schüler spendete Lotte Fürnberg den mit 10 000 Mark dotierten Literatur- und Kunstpreis. Der Bildhauer Martin Reiner aus Prag nannte Fürnberg „einen großen Menschen und wunderbaren Freund", für den er eine Bronzebüste schuf, die am

Fürnberg-Denkmal in Weimar

24. Mai 1961 am Rande des Parks vor dem Stadtschloss enthüllt wurde. Von 1972 bis 1989 vergab der Rat des Bezirkes Erfurt an 13 Lyriker und Schriftsteller den Louis-Fürnberg-Preis. Im Wohngebiet Dichterweg wurde am 13. November 1982 das Denkmal „Hommage à Louis Fürnberg", das Lutz Hellmuth und Dietmar Lenz schufen, seiner Bestimmung übergeben. Lotte Fürnberg unterstützte als langjährige Sachwalterin des Louis-Fürnberg-Archivs, das sie 1964 als Schenkung der Deutschen Akademie der Künste in Berlin übereignet hatte, die Forschungsarbeiten und ermöglichte die Edition der Werke und Briefbände ihres Mannes. Nach ihrem Tod erhielt die Gedenkstätte Buchenwald Mobiliar und Bücher des Arbeitszimmers.

Bruno Apitz

Der am 28. April 1900 in Leipzig geborene Bruno Apitz war das 12. Kind eines Wachstuchdruckers. Seine Herkunft aus einer Arbeiterfamilie führte dazu, dass er seit seinem 14. Lebensjahr politisch organisiert war. Er begann eine Lehre als Stempelschneider und verlor sie beim Streik der Buchhändler wie auch seine Stelle als Buchhandlungsgehilfe. Zum finanziellen Überleben der vielköpfigen Familie trug er mit Gelegenheitsarbeiten als Fabrikarbeiter, Laufbursche und Markthelfer bei.

Mit 17 Jahren trat Bruno Apitz mit Protesten gegen den Krieg auf und wurde wegen „versuchten Landesverrats" zum ersten Mal für ein Jahr und zehn Monate verhaftet. In dieser Zeit schrieb er – selbst von empfindsamer Natur – bereits Gedichte und kleine Geschichten. Er erhielt sich seine Hingezogenheit zur Literatur, nahm nach 1920 Schauspielunterricht und arbeitete in Leipzig als Schauspieler. Erneut arbeitslos, trat er 1927 in die KPD ein und wurde Mitglied der Zellenleitung seiner Partei in Leipzig. Seine künstlerischen Ambitionen verwirklichte er als Leiter der Agitpropgruppe „Rote Fanfaren". 1933 wurde Apitz für vier Monate erneut in Schutzhaft genommen, die er in den Konzentrationslagern Colditz und Sachsenburg verbüßen musste. Er setzte seinen politischen Widerstand gegen den Nationalsozialismus fort und wurde 1934 erneut verhaftet und verurteilt. Er kam ins Zuchthaus Waldheim, bevor er am 20. Dezember 1937 als „politisch Rückfälliger" in das KZ Buchenwald eingeliefert und unter der Häftlingsnummer 1717 registriert wurde.

Die folgenden Jahre hinter Stacheldraht, prägten unauslöschlich sowohl das politische Denken als auch das kulturelle Schaffen von Bruno Apitz. Obwohl er selbst ohne künstlerische Vorkenntnisse war, wurde er im KZ Buchenwald der so genannten Künstlerwerkstatt zur Arbeit zugeteilt und fertigte im

Bruno Apitz, 1975

Auftrag der SS Gegenstände wie den geschnitzten Wegweiser „Caracho-Weg", eine kunstvoll gestaltete Schreibtischgarnitur und die Wiege für das zehnte Kind des NS-Reichsstatthalters von Thüringen Fritz Sauckel. Nach der Auflösung der „Künstlerwerkstatt" wurde Apitz dem Arbeitskommando Pathologie zugeteilt. Hier schuf er 1944 unter Lebensgefahr aus dem Holz der so genannten Goetheeiche seine künstlerisch reifste Arbeit, die Plastik „Das letzte Gesicht" nach einer Totenmaske. Diese und andere illegale künstlerische, aus dem Gedanken der internationalen

Kameradschaft entstandene Werke – er zeichnete und schrieb Gedichte, 1944 die 1959 erstmals veröffentlichte Novelle „Esther" sowie Kabarettszenen – dienten der Lebensbejahung inmitten des Todes, denn „... hier lebten die Gefangenen nur, weil sie eben noch nicht – gestorben waren", schrieb Apitz später. Es gelang ihm inmitten des Sterbens, seine eigene künstlerische Individualität und Sensibilität zu bewahren, unter Lebensgefahr illegale künstlerische Veranstaltungen zu organisieren und deutschen sowie ausländischen Künstlern und Intellektuellen solidarische Hilfe zukommen zu lassen. Wenige Tage nach der illegalen Totenfeier für den im Hof des Krematoriums am 18. August 1944 ermordeten Vorsitzenden der KPD Ernst Thälmann verbrannte Apitz aus Angst vor Verrat an die SS seine literarischen Arbeiten. Er selbst stand auf der Liste der SS vom 6. April 1945 der 46 zu exekutierenden Häftlinge, aber von seinen Kameraden in einem Kanalschacht versteckt, konnte er das Inferno überleben. Am 14. Mai 1945 wurde sein Gedicht „Letzter Appell" in Buchenwald rezitiert:

„Was einst gestöhnt, geblutet hat in Fronen, / Was einst zerrissen war ... das ist nicht mehr! / Denn jetzt, im Gleichklang der Nationen, / Marschiert der Konzentrationäre freies Heer".

Nach der Befreiung des KZ Buchenwald am 11. April 1945 ging Bruno Apitz zurück nach Leipzig, wo er sich als Redakteur, Verwaltungsdirektor der Städtischen Bühnen Leipzig und als Sekretär des Deutschen Kulturbundes sowie als Dramaturg bei der Deutschen Film-Aktiengesellschaft (DEFA) in den Dienst des gesellschaftlichen Neuaufbaus stellte. Vor allem setzte er seine schriftstellerische Tätigkeit fort und wurde als freischaffender Schriftsteller 1955 Mitglied im Hauptvorstand des Deutschen Schriftstellerverbandes.

Das Thema Buchenwald ließ ihn zeitlebens nicht los und führte ihn oft zurück an die Stätte seines Leidens und nach Weimar. So entstand von 1955 bis 1957 das Drehbuch von „Nackt unter Wölfen". Als Film von der DEFA abgelehnt, schrieb er zum selben Thema den 1958 veröffentlichen authentischen und zugleich dichterisch überhöhten Roman gleichen Namens, der in mehr als 30 Sprachen übersetzt und mit einer nach Millionen zählenden Auflage ein Welterfolg wurde. Der Roman steht symbolhaft für das Schicksal des Buchenwaldkindes sowie für die von den politischen Häftlingen besonders gegenüber inhaftierten Kindern geübte Solidarität. Dem Anliegen seines Erstlingswerkes verlieh Apitz mit den Worten Ausdruck „Ich grüße mit dem Buch unsere toten Kampfgenossen aller Nationen, die wir auf unserem opferreichen Weg im Lager Buchenwald zurücklassen mußten. Sie zu ehren gab ich vielen Gestalten des Buches ihre Namen". Der später gedrehte gleichnamige Film erlebte in Anwesenheit des Autors am 11. April 1963 in Weimar seine Welturaufführung. Dem 1976 mit autobiografischen Zügen versehenen Roman „Der Regenbogen", die Geschichte einer Arbeiterfamilie in der ersten Hälfte des 20. Jahrhunderts, folgte nach dem Tode von Apitz die Veröffentlichung des Romans „Schwelbrand" als Fortsetzung.

Auf Vorschlag des Schriftstellerverbandes hat die Stadt Weimar Bruno Apitz am 9. September 1961 mit der Ehrenbürgerwürde ausgezeichnet mit der Begründung, dass sich der Schriftsteller hohe Verdienste um die deutsche Nationalliteratur und zugleich um das Ansehen der Stadt Weimar erworben hat. Der als bescheiden, liebenswürdig und humorvoll Charakterisierte, drückte seinen Dank und seine Verbundenheit mit der Stadt in deren Gästebuch aus: „Ebenso glücklich und stolz bin ich, nach Verleihung der Ehrenbürgerwürde, als ‚Sohn' der Goethestadt Weimar zu zählen. Durch meinen Kampf und mein Leben im K.Z. Buchenwald, bin ich im Herzen mit Weimar immer verbunden gewesen." 1975 verlieh ihm die Stadt Leipzig die Ehrenbürgerschaft.

Bruno Apitz starb am 7. April 1979 in Berlin und ruht auf dem Friedhof Friedrichsfelde. Seit dem 17. November 1988 trägt in Weimar eine Straße seinen Namen.

Iwan Sosonowitsch Kolesnitschenko

Der spätere sowjetische Garde-Generalmajor wurde am 19. März 1907 als Sohn eines Bauern in Winniza in der Ukraine geboren. Seine berufliche Laufbahn begann mit dem Studium an der Landwirtschaftsschule. 1924 trat er in die Jugendorganisation Komsomol ein und wurde im Jahr 1926 Mitglied der Kommunistischen Partei der Sowjetunion (KPdSU). Nach dem Dienst bei der Luftwaffe wechselte er 1932 aus dem zivilen Beruf als in die militärische Laufbahn und wurde Berufsoffizier. Nach dem Überfall Deutschlands auf die Sowjetunion war er von 1941 bis 1945 Mitglied des Kriegsrats der 63. Armee, später der 3. Garde-Armee. Mit ihr nahm er an der Schlacht um Stalingrad (heute Wolgograd, Russland) teil und erlebte das Kriegsende in Prag, bevor er in Berlin eintraf.

Auf der Grundlage der am 12. September 1944 getroffenen Vereinbarung zwischen den Regierungen der USA, Großbritanniens und der UdSSR haben die amerikanischen Truppen Anfang Juli 1945 Thüringen verlassen und die Rote Armee hat die Besatzungsfunktion übernommen; die ersten Armeeeinheiten zogen am 3. Juli 1945 in das kriegszerstörte und übervölkerte Weimar ein. Am 9. Juli 1945 wurde die Sowjetische Militäradministration in Thüringen (SMATh) errichtet. Vier Tage später traf Kolesnitschenko in Thüringen ein. Seine erste Begegnung mit der damaligen Landeshauptstadt Weimar beschrieb er in seinen Erinnerungen: „Anfang Juli 1945, am Tage nach dem Abzug der amerikanischen Truppen, kam ich mit einigen sowjetischen Diplomaten nach Weimar. Die Stadt machte einen toten Eindruck. Alles Leben schien erstorben". Er bekleidete vom 16. Juli 1945 bis zum 8. Juli 1950 die Funktion des Chefs der Verwaltung der SMATh. Darüber, und dasser und seine wenigen Mitarbeiter nicht auf die Ausübung der Besatzungsfunktion vorbereitet

Iwan Sosonowitsch Kolesnitschenko, 12. April 1965

waren, berichtete Kolesnitschenko ebenfalls in seinen Erinnerungen. Er habe vorrangig den Kontakt zur Landesverwaltung Thüringen hergestellt, um rasch deutsche Selbstverwaltungsorgane aus Vertretern aller Parteien zur Normalisierung des gesellschaftlichen Lebens zu schaffen. Der kulturinteressierte Garde-Generalmajor, der deutsch sprach und insbesondere der Weimarer Klassik seinen Respekt entgegen brachte, ermöglichte unter Ausübung der Befehlsgewalt mit Anordnungen und Erlassen bereits wenige Monate nach Kriegsende die Wiedereröffnung des Goethe-Nationalmuseums am 28. August, der Schulen am 1. Oktober und der Volkshochschule am 3. November sowie den Beginn der Hauptspielzeit des Deutschen Nationaltheaters am 7. Oktober 1945 in der Weimarhalle. Gleichzeitig befürwortete er die Verpflichtung des Dirigenten Hermann Abendroth, der ihm von Konzerten in Moskau vor 1933 bekannt war, an das Deutsche Nationaltheater.

Große Teile der Weimarer Bevölkerung befanden sich jedoch in dieser politisch wie wirtschaftlich schwierigen Nachkriegszeit gegenüber der sowjetischen Besatzungsmacht in einer ängstlich abwartenden, wenn nicht ablehnenden Position. Willkürliche Übergriffe und besonders das sowjetische Speziallager Nr. 2 Buchenwald auf dem Ettersberg rechtfertigten die Vorbehalte. Kolesnitschenko, der sich in einem persönlichen Gespräch vom Internierungslager distanzierte, wird als ein Mann mit ungewöhnlicher persönlicher Anteilnahme an menschlichen Schicksalen bezeichnet. Er beschrieb seine eigene Haltung wie folgt: „Von Natur aus bin ich ein großer Optimist und geneigt, immer an die Ehrlichkeit und Anständigkeit eines jeden Menschen zu glauben, unabhängig von seinem Glaubensbekenntnis und seinen politischen Überzeugungen".

Die SMATh hatte ihren Dienstsitz zuerst in der heutigen Bauhausstraße 11 und später im Turmgebäude des ehemaligen unvollendeten „Gauforums"; der Amtssitz des für Weimar und den Landkreis zuständigen Stadtkommandanten befand sich im früheren Versicherungsgebäude Abraham-Lincoln-Straße.

Nach der Gründung der DDR am 7. Oktober 1949 übergab Kolesnitschenko die Verwaltungsfunktionen am 12. November 1949 an die Regierung des Landes Thüringen. Während viele ehemalige Mitarbeiter seiner Dienststelle unmittelbar danach in die Sowjetunion zurückkehrten, arbeitete er bis Juni 1950 als Vertreter der Sowjetischen Kontrollkommission in Deutschland (SKKD) für das Land Thüringen. Künftig waren keine militärischen Aufgaben mehr zu bewältigen sondern zivile.

Kolesnitschenko bewohnte mit seiner Familie eine Villa in der Carl-Alexander-Allee 8 (heute Freiherr-vom-Stein-Allee). Im Juli 1950 verließ er Weimar: „Zugleich war ich beim Abschied von diesem schönen Land auch etwas traurig. Ich wusste ja nicht, ob es mir gelingen würde, noch einmal seine wunderbaren Städte zu besuchen …". Er kam später besuchsweise als „Mitbürger", wie er sich bezeichnete, wiederholt auch nach Weimar zurück. So lobte er im Oktober 1975 als ein Besucher der 1000-Jahrfeier die Gastfreundschaft und das optisch verbesserte Aussehen der Stadt, in der seine Tochter 1948 im Sophienkrankenhaus das Licht der Welt erblickt hatte.

Am 12. April 1965 zeichnete Oberbürgermeister Luitpold Steidle „… aus Anlass des 20. Jahrestages der Befreiung des deutschen Volkes vom Faschismus" Iwan Sosonowitsch Kolesnitschenko im Weißen Saal des Stadtschlosses mit der Ehrenbürgerwürde aus. Zu seinem 75. Geburtstag erhielt Kolesnitschenko die „Ehrengabe" in Gold, eine von 1965 bis 1989 an verdienstvolle Persönlichkeiten verliehene städtische Auszeichnung. Am 6. Oktober 1969 wurde er für seine Verdienste um die Wiedereröffnung der Friedrich-Schiller-Universität am 15. Oktober 1945 Ehrenbürger von Jena, wo er zur 425-Jahrfeier der Universitätsgründung 1983 zum letzten Mal weilte. Er starb am 13. August 1984 in Moskau.

Luitpold Steidle

Das Inferno der Schlacht um Stalingrad (heute Wolgograd, Russland) 1942/43 während des Zweiten Weltkrieges bezeichnete Steidle als „Wende auch in meinem Leben". In der Tat wäre der Lebensweg des am 12. März 1898 in Ulm an der Donau als Sohn eines Oberkriegsrats Geborenen ohne das gravierende Kriegserlebnis anders verlaufen.

Luitpold Steidle wuchs unbeschwert in einer streng katholischen Familie auf und wurde nach fest gefügten Ehrbegriffen erzogen. Seit 1904 lebte die Familie in München. Er engagierte sich in der katholischen Jugendbewegung „Quickborn" und bemühte sich frühzeitig um eine humanistische Lebenshaltung. Ausdruck dessen ist seine Auszeichnung mit der Bayrischen Rettungsmedaille, die ihm bereits mit 18 Jahren verliehen wurde. Sein Denken und Handeln war bis zu seinem Tod am 27. Juli 1984 in Weimar von ethischem Verantwortungsbewusstsein geleitet.

Als Kriegsfreiwilliger nahm Steidle während des Ersten Weltkrieges, den der Vater als „Verbrechen" bezeichnete, an Militäreinsätzen in Frankreich und Italien teil. Ab Dezember 1918 studierte er an der Landwirtschaftlichen Abteilung der Technischen Hochschule München. Dem Studium folgten mit der selbständigen Bewirtschaftung eines Bauernhofs von 1920 bis 1926 harte Jahre des Existenzkampfes. Aber er fand in der Landwirtschaft seine berufliche Erfüllung und entwickelte sich zu einem Fachmann in Fragen der Tierzucht. Das befähigte ihn 1928 zur Arbeit in der Preußischen Gestütsverwaltung Beberbeck bei Kassel, wo er wegen seiner gewerkschaftlichen Betätigung 1933 fristlos entlassen wurde. Ab November 1934 wurde Steidle als Offizier reaktiviert und nach Ausbruch des Zweiten Weltkrieges an der Ostfront eingesetzt. Hier erlebte er als Oberst und Regimentskommandeur das Inferno von Stalingrad; dies sollte seinen ganz persönlichen Einsatz zur Beendigung des Krieges zur Folge haben. Um im hoffnungslosen Kampf etwa 8000 Soldaten das Leben zu retten, begab er sich mit ihnen in sowjetische Kriegsgefangenschaft in das Lager Krasnogorsk. Er suchte Anschluss an die Antikriegsbewegung, kam in Kontakt mit deutschen Emigranten und wurde Leiter einer Initiativgruppe deutscher Offiziere. Nach der Gründung des Nationalkomitees „Freies Deutschland" (NKFD) und des Bundes Deutscher Offiziere im September 1943 in Lunowo, dessen Vizepräsident Steidle war, setzte sich der überzeugte Kriegsgegner als Frontbevollmächtigter des NKFD bis Februar 1945 für die Beendigung des Völkermordes ein. Dafür verurteilte ihn im Januar 1944 in Deutschland der Volksgerichtshof in Abwesenheit als „Vaterlandsverräter" zum Tode und stellte seine Familie in München unter „Sippenhaft". Den Verlauf des Krieges im Osten aus eigenem Erleben schrieb Steidle in seiner 1969 erschienenen Autobiographie „Entscheidung an der Wolga" nieder.

Nach Beendigung des Krieges kehrte Luitpold Steidle am 8. Dezember 1945 aus der Sowjetunion nach Deutschland zurück. Nach dem radikalen Bruch mit seiner Vorkriegsvergangenheit fand er im zerbombten Berlin ein reiches Betätigungsfeld beim Neuaufbau gesellschaftlicher und wirtschaftlicher Verhältnisse und wurde unmittelbar nach seiner Rückkehr Vizepräsident der Verwaltung für Land- und Forstwirtschaft. Am 28. Februar 1946 trat er in die CDU ein, wurde kurzzeitig ausgeschlossen und übte nach der Wiederaufnahme zeitlebens führende Positionen in der Partei aus. Im Jahre 1949 berief ihn die Volkskammer der DDR zum Minister für Arbeit und Gesundheitswesen; dieses Amt bekleidete er bis 1958.

Seine Partei nominierte den Politiker nach dem Tod von Dr. Hans Wiedemann im Jahre 1960 für das von der CDU besetzte Amt des Oberbürgermeisters von Weimar. Er trat es am 14. März an und bezog einen Tag später das Haus Wilhelm-Bode-Straße 8. Viele internationale Kongresse, Symposien sowie

Luitpold Steidle, 1968

Kulturveranstaltungen in der Stadt mit namhaften Politikern, Wissenschaftlern und Künstlern widerspiegeln in den 1960er Jahren das Bemühen des Stadtoberhauptes, Weimar weltoffen ins europäische Blickfeld zu rücken. Dem dienten auch das Freundschaftsabkommen mit Valenciennes in Frankreich (1962), vorausgedachte Städtebeziehungen mit Nagasaki in Japan (1966) und dem italienischen Parma (1967) sowie die aktive Förderung der jungen Städtepartnerschaft mit Hämeenlinna in Finnland. Die Gründung des Instituts für Kommunalpolitik (1968) zur Unterstützung kommunaler Organisationen in den arabischen und afrikanischen Ländern geht ebenso auf das Engagement des Oberbürgermeisters zurück wie sein Bemühen um die Erhaltung und Restaurierung des historischen Stadtkerns mit den ersten Architekturwettbewerben zum Wiederaufbau der Markt-Nordseite in seiner Amtszeit.

Luitpold Steidle war eine umfassend gebildete und vielseitig interessierte Persönlichkeit. Bestimmte das humanistische Gedankengut sein gesellschaftspolitisches Handeln, so frönte er privat seinem künstlerischen Interesse. Er spielte mehrere Musikinstrumente, sammelte historische Uhren, die er zu reparieren verstand, und widmete sich besonders der Malerei. Die Natur, speziell die Ostsee und Hiddensee, wohin es ihn immer wieder zog, bildete das Sujet.

Mit der in Weimar praktizierten Politik der SED keineswegs immer konform gehend, trat Luitpold Steidle aus eigenem Entschluss als Oberbürgermeister zurück und wurde am 20. Februar 1969 von der Stadtverordnetenversammlung aus seinem Amt verabschiedet. Er war Ehrensenator der Ernst-Moritz-Arndt-Universität Greifswald und der Hochschule für Musik Franz Liszt in Weimar. Am 15. März 1973 erhielt der für seine Verdienste bereits vielfach Ausgezeichnete aus Anlass seines 75. Geburtstages die Ehrenbürgerschaft der Stadt Weimar verliehen, womit die Bürger ihm „... ihre enge Verbundenheit und Dankbarkeit" aussprachen.

Seinen schriftlichen Nachlass, die einzigartige Dokumentensammlung über das NKFD, übergab er 1967 dem Stadtarchiv Weimar. Sein letztes Lebensjahr 1984 verbrachte er im Altenwohnheim Am Schönblick; die Grabstätte befindet sich auf dem Hauptfriedhof.

Walter Bartel

Der von 21 000 Überlebenden des Konzentrationslagers Buchenwald zum Totengedenken der ermordeten Häftlinge am 19. April 1945 auf dem Appellplatz geleistete Schwur „... Die Vernichtung des Nazismus mit seinen Wurzeln ist unsere Losung, der Aufbau einer neuen Welt des Friedens und der Freiheit ist unser Ziel!" war für Walter Bartel nicht nur ein historisches Dokument, sondern Teil seines gelebten Lebens.

Am 15. September 1904 wurde der spätere Historiker, Geschichtspublizist und Universitätsprofessor als Sohn eines Dienstmädchens in Fürstenberg an der Havel geboren und wuchs nach der Heirat der Mutter mit fünf Stiefgeschwistern auf. Er nahm die kaufmännische Lehre in Berlin auf und war bereits mit 16 Jahren in der kommunistischen Jugendbewegung und seit 1923 in der KPD tätig. Im selben Jahr wurde er in Bayern, wo er seinen Lebensunterhalt als Buchhalter verdiente, in Schutzhaft genommen. Im Jahr 1927 leitete er die deutsche Delegation zum Internationalen Jugendtag in Moskau. Hier studierte er ab 1929 an der Internationalen Leninschule u. a. Geschichte und erhielt anschließend eine Aspirantur an der Akademie der Wissenschaften der UdSSR. 1932 nach Deutschland zurückgekehrt, wurde er am 26. März 1933 wegen „Vorbereitung zum Hochverrat" verhaftet und zu 27 Monaten Haftstrafe verurteilt, die er im Zuchthaus Brandenburg verbüßen musste. Vermutlich wegen einer von der Gestapo erpressten Unterschrift wurde er Ende Juni 1936 „wegen Feigheit" aus der KPD ausgeschlossen. Bartel emigrierte 1936 mit Frau und Kind in die ČSR und leistete auch hier, seiner politischen Überzeugung treu bleibend, illegale Parteiarbeit. Nach Einmarsch der deutschen Wehrmacht in die ČSR übergab ihn die tschechische Polizei der Gestapo. Erneut wurde er verhaftet und ohne Prozess am 17. Oktober 1939 in das KZ Buchenwald eingewiesen. Ein roter Winkel auf der Kleidung mit der darunter stehenden Nummer 3225 kennzeichnete ihn hier als politischen Häftling. Nachdem er im Lager nacheinander mehreren Arbeitskommandos zugeteilt war, arbeitete er zuletzt als Schreiber in der Arbeitsstatistik. Bartel wurde in Buchenwald Mitglied der illegalen Parteileitung der KPD und ab August 1942 ihr Leiter. Nach der Befreiung des Konzentrationslagers am 11. April 1945 wurde er zum Vorsitzenden des im Juli 1943 in Buchenwald illegal gebildeten Internationalen Lagerkomitees (ILK) gewählt.

Wieder im zivilen Leben, arbeitete Walter Bartel zunächst im Magistrat von Groß-Berlin am Neuaufbau der Volkshochschulen, bevor er von April 1946 bis Juli 1953 als persönlicher Referent des Vorsitzenden der KPD und späteren Präsidenten der DDR, Wilhelm Pieck, tätig war. Der politischen Situation der Zeit war es geschuldet, dass Bartel 1953 aus allen Parteifunktionen entfernt wurde und als Lektor in der Schule für soziale Berufe in Weimar oder an einer anderen Schule eingesetzt werden sollte. Er wandte sich jedoch der akademischen Laufbahn zu und schuf an der Leipziger Universität die erste Abteilung für Zeitgeschichte in Deutschland. Nach seiner Promotion 1957 über „Die Linken in der deutschen Sozialdemokratie im Kampf gegen Militarismus und Krieg" übernahm er im selben Jahr die Leitung des Deutschen Instituts für Zeitgeschichte in Berlin. 1962 arteten Auseinandersetzungen mit dem Vorsitzenden des Staatsrats der DDR, Walter Ulbricht, in eine erneute Kampagne gegen Bartel aus, der seines Amts enthoben wurde. Er blieb als Professor mit vollem Lehrauftrag für Neue und Neueste Geschichte an der Humboldt-Universität Berlin, arbeitete dort von 1966 bis 1968 als Prorektor für Studentenangelegenheiten und 1969 als Ordentlicher Professor für Geschichte der deutschen Arbeiterbewegung. Er bezeichnete sich selbst als „Zeit-Historiker", der sich als einer der ersten mit der Geschichte der DDR beschäftigt und mit Veröffentlichungen ausgewiesen hat. Besonders widmete er sich der Erforschung der Geschichte des Widerstandes gegen den

Walter Bartel, 1979

Faschismus und der Geschichte des KZ Buchenwald und seiner Außenlager. Walter Bartel regte viele Forschungsthemen an und befähigte seine Studenten zur Mitarbeit an der 1960 erschienenen Dokumentation „Buchenwald Mahnung und Verpflichtung". Mit Berichten ehemaliger Häftlinge und amtlichen Dokumenten wurde sie im Sinne ihres Initiators die erste KZ-Geschichte unter Beteiligung ehemaliger Häftlinge verschiedener europäischer Länder. Auf Tagungen und Konferenzen vertrat der Historiker von 1960 bis 1980 in vielen europäischen Ländern die DDR-Geschichtswissenschaft.

Bereits 1930 hatte Walter Bartel die damals mit Hakenkreuzfahnen beflaggte Stadt Weimar erlebt. Nach dem 11. April 1945 führte ihn sein Weg ungezählte Male zu nationalen und internationalen Gedenkveranstaltungen und Vorträgen auf den Ettersberg. Zum Jahrestag der Befreiung im April gründete sich 1952 in Weimar das Internationale Komitee Buchenwald-Dora und Kommandos (IKBD) und Bartel wurde auf Vorschlags eines Präsidenten Marcel Paul zum 1. Vizepräsidenten gewählt. Aufgrund eigenen Erlebens als KZ-Häftling hinter Stacheldraht vertrat der Historiker unbeirrt die Meinung von der Selbstbefreiung der Häftlinge am 11. April 1945 vor dem Eintreffen der III. US-Armee im Lager. Er beförderte 1971 den Aufbau und die Etablierung fundierter wissenschaftlicher Forschungsarbeit zur Geschichte des KZ Buchenwald und seiner Außenlager an der Gedenkstätte, wie sie heute dort erfolgreich und umfassend praktiziert wird; seit 1993 befindet sich der schriftliche Nachlass Bartels im Buchenwald-Archiv.

Aus Anlass seines 75. Geburtstages verlieh die Stadt Weimar Prof. Dr. Dr. h. c. Walter Bartel am 7. Oktober 1979 „Für seine großen Verdienste im antifaschistischen Widerstandskampf" das Ehrenbürgerrecht; die Urkunde wurde ihm am 17. Januar 1980 überreicht. 1984 malte Walter Womacka den „kleinen quirligen Mann", der „beim Modellsitzen sehr gehemmt wirkte ... Er hatte sich nicht vorstellen können, dass Porträts mehr sein können als die Bedienung von Eitelkeit und Schmeichelei".

Bartel starb am 16. Januar 1992 in Berlin. Der Präsident des Internationalen Komitees Buchenwald-Dora und Kommandos, der Franzose Dr. Pierre Durand, schrieb in einem Nachruf: „Walter Bartel ist ein Symbol des Mutes unserer deutschen Brüder, die sich als erste gegen die Nazi-Barbarei erhoben haben und von denen so viele für die Sache der Freiheit und der Menschenrechte gefallen sind."

Erich Kranz

Die gesellschaftlichen Veränderungen im Herbst 1989 sind in Weimar eng mit dem Namen von Erich Kranz verbunden. Deshalb hat die Stadtverordnetenversammlung auf ihrer Sitzung am 11. September 1991 beschlossen, „Herrn Pfarrer Erich Kranz das Ehrenbürgerrecht der Stadt Weimar zuzuerkennen. Mit diesem Beschluß will die Stadt sein unbeugsames und mutiges Eintreten für Menschenrechte und Toleranz sowie sein integratives Wirken für diese Werte würdigen". Weimars neuer Ehrenbürger bedankte sich am 3. Oktober 1991 auf einer Festveranstaltung im Deutschen Nationaltheater, nachdem ihm von Oberbürgermeister Dr. jur. Klaus Büttner die Ehrenbürgerurkunde mit folgenden Worten überreicht worden war: „Die Ereignisse der Wendezeit und der Nachfolgezeit bringen mir heute die Ehrenbürgerwürde. Aber an meiner Stelle könnten jetzt noch andere Frauen und Männer stehen. Was damals in jenen Tagen geschah, das kann nicht einer alleine machen, auch nicht zwei. Da bedarf es der Kraft vieler. Da bedarf es einer wunderbaren und großartigen Solidarität, die getragen ist von viel Vertrauen und tiefer, verbindender Menschlichkeit".

Am 19. März 1929 wurde Erich Kranz als Sohn eines Eisenbahners in Breslau (heute Wrocław, Polen) geboren. Er wuchs mit fünf Geschwistern auf, von denen die vier älteren Brüder auf den Schlachtfeldern des Zweiten Weltkrieges starben. Mit den Eltern und der Schwester musste er vor der herannahenden Kriegsfront die Heimat verlassen. Unter den Strapazen des strengen Winters erreichte die Familie das thüringische Gotha als Zufluchtsort und erlebte hier das Kriegsende. Der junge Erich Kranz trug mit Gelegenheitsarbeiten zum Lebensunterhalt der Familie bei, bevor er Arbeit im Bergbau der Wismut, einer Sowjetischen Aktien-Gesellschaft (SAG), fand. Im Jahre 1950 verurteilte ihn ein Sowjetisches Militärtribunal in Weimar wegen angeblicher Militärspionage zu 25 Jahren Zwangsarbeit. Er wurde ins Zuchthaus in Bautzen eingeliefert und das Urteil später auf 15 Jahre Haft reduziert. Kranz, der schon in seiner Jugend als unangepasst galt, musste jetzt bittere Lebenserfahrungen sammeln, die sich ganz besonders in seiner persönlichen Verantwortung gegenüber seinen Mitmenschen ausprägten. Um sich im „gelben Elend", wie das Zuchthaus genannt wurde, ein Stück des Lebens zu bewahren, sang er im Kirchenchor und wollte später Pfarrer werden. Deshalb verwunderte es nicht, dass Kranz nach seiner Haftentlassung am 5. Juni 1957 als Stipendiat der thüringischen Landeskirche am theologischen Seminar in Leipzig das Theologiestudium aufnahm und 1961 beendete. Er arbeitete seit 1962 als Landpfarrer in Umpferstedt und übernahm 1977 das Amt des Jugendpfarrers des Martin-Luther-Sprengels an der Weimarer Jakobskirche.

Wiederum unangepasst, riskierte Erich Kranz Konflikte gleichermaßen mit Kirche und Staat und setzte sich für einen friedens-pädagogischen Unterricht und für Toleranz ein – er wollte Prediger und Seelsorger seiner Gemeinde sein und ein Mann des Ausgleichs. Über die üblichen Amtsgeschäfte eines Pfarrers, wie kirchliche Jugendarbeit, hinaus, war er Ende der 1980er Jahre Mitinitiator von Friedensmeditationen und -gebeten. Unter Beteiligung von Kranz gründete sich am 4. Oktober 1989 unter dem Dach der Jakobskirche das Weimarer „Neue Forum" und der „Aufbruch '89". Im Dezember desselben Jahres wirkte Kranz an der Bildung eines unabhängigen Untersuchungsausschusses gegen Machtmissbrauch und Korruption mit, der in der Sakristei der Jakobskirche, in der Goethe und Christiane Vulpius am 19. Oktober 1806 getraut wurden, seine Sitzungen durchführte. Die Sakristei wurde zum zentralen Ort der Begegnung Andersdenkender, die sich unter dem alttestamentlichen Wort „Suchet der Stadt Bestes" im Herbst 1989 für einen gesellschaftlichen Aufbruch in Weimar erfolgreich engagierten.

Erich Kranz

Erich Kranz arbeitete seit Januar 1991 in der seelsorgerischen Gefangenenbetreuung in der Vollzugsanstalt in Weimar und unterstützte humanitäre Hilfstransporte nach Mostar in Bosnien. Aus gesundheitlichen Gründen nahm er im November 1994 von der Kanzel Abschied, aber sein Auftrag an die Zukunft blieb: „Suchet der Stadt Bestes". Mit den Worten: „Wenn wir als Personen und als Volk nicht wieder eine Mitte finden, wenn wir nicht wieder ein geistliches Zentrum finden, dann werden unsere Seelen in Äußerlichkeiten ersticken, dann wird unsere Gleichgültigkeit so groß, dass wir uns mit der Außenansicht bloßer Gegenwart begnügen müssen und keine Zukunft haben werden ..." bedankte er sich nach Erhalt der Ehrenbürgerwürde am 3. Oktober 1991.

Im Jahre 1998 rehabilitierte die Militärstaatsanwaltschaft der Russischen Föderation Pfarrer Erich Kranz für erlittenes Unrecht. Ihm verblieb nur noch wenig Lebenszeit. Er starb am 24. Februar 1999 in seinem Haus Schwanseestraße 17 und wurde unter großer Anteilnahme der Weimarer Bevölkerung auf dem Hauptfriedhof beigesetzt.

Jutta Hecker

Auf Beschluss des Stadtrates vom 12. Oktober 1994 wurde Dr. phil. Jutta Hecker, „der langjährigen verdienstvollen Chronistin und Schriftstellerin der Stadt Weimar in besonderer Anerkennung ihrer literarischen Tätigkeit und Verdienste um die lebendige Vermittlung des klassischen Erbes", am 13. Oktober 1994 die Urkunde über das Ehrenbürgerrecht durch Oberbürgermeister Dr. Volkhardt Germer im Sitzungssaal des Rathauses überreicht. „Ich habe berührt diese Feierstunde erlebt ... ich will mich bemühen, eine Ehrenbürgerin zu sein", mit diesen Worten bedankte sich die Hochbetagte, die an diesem Tag ihren 90. Geburtstag beging.

Jutta Hecker wurde am 13. Oktober 1904 als Tochter des Goethephilologen und Herausgebers Prof. Dr. phil. Max Hecker in Weimar geboren. Sie wuchs hier in der damaligen Junkerstraße 21 (heute Trierer Straße) mit ihren älteren Geschwistern Wolfgang und Irmgard auf. In ihrem Elternhaus begegnete sie frühzeitig der Goetheforschung in Gestalt des geschriebenen Wortes und der mit dem Vater arbeitenden Wissenschaftler. Aber beruflich wollte sie nicht in die Fußstapfen des Vaters treten. Sie fand den viel gerühmten Goetheschen „Faust" unverständlich und wandte sich von Weimar ab! Jutta Hecker studierte in München an der Universität Germanistik und Anglistik und promovierte „aus Opposition gegen die Klassik über die ‚Blaue Blume' der Romantik" zum Doktor der Philosophie. Im Jahre 1932 bereiste sie mit ihrem Vater Italien. Ihrer freien Mitarbeit am Goethe und Schiller-Archiv in Weimar bis 1935 schloss sie ein Pädagogikstudium in Jena an und telegrafierte am 4. Februar 1937 an den Vater: „assessor mit auszeichnung bestanden". Als Assessorin unterrichtete sie an einem Hamburger Gymnasium Deutsch und Englisch, arbeitete als Dozentin für Deutsch an der Hochschule

216 Jutta Hecker

Jutta Hecker, 1964

für Lehrerbildung in Schneidemühl (heute Piła, Polen) und baute danach in Honnef bei Bonn eine Lehrerbildungsanstalt auf. Sie sagte von sich: „Das Leben führte mich durch viele Katastrophen, durch persönliche Schicksalsschläge und durch Zeitumstände verursacht". Im Frühjahr 1945 kam Jutta Hecker nach Weimar zurück und die Altenburg, Jenaer Straße 3, in die der Vater gezogen war, wurde ihr Refugium.

Wie für die meisten Menschen, so musste es auch für Jutta Hecker im kriegszerstörten Weimar einen beruflichen Neuanfang geben. Sie verdiente ihren Lebensunterhalt als Hilfskraft im Handwerksbetrieb für Wohnungseinrichtung bei Walter Bosse mit der Reparatur von Möbeln aus Goethes Besitz. Sie begann, aus diesem Sujet kleine Geschichten zu schreiben und zu veröffentlichen und war seit 1954 als freischaffende Schriftstellerin tätig. Ihr erster Roman „Die Altenburg" erschien 1955 in Weimar und wurde ein großer Erfolg. In ihm stellte sie die Geschichte des Hauses, seiner Bewohner und seiner Gäste dar. Fast alljährlich schloss sich eine Neuerscheinung über Persönlichkeiten an, die die Weimarer Klassik prägten, wie der Philosoph und Dichter Christoph Martin Wieland 1958, der Mitarbeiter Goethes Johann Peter Eckermann 1961, die Schauspielerin Corona Schröter 1970 und mehrfach Johann Wolfgang von Goethe. Ihre Bücher waren eine „Liebeserklärung an Weimar und die großen Geister, die dort wirkten". Friedrich Schiller wie auch der Kunstwissenschaftler Johann Joachim Winckelmann und der Philologe Rudolf Steiner lebten ebenso unter ihrer Feder wieder auf. Ihre Bücher bildeten ein lebhaft wahrgenommenes Bindeglied zu den Goethekennern und Weimarfreunden ihres Lebensumfelds und darüber hinaus.

Letztmalig wurde am 3. Oktober 1990 der Literatur- und Kunstpreis der Stadt Weimar verliehen, den Oberbürgermeister Dr. Klaus Büttner der Schriftstellerin Jutta Hecker mit den Worten „Ich empfinde tiefe Freude, mit Ihnen den Tag der deutschen Einheit feiern zu dürfen" überreichte. Nach dem Tod des Vaters hatte Jutta Hecker dessen Bibliothek geerbt und sie mit ihren eigenen und den Büchern der Schwester vereinigt. Sie gab im September 1982 der damaligen Zentralbibliothek der deutschen Klassik (heute Herzogin Anna Amalia Bibliothek) einen Teil der Bücher ihres Vaters zur Aufbewahrung, da sie in die BRD übersiedeln wollte. Die Ausreise kam nicht zustande und die Bücher verblieben bis 1990 in der Bibliothek. Bevor Jutta Hecker 1994 altersbedingt in das Marie-Seebach-Stift zog, übergab sie einige persönliche Dokumente und die 5703 Titel umfassende „Jutta und Max-Hecker-Bibliothek" der Weimarer Stadtbücherei als Schenkung; seit 2010 hat sie ihren Standort im Stadtarchiv Weimar. Eine Autografensammlung kam am 29. September 1997 als Schenkung an das Goethe- und Schiller-Archiv.

Am 26. Juli 2002 verstarb Jutta Hecker; sie ruht in der Familiengrabstätte auf dem Historischen Friedhof.

Hans Eberhardt

Am 25. September 1908 erblickte Hans Eberhardt als Sohn eines Buchbinders und einer Schneiderin in Braunschweig das Licht der Welt. Er besuchte im thüringischen Sondershausen, wohin die Familie gezogen war, die Volksschule und das Gymnasium. Nach dem Abitur im Jahre 1927 studierte er in Jena und Leipzig Geschichte und Germanistik und promovierte 1931 über die Anfänge des Territorialfürstentums in Nordthüringen zum Doktor der Philosophie. Zunächst arbeitete Eberhardt als Lehrer an der höheren Privatschule in Gumpeda im südlichen Saaletal, bevor er ab dem 1. April 1938 im Thüringischen Staatsarchiv Weimar für den Beruf des Archivars ausgebildet wurde. Sein Ausbilder und Förderer war der Direktor des Staatsarchivs, Dr. Willy Flach. Nach der Abschlussprüfung im Jahr 1940 erhielt Eberhardt die Verantwortung für das Staatsarchiv Sondershausen und wurde ein Jahr später zum Archivrat ernannt.

1944 wurde Hans Eberhardt zur Wehrmacht eingezogen und kehrte nach mehrjähriger englischer Kriegsgefangenschaft in Ägypten im Mai 1948 nach Sondershausen zurück. Die Wiederaufnahme der archivarischen Tätigkeit wurde ihm zunächst wegen seiner Mitgliedschaft in der NSDAP 1937 als Beamter im Staatsdienst verwehrt. Er verdiente als Bauhilfsarbeiter im Rahmen der Durchführung der Bodenreform seinen Lebensunterhalt, bevor er auf Betreiben von Flach mit der Befürwortung von Prof. Dr. Friedrich Schneider und anderen am 1. Januar 1950 wieder in den thüringischen Archivdienst übernommen wurde. Entsprechend der Archivstruktur in der DDR leitete er jetzt von Weimar aus erneut die staatlichen Archive Sondershausen und Rudolstadt von 1952 bis 1966 sowie Altenburg von 1965 bis 1973. Im Januar 1958 trat Eberhardt die Nachfolge Flachs an, dessen Stellvertreter er seit 1951 war; ein Jahr später erfolgte seine Ernennung zum Direktor des Thüringischen Landeshauptarchivs Weimar (seit 1950, ab 1965 Staatsarchiv) mit den angeschlossenen Landesarchiven.

Sein wissenschaftliches Rüstzeug hatte der Archivar und Landeshistoriker Eberhardt vor allem seinen akademischen Lehrern in Jena, darunter dem Mediävisten und Danteforscher Friedrich Schneider, der selbst als Archivar in Greiz tätig war, zu danken. Unter Eberhardts Direktorat konnten die im Staatsarchiv Weimar tätigen Archivare die wissenschaftliche Tradition der Einrichtung fortsetzen. Er selbst legte in einem produktiven Forscherleben auf territorial-, verwaltungs-, kirchen-, stadt- und literaturgeschichtlichem Gebiet grundlegende wissenschaftliche Untersuchungen und bedeutende Veröffentlichungen vor, ohne den Zeitgeist zu bedienen. Für die Archivbenutzung und -auswertung waren die von ihm herausgegebenen und im Verlag Hermann Böhlaus Nachfolger von 1959 bis 1965 erschienenen Bestandsübersichten der Thüringer Landesarchive von großem Wert wie der Goetheforschung die Fortführung der Arbeit an Goethes Amtlichen Schriften sowie die 1951 veröffentliche Schrift „Goethes Umwelt. Forschungen zur gesellschaftlichen Struktur Thüringens".

In den 1930er Jahren hatte Willy Flach vergeblich die Erarbeitung einer zusammenhängenden Stadtgeschichte Weimars angestrebt. Aber erst im Jahre 1975 erschien die von neun Weimarer Wissenschaftlern erarbeitete „Geschichte der Stadt Weimar". Hans Eberhardt war einer der Autoren und stellte als Kenner der Frühgeschichte seine neuen Forschungsergebnisse im Kapitel „Die Anfänge und die ersten Jahrhunderte der Stadtentwicklung" dar. Seine dabei geäußerten Zweifel am Jahr 975 als der Ersterwähnung Weimars in einer Kaiserurkunde konnte er durch weiterführende Untersuchungen erhärten. Er gelangte 1992 zu der Erkenntnis, dass Weimar bereits im Jahre 899 als „Vvigmara" urkundlich erwähnt wurde. Deshalb konnten die Bürger im Kulturstadtjahr 1999 auch die 1100-jährige Ersterwähnung des Ortes begehen.

Hans Eberhardt, 1993

Nach seinem Ausscheiden aus dem Archivdienst 1973 engagierte sich Hans Eberhardt vielseitig in wissenschaftlichen Gremien in Thüringen und darüber hinaus. War er vor Ausbruch des Zweiten Weltkrieges bereits Mitglied der Thüringischen Historischen Kommission, so wurde er 1991 eines der Gründungsmitglieder der neuen Historischen Kommission für Thüringen. Die Weimarer erlebten ihn von 1975 bis zu seinem altersbedingten Ausscheiden 1986 als Redaktionsmitglied der Weimarer Schriften und als Vorsitzenden des Kreises der Freunde des Stadtmuseums. Hier hat er sich um die Vortragstätigkeit zu allen Wissenschaftsbereichen der Stadtgeschichte verdient gemacht und von insgesamt 52 Vorträgen 8 selbst gehalten. Anlässlich seines 85. Geburtstages verlieh ihm der 1993 neu gegründete Verein der Freunde und Förderer des Stadtmuseums e.V. die Ehrenmitgliedschaft. 1994 wurde der Landeshistoriker Dr. phil. Hans Eberhardt für sein wissenschaftliches Lebenswerk mit dem Verdienstkreuz am Bande des Verdienstordens der Bundesrepublik Deutschland ausgezeichnet. Die Stadt Weimar ernannte am 16. September 1998 „... den unermüdlichen Forscher und Archivar ... in besonderer Anerkennung seines wissenschaftlichen Lebenswerkes zum Ehrenbürger." Die von Oberbürgermeister Dr. Volkhardt Germer unterschriebene Ehrenbürgerurkunde wurde Eberhardt am 4. November im großen Sitzungssaal des Rathauses überreicht.

Das Goethe-Wort aus dem Jahre 1817 „Ältestes bewahrt mit Treue, freundlich aufgefasstes Neue" kennzeichnete den Berufsweg des Thüringer Archivars, dessen Leben sich in seinem Haus Rosenweg 7 nach schwerer Krankheit vollendete. „Mit Hans Eberhardts Tod am 21. November 1999 ging eine Ära zu Ende. Als Nestor der Archivare und Landeshistoriker Thüringens verstarb er nach einem erfüllten Arbeits- und Forscherleben ...", schrieb 2001 der Direktor des Thüringischen Hauptstaatsarchivs Weimar Dr. Volker Wahl.

Helmut Schröer

Ein besonderes Kapitel im Leben Helmut Schröers stellt die Geschichte der deutsch-deutschen, von Trier initiierten Städtepartnerschaft zwischen dem in Nordrhein-Westfalen gelegenen Trier und dem thüringischen Weimar dar. Der Weg bis zur lebendigen, von den Einwohnern getragenen Partnerschaft war steinig. Ihr gingen Besuche offizieller Delegationen im November 1986 mit dem 1. Stellvertreter des Oberbürgermeisters Karl-Heinz Dennhardt in Trier und mit dessen Oberbürgermeister Felix Zimmermann im Mai 1987 in Weimar voraus, bevor am 24. Mai 1987 eine Städtepartnerschaft mit Trier im Weimarer Stadtschloss von Zimmermann und Oberbürgermeister Prof. Dr.-Ing. habil. Gerhard Baumgärtel unterzeichnet wurde. In Festakten am 5. September in Trier und am 18. September 1987 im Deutschen Nationaltheater erfolgte die Vertragsratifizierung einer der ersten deutsch-deutschen Städtepartnerschaften überhaupt – „Mitinitiatoren" waren zwei große Deutsche, der Philosoph Karl Marx auf der einen und der Dichter Johann Wolfgang von Goethe auf der anderen Seite.

Hatte sich die Städtepartnerschaft mit der Einheit Deutschlands am 3. Oktober 1990 gar erledigt? Als am 19. Oktober 1990 die Erklärung der Vertragsparteien zu ihrer Fortführung erfolgte, hatten die Bürger beider Städte sie bereits mit Leben erfüllt. Am 24. November 1989 haben etwa 600 Weimarer den Weihnachtsmarkt in der Stadt an der Mosel besucht – insgesamt waren es an zwei Wochenenden 1600 Weimarer –, und am 17. März 1990 erwiderten 500 Gäste aus Trier den Besuch in Weimar. Zur Herstellung engerer Kontakte gründeten sich am 26. März 1990 in Trier die Weimar-Gesellschaft und am 12. März 1991 die Trier-Gesellschaft Weimar e.V., deren Ehrenmitglied Helmut Schröer heute ist. Neben den von der Stadt organisierten Bürgerreisen

1997 und 2001 nach Trier fand im Kulturstadtjahr 1999 eine europäische Bürgerbegegnung mit der Verabschiedung der Weimarer Erklärung am 17. Mai 1999 zur gemeinsamen Verantwortung für ein zusammenwachsendes Europa statt. Am 8. November 1999 schrieb Weimars Oberbürgermeister Dr. Volkhardt Germer an seinen Trierer Amtskollegen: „Die bewegenden Begegnungen der Jahre 1989 und 1990 waren der Ausgangspunkt für eine echte Städtepartnerschaft, die inzwischen von den Bürgerinnen und Bürgern in Trier und Weimar getragen wird".

Helmut Schröer weilte im Jahre 1987 zum ersten Mal in Weimar und kam im April 1988 mit einer kleinen Gruppe Trierer Bürger zur Fortsetzung des Friedensseminars in die Stadt an der Ilm. Er hat sowohl maßgeblich zur Gestaltung des städtepartnerschaftlichen Vertragstextes beigetragen, als auch bei seinen nachfolgenden Aufenthalten in Weimar neben den offiziellen die privaten Kontakte gesucht und gefunden. Als Oberbürgermeister der Stadt Trier beförderte er seit der Beseitigung der innerdeutschen Grenze eine umfangreiche kommunalpolitische Hilfe für Weimar. Es galt die Umstrukturierung von der Plan- zur Marktwirtschaft durchzuführen und eine kommunale Selbstverwaltung zu schaffen. Darüber hinaus wurden beispielsweise die Schulen, der Sport, das Krankenhaus und die Wirtschaft unterstützt; die Stadtwerke und die Müllabfuhr erhielten modernere Verkehrsmittel und technisches Gerät, womit sie spürbar ihre Dienstleistungen verbessern konnten.

Der Stadtrat von Weimar hat am 18. Juli 2007 beschlossen, den CDU-Politiker und Oberbürgermeister a. D. Helmut Schröer aus Trier „in besonderer Anerkennung seiner Verdienste um die innerdeutsche Partnerschaft in den Jahren vor der Wende und seiner beispielhaften Unterstützung beim Aufbau demokratischer Strukturen und der Zivilgesellschaft zum Ehrenbürger der Stadt Weimar zu ernennen". Im 20. Jahr der Städtepartnerschaft verlieh Oberbürgermeister Stefan Wolf auf einer Festveranstaltung im Deutschen Nationaltheater am 3. Oktober 2007, dem Jahrestag

Helmut Schröer

der deutschen Einheit, Helmut Schröer die Ehrenbürgerschaft der Stadt Weimar. Die Laudatio hielt der frühere Oberbürgermeister Dr. Germer, der Schröers Anteil „am Entstehen, am Wachsen, an der Vielfalt, der Lebendigkeit und Herzlichkeit dieser Städteverbindung" hervorhob. „Diese Freundschaft ist zu einer Sache der Bürger geworden, nicht zuletzt deshalb, weil Sie immer Motor waren und es verstanden haben, Menschen auf diesem Weg mitzunehmen." In seiner Dankesrede bezeugte Schröer mit emotionaler Bewegung seine Überraschung und seine Freude über die Auszeichnung und nannte Weimar einen wichtigen Teil seines Lebens. Und an anderer Stelle: „Ich bin froh, auch im Rahmen der Städtepartnerschaft zwischen Trier und Weimar ein entscheidendes Stück deutsch-deutscher Geschichte miterlebt und im kommunalen Bereich mitgestaltet zu haben".

Helmut Schröer entstammt einer Arbeiterfamilie und wurde am 23. November 1942 in Köln geboren. Von 1962 bis 1967 studierte er Wirtschaftswissenschaften und Germanistik in Köln, wobei er das Studium teilweise selbst finanzierte. Bereits während des Studiums hatte er Kontakt zur Politik gefunden und sich speziell von dem wirtschaftspolitischen Konzept der sozialen Marktwirtschaft überzeugen lassen, die Bundeskanzler Ludwig Erhard als vormaliger Wirtschaftsminister vertrat. Nach Ablegung der Diplomprüfung für Handelslehrer und anschließendem Studienreferendariat, arbeitete Schröer als engagierter Lehrer an den Berufsbildenden Schulen für Wirtschaft in Trier, Deutschlands ältester Stadt. Seine Erfolge in der Schulpolitik korrespondierten mit denen in der Politik. Mitte der 1960er Jahre trat er in die CDU ein und übte für die Partei Wahlfunktionen aus. Er wurde 1974 in den Stadtrat von Trier und 1977 zum stellvertretenden Fraktionsvorsitzenden seiner Partei gewählt.

Mit seiner Wahl zum Beigeordneten des neu gebildeten Wirtschaftsdezernats der Stadt Trier wechselte der 34-jährige Studiendirektor im Juni 1977 in die Kommunalpolitik. Der ausgewiesene Wirtschaftsexperte übte ab August 1987 das Amt des

Überreichung der Ehrenbürgerurkunde durch Oberbürgermeister Stefan Wolf an Helmut Schröer, 3. Oktober 2007

Bürgermeisters aus. Er wurde im Juli 1988 mit absoluter Mehrheit auf zehn Jahre zum Oberbürgermeister der 2000-jährigen Stadt gewählt und trat am 1. April 1989 sein Amt an. Eine zweite Amtsperiode begann durch Direktwahl am 1. April 1999. Bis zu seinem Ausscheiden als Oberbürgermeister am 31. März 2007 hat er insgesamt 30 Jahre lang an der Gestaltung der Kommunalpolitik und besonders an der Profilierung Triers als europäische Stadt über die Landesgrenze hinaus gewirkt; hohe Auszeichnungen auch aus Frankreich und aus Luxemburg sprechen für seine Verdienste. Bei seiner Verabschiedung aus dem Amt resümierte der Trierer: „Ich war der geborene Kommunalpolitiker und suchte den Kontakt mit den Menschen." Heute vermittelt Helmut Schröer sein Fachwissen den Studenten in Lehrveranstaltungen an der Universität Trier.

Bertrand Herz

„Am 10. April gegen 10 Uhr abends traf ein erschöpfter, knapp 15-jähriger Junge nach einem zehntägigen Evakuierungsmarsch von Niederorschel in dem Lager Buchenwald ein" – Bertrand Herz. Er wurde am 24. April 1930 in Paris als Sohn eines patriotisch gesinnten Ingenieurs geboren, der zwischen den beiden Weltkriegen maßgeblich an der Elektrifizierung des städtischen Transportwesens gearbeitet hat und dafür 1934 als Ritter der Ehrenlegion ausgezeichnet wurde. Seit 1932 lebte die Familie in dem Pariser Vorort Le Vesinet. Bertrand besuchte das Gymnasium, lernte Deutsch, Latein und später Altgriechisch. Er war ein guter Schüler und wollte wie der dynamische Vater ebenfalls Ingenieur werden.

Das Schicksal hatte es für ihn anders bestimmt. Während seine Schwester und sein Bruder bereits im Juli Paris verlassen hatten, floh er mit den Eltern am 1. Oktober 1942 in die zu dieser Zeit noch deutschfreie Stadt Toulouse im Departement Haute-Garonne. Die Familie versuchte dort, ein normales Leben zu führen, aber schon am 11. November 1942 wurde die Stadt von der deutschen Wehrmacht besetzt und die Verhaftungen von Juden begannen auch hier. Am 5. Juli 1944 drang die Gestapo in die Wohnung der Familie Herz ein, verhaftete Bertrand und seine Eltern und internierte sie in der Kaserne Gaffarelli in Toulouse, wo sich die ältere Schwester bereits befand. Der gerade Vierzehnjährige und seine Familie mussten als politische Häftlinge am 30. Juli die beschwerliche, von Durst und Hunger begleitete Deportation im Viehwaggon ins Ungewisse antreten.

Am 6. August erreichten sie das KZ Buchenwald. Bertrand konnte sich nicht von seiner Mutter verabschieden und sollte sie nie wieder sehen. Namenlos unter der Häftlingsnummer 69592 kampierte er mit dem Vater unter menschenunwürdigen

Bedingungen als einziges Kind im „Invalidenblock" 61. Es war ein ehemaliger, jetzt mit Häftlingen überfüllter Pferdestall im zusätzlich mit Stacheldraht umgebenen Kleinen Lager.

Am 23. Dezember kamen Bertrand Herz und sein Vater in das am 6. September an der thüringisch-hessischen Grenze gegründete Außenkommando Niederorschel. Gemeinsam mit etwa 500 weiteren Häftlingen musste der Junge für die Langenwerke AG 12 Stunden am Tag, manchmal auch 15 und Sonntags 6 Stunden an der Montage von Junkersflugzeugen arbeiten. Er litt Hunger, und eitrige Wunden bedeckten seinen Körper. Als sein Vater Willy Herz am 27. Januar 1945 im Alter von 61 Jahren vor Erschöpfung an der Ruhr starb, stand der Junge hilflos einer Welt des Grauens gegenüber. Ein französischer Häftlingsarzt und besonders ein politischer deutscher Häftling, der Kapo Otto Herrmann, nahmen sich seiner an. Dass seine Mutter Louise am 29. Dezember 1944 im Alter von 51 Jahren im KZ Ravensbrück verstorben war und die Schwester vom Schwedischen Roten Kreuz am 23. April 1945 aus Ravensbrück befreit wurde, erfuhr Bertrand erst nach seiner eigenen Befreiung.

Am 1. April 1945 wurde das Lager Niederorschel vor den nahenden Alliierten evakuiert, was für viele völlig entkräftete Häftlinge ein Marsch in den Tod bedeutete. „Wir gehen zu Fuß. Wir laufen 15 Stunden lang ... Ich habe noch immer meine Holzlatschen an den Füßen, es ist kalt, und ich habe wenig anzuziehen", beschreibt Bertrand später den Weg zurück ins KZ Buchenwald, wo er am Abend des 10. April ankam und einen Tag später die Befreiung erlebte; am 29. April 1945 kehrte er nach Paris zurück.

Zunächst allein auf sich gestellt, galt es für Bertrand, ein Trauma zu überwinden und einen Weg ins Leben zu finden. 1948 legte er ein naturwissenschaftliches Abitur ab und nahm ein Vorbereitungsstudium zum Besuch der Ecole polytechnique auf. Er verließ 1955 die beste Ingenieurschule Frankreichs mit dem Abschluss als Marinekommissar. Nach einem weiteren zweijährigen Studium in Toulon spezialisierte sich Bertrand

Bertrand Herz zur Gedenkveranstaltung in Buchenwald

Herz zum Informatiker. In diesem Beruf arbeitete er seit 1960 in der Privatwirtschaft und übernahm in einer Versicherungs- und einer Industriegesellschaft verschiedene beratende oder leitende Aufgaben. Von 1985 bis 1994 hat er am Technischen Institut der Sorbonne als Lehrbeauftragter der Informatikabteilung Studenten und Angestellte aus- und weitergebildet.

Im Jahre 1993 führte der Weg Bertrand Herz zum ersten Mal wieder auf den Ettersberg, den er 1945 als einer der jüngsten Überlebenden des KZ voller Sorge um die Zukunft und mit einem vor „Bitterkeit und Groll" schweren Herzen verlassen hatte. 1997 wurde er zum Generalsekretär der Association Française Buchenwald-Dora et Kommandos gewählt. Seit April 2000 war er Vizepräsident und seit April 2001 ist er Präsident des Internationalen Komitees Buchenwald-Dora und Kommandos

(IKBD). In dieser Funktion unterzeichnete er gemeinsam mit Oberbürgermeister Stefan Wolf am 14. Juli 2007 in Anwesenheit von 15 Mitgliedern des IKBD stellvertretend für die Überlebenden des KZ Buchenwald im Weimarer Rathaus die „Weimarer Erklärung" als ein Vermächtnis aller Buchenwalder. Es nimmt die Stadt Weimar in die Pflicht gegen das Vergessen: „Erinnerung leben und Verantwortung übernehmen."

Die Begegnung mit dem Präsidenten der Vereinigten Staaten von Amerika, Barack Obama, am 5. Juni 2009 in der Gedenkstätte Buchenwald und speziell an der Stelle des ehemaligen Kleinen Lagers ist von besonderer Nachhaltigkeit für Herz in seinem Bemühen gegen Rassismus und Menschenverachtung.

„Der Stadtrat hat am 25. März 2009 beschlossen, Herrn Bertrand Herz, den Präsidenten des Internationalen Komitees Buchenwald-Dora und Kommandos, stellvertretend für alle ehemaligen Buchenwald-Häftlinge, in besonderer Anerkennung seiner Verdienste um Erinnerung und Versöhnung zum Ehrenbürger der Stadt Weimar zu ernennen", heißt es in der Ehrenbürgerurkunde. Als ihm Oberbürgermeister Stefan Wolf diese am 3. Oktober 2009 in einer feierlichen, öffentlichen Stadtratsitzung im Deutschen Nationaltheater überreichte, dankte Bertrand Herz in Anwesenheit seiner Familie tief bewegt der Stadt Weimar als Sachwalterin des Buchenwald-Vermächtnisses und sagte: „Wir müssen uns der Bedrohung der elementaren Menschenrechte widersetzen und dürfen keinesfalls den Verlockungen des Populismus oder von Ideologien erliegen, die die Ausgrenzung Einzelner zum Ziel haben."

Am 10. April 2010, dem Vorabend des Jahrestages der Befreiung des KZ Buchenwald, zeichnete die Ministerpräsidentin des Freistaates Thüringen, Christine Lieberknecht, Herz mit der Thüringer Verdienstmedaille aus. Der französische Staatspräsident Nicolas Sarkozy würdigte die Verdienste von Bertrand Herz am 12. April 2011 und überreichte ihm den Orden „Chevalier de la Légion d'Honneur".

Ottomar Rothmann
Aus der Laudatio vom 3. Oktober 2011

Ottomar Rothmann wurde am 6. Dezember 1921 als Sohn eines Angestellten in Magdeburg geboren. Hier wuchs er als jüngstes Kind einer sozialdemokratisch orientierten Familie mit fünf Brüdern und einer Schwester auf. Er besuchte die Volks- und Berufsschule und erlernte den Beruf eines Einzel- und Großhandelskaufmanns in einem Unternehmen für Nahrungs- und Genussmittel, in dem er von seinem Betrieb sehr gefördert wurde.

Die Nazidiktatur veränderte von Anbeginn sein Leben. Sein Bruder Waldfried wurde 1933 verhaftet und in ein SA-Lager eingewiesen; sein anderer Bruder Kurt wurde 1935 zu zwei Jahren Gefängnis verurteilt. Sein Vater, ein aktiver Sozialdemokrat, der von den Nazis als „nicht-arisch" klassifiziert wurde, kam in Auschwitz ums Leben. Während des Novemberpogroms 1938 erlebte Ottomar Rothmann in Magdeburg die brennende Synagoge und die Verfolgung von jüdischen Mitbürgern durch die Nazis. Der parteilose Rothmann wurde so zu einem erbitterter Gegner des Nationalsozialismus. 1942 begann er mit eigenen Widerstandsaktivitäten, klebte während der Verdunkelungszeiten selbst gefertigte Handzettel an Wände und Zäune, in denen er die Menschen gegen Hitler und den Krieg aufrief. Daraufhin verhaftete die Polizei ihn am 30. Januar 1943 wegen „Gefährdung der öffentlichen Sicherheit" und überlieferte ihn der Gestapo. Über Aufenthalte in Gerichts-, Polizei- und Gestapogefängnissen wurde er in das Zuchthaus Halle eingeliefert. Er verbrachte dort sechs Monate in Untersuchungshaft, bevor sich – ohne dass er rechtskräftig verurteilt wurde – das Lagertor des KZ Buchenwald hinter ihm schloss.

Mit dem roten Winkel des politischen Häftlings und der Häftlingsnummer 6028 auf der Kleidung kam der erst Einundzwanzigjährige als Neuzugang in den mit Stacheldraht gesondert eingezäunten Quarantäne- und Zugangsblock 17. Der Blockschreiber Otto Storch, ein Kommunist, der schon seit 1933 in Haft war und der auf Grund seiner menschlichen Größe für Rothmann zum Vorbild und väterlichen Freund wurde, behielt den Neuankömmling im Auge und betreute ihn nach einigen Zuverlässigkeitsprüfungen ebenfalls mit der Aufgabe des Schreibers. Damit war Ottomar Rothmann von der illegalen Häftlingsorganisation aufgenommen worden. Ihm oblag die Registrierung der zum Block gehörenden Häftlinge nach Häftlingsnummer, Name und Nationalität. Unter der Ägide seines späteren Blockältesten Storch sorgte Rothmann auf äußerst vielfältige Weise für eine Verbesserung der Lebenssituation der Mithäftlinge. So setzten er und ein deutscher Häftlingsarzt beispielsweise Jugendliche auf Arbeitslisten, um sie auf diese Weise vor Vernichtungstransporten nach Auschwitz zu bewahren. Jüdische Häftlinge rettete er in den letzten Tagen vor der Befreiung vor ihrer Liquidierung, indem er im Blockbuch die Bezeichnung „Jude" durch ihre jeweilige Nationalität ersetzte. Er schmuggelte Lebensmittel aus der Truppenküche ins Lager und fand Möglichkeiten, Post an die ausländischen Häftlinge weiterzuleiten. Unter Lebensgefahr rettete er seinem Kameraden Hans Neumeister das Leben. Dieser musste als Kapo der Schreibstube – nach seiner Verurteilung als Mitglied des lagerinternen Widerstandskomitees – seit dem 6. April 1945 im Lager vor der SS verborgen werden. Rothmann versorgte ihn bis zur Befreiung heimlich mit Lebensmitteln. Er selbst erkrankte auf Grund der verheerenden Lagerverhältnisse im Jahre 1943 an einer offenen Lungentuberkulose, die sein künftiges Leben überschatten sollte.

Im Januar 1945 wurde Rothmann im Lager in die illegale KPD aufgenommen. Gemeinsam mit einem seiner Brüder, der auch in Buchenwald inhaftiert war, erlebte er am 11. April 1945 den Tag der Freiheit. Am 19. April 1945 leistete Ottomar Rothmann mit 21 000 Überlebenden auf dem Appellplatz des KZ Buchenwald den Schwur „Nie wieder Faschismus, nie wieder Krieg". Dieser wurde zu seiner künftigen Lebensmaxime. Ab dem 16. Mai 1945 lebte er in Weimar, das er zu seinem Wohnort wählte. Er nahm mit Gleichgesinnten im „Anti-Nazi-Komitee" sofort die politische Arbeit zur Beseitigung der Kriegsfolgen und zur Schaffung von antifaschistisch-demokratischen Verhältnissen auf. Seinen beruflichen, von der Lungenkrankheit unterbro-

Ottomar Rothmann, 2011

chenen Weg, ging er seit 1946 als leitender Angestellter bei der Kriminalpolizei, im Landesamt für Land- und Forstwirtschaft, in verschiedenen Thüringer Ministerien und bei der Deutschen Notenbank. Im Jahre 1953 arbeitete Rothmann als Direktor der Deutschen Handelszentrale „Lebensmittel" in Erfurt und wurde 1960 Vorstandsmitglied im Konsumgenossenschaftsverband des Bezirksverbands Erfurt.

1947 heiratete Ottomar Rothmann; der Ehe entstammen zwei Söhne. Die Familie wohnte lange in der Florian-Geyer-Straße 1 (heute Jean-Sibelius-Straße) und zog nach Fertigstellung des Wohngebiets in den Dichterweg 28.

Knapp dreißig Jahre nach der Befreiung kehrte Ottomar Rothmann im Jahre 1974 als stellvertretender Direktor von Klaus Trostorff, der wie er einst politischer Häftling im KZ Buchenwald war, auf den Ettersberg zurück. Unter seiner Leitung bis zur Berentung 1986, gewann die pädagogische Arbeit der Gedenkstätte unter anderem durch eine historisch-wissenschaftliche Qualifizierung der Mitarbeiter an Bedeutung. Er selbst führte Einzel- und Gruppenbesucher an die Erinnerungsorte des ehemaligen Lagers. Unermüdlich und überzeugend berichtet Rothmann auch im hohen Alter als Zeitzeuge den in- und ausländischen Besuchern der Gedenkstätte aus eigenem Erleben über die menschenverachtende Schreckensherrschaft der SS im Lager, aber vor allem auch über die unter den Häftlingen geübte internationale Solidarität im Überlebenskampf. Sein Mitwirken im Verband der Verfolgten des Nationalsozialismus und im Häftlingsbeirat KZ Buchenwald der Stiftung Gedenkstätten Buchenwald und Mittelbau-Dora ist geprägt von der Forderung „Das darf sich niemals wiederholen!"

Ottomar Rothmann ist der letzte in Weimar lebende ehemalige Häftling des faschistischen Konzentrationslagers Buchenwald. Für sein Engagement gegen Rassenhass und Völkermord ernannte ihn die Stadt Weimar am 3. Oktober 2011 anlässlich seines 90. Geburtstages zu ihrem Ehrenbürger.

Liste der Ehrenbürger

1814 Geismar, Friedrich Caspar von
1824 Falk, Johannes Daniel
1825 Goethe, Julius August Walther von
1839 Fritsch, Carl Wilhelm von
1842 Zunkel, Johann Gottfried
1848 Horn, Carl Friedrich
1857 Parry, James Patrick von
1857 Rietschel, Ernst
1857 Gasser, Hanns
1857 Miller, Ferdinand von
1857 Schaller, Ludwig
1860 Liszt, Franz
1865 Schwerdgeburth, Carl August
1866 Bock, Wilhelm
1867 Töpfer, Gottlob
1868 Watzdorf, Christian Bernhard von
1869 Preller, Friedrich d. Ä.
1874 Fries, Hugo
1875 Donndorf, Adolf
1876 Thon, Gustav
1878 Härtel, Robert
1895 Bismarck, Otto von
1902 Schwabe, Bruno
1910 Döllstädt, Louis
1917 Hindenburg, Paul
1917 Heller, Wilhelm
1925 Strauss, Richard
1925 Lienhard, Friedrich
1926 Scheidemantel, Eduard
1930 Donndorf, Martin
1937 Erler, Otto
1937 Mueller, Walther Felix
1944 Kippenberg, Anton
1944 Schultze-Naumburg, Paul
1946 Paul, Rudolf
1949 Mann, Thomas
1949 Lilienfein, Heinrich
1952 Frölich, August
1953 Abendroth, Hermann
1958 Manhès, Henri

1959 Fürnberg, Louis
1961 Apitz, Bruno
1965 Kolesnitschenko, Iwan Sosonowitsch
1973 Steidle, Luitpold
1979 Bartel, Walter
1991 Kranz, Erich
1994 Hecker, Jutta
1998 Eberhardt, Hans
2007 Schröer, Helmut
2009 Herz, Bertrand
2011 Rothmann, Ottomar

Wohnorte der Ehrenbürger in Weimar

Abendroth, Hermann – Stresemannstraße 14 (Jahnstraße)
Apitz, Bruno – Hotel „Erbprinz" (abgerissen)
Bartel, Walter – Hotel „Elephant"
Bock, Wilhelm – Kurthstraße 16 (Bauhausstraße)
Döllstädt, Louis – Geleitstraße 4, Karlstraße 5 (Kontor)
Donndorf, Adolf – Beim Palais (Rittergasse 5)
Donndorf, Martin – Belvederer Allee 9, Luisenstraße 19 (Humboldtstraße)
Eberhardt, Hans – Rosenweg 7
Erler, Otto – Johann-Albrecht-Straße 15 (Kantstraße)
Falk, Johannes Daniel – Lutherhof
Fries, Hugo – Fürstenplatz 3 (Platz der Demokratie)
Fritsch, Carl Wilhelm von – Innere Erfurter Straße 8 (Heinrich-Heine-Straße)
Frölich, August – Am Schönblick 4
Fürnberg, Louis – Rainer-Maria-Rilke-Straße 17
Goethe, Julius August Walther von – Haus am Frauenplan
Hecker, Jutta – Altenburg in der Jenaer Straße 3, Marie-Seebach-Stift in der Tiefurter Allee
Heller, Wilhelm – Schillerstraße 8
Hindenburg, Paul – Marienstraße 13
Horn, Carl Friedrich – Hinter der Kirche E 20 (gem. Herderkirche)
Kippenberg, Anton – zeitweise Pogwischhaus im Park an der Ilm
Kolesnitschenko, Iwan Sosonowitsch – Carl-Alexander-Allee 8 (Freiherr-vom-Stein-Allee)
Kranz, Erich – Schwanseestraße 17
Lienhard, Friedrich – Carl-Alexander-Allee 4 (Freiherr-vom-Stein-Allee)
Lilienfein, Heinrich – Kurthstraße 4 (Bauhausstraße)
Liszt, Franz, – Altenburg in der Jenaer Straße 3, Hofgärtnerei in der Marienstraße 17
Mann, Thomas – Hotel „Augusta", Hotel "Elephant"
Mueller, Walther Felix – Marienstraße 11
Parry, James Patrick von – Deinhardtgasse G 72 (Brauhausgasse, alte Hausnummerierung)
Preller, Friedrich d. Ä. – Marienstraße 5, Belvederer Allee 8
Rothmann, Ottomar – Dichterweg 28
Scheidemantel, Eduard – Wildenbruchstraße 18 (Jahnstraße)
Schultze-Naumburg, Paul – Belvederer Allee 19
Schwabe, Bruno – Am Horn 19
Schwerdgeburth, Carl August – Windischengasse 16 (Windischenstraße)
Steidle, Luitpold – Wilhelm-Bode-Straße 8 und 29
Strauss, Richard – Erfurter Straße 19
Thon, Gustav – Ackerwand 13
Töpfer, Gottlob – unterhalb des Viadukts (abgerissen)
Watzdorf, Christian Bernhard von – Marienstraße 90 (alte Hausnummerierung)
Zunkel, Johann Gottfried – Hinter der Kirche E 20 (gem. Herderkirche)

Personenregister

Die Namen der Ehrenbürger sind hervorgehoben

Abendroth, Hermann (1883–1956) 180–184, 201
Adenauer, Konrad (1876–1967) 180
Ahna, Pauline de (1864–1950) 125f.
Aich, Priska (1887–1943) 128
Albert, Eugen d' (1864–1932) 61, 170
Alexander I.; Zar von Russland (1777–1825) 18f.
Anna Amalia; Herzoginwitwe von Sachsen-Weimar-Eisenach (1739–1807) 33, 37, 218
Apitz, Bruno (1900–1979) 195–198

Bartel, Walter (1904–1992) 207–210
Bartels, Adolf (1862–1945) 14, 130f., 144, 147
Bebel, August (1840–1913) 176
Beethoven, Ludwig van (1770–1827) 180, 182
Behr, Fritz (1881–1974) 151
Bernhard (erw. 1867) 97
Bertuch, Friedrich Justin (1747–1822) 26, 63, 66
Beust, von (Familie) 37
Beyer-Held, Ella (1884–1967) 122
Bismarck, Otto Fürst von (1815–1898) 12, 14f., 91, **101–106**, 138
Bock, Wilhelm (1815–1888) 15, 44, 51, 60, **68–72**, 86
Bosse, Walter (1908–2005) 217
Brahms, Johannes (1833–1897) 182
Brill, Hermann Louis (1895–1959) 160
Brod, Max (1884–1968) 189
Bruckner, Anton (1824–1896) 182
Buchterkirchen, Hermann (1906–1983) 155, 165, 179
Bülow, Hans von (1830–1894) 61, 125
Büttner, Klaus (geb. 1949) 211, 217

Carl Alexander; Großherzog von Sachsen-Weimar-Eisenach (1818–1901) 10, 45, 58, 61, 80, 83, 94, 97, 131, 202
Carl August; Großherzog von Sachsen-Weimar-Eisenach (1759–1828) 17, 19, 22, 26, 31, 33, 45, 50, 82, 90
Carl Friedrich; Großherzog von Sachsen-Weimar-Eisenach (1783–1853) 35, 68, 97
Carossa, Hans (1878–1956) 155
Chamisso, Adalbert von (1781–1838) 48
Cornelius, Peter (1783–1867) 60

Dennhardt, Karl-Heinz (geb. 1930) 223
Destouches, Franz Seraph von (1772–1844) 73
Döllstädt, Ernst Christian Louis (erw. 1843) 111
Döllstädt Friedericke (1845–1918) 111, 115
Döllstädt, Louis (1843–1912) 92, **111–115**
Donndorf, Adolf von (1835–1916) 82, 84f., **89–93**, 104, 139
Donndorf, Adolph 89, 139
Donndorf, Karl August von (1870–1941) 90
Donndorf, Martin (1862–1945) 6, 15, 90, 104, 114, 122, **139–143**
Dorfner, Otto (1885–1955) 15, 134, 138, 144, 154, 163, 165, 175
Durand, Pierre (1923–2002) 210

Eberhardt, Hans (1908–1999) 219–222
Ebert, Friedrich (1871–1925) 124
Eckermann, Johann Peter (1792–1854) 27, 217
Eggerath, Werner (1900–1977) 163
Egloffstein (Familie) 45
Erhard, Ludwig (1897–1977) 226
Elster, Gottlieb (1867–1917) 25
Engelmann, Richard (1868–1966) 133
Erdmannsdörfer, Bernhard (1833–1901) 170
Erler, Otto (1872–1943) 14, **144–147**
Ernst, Paul (1866–1933) 131
Eylenstein, Friedrich Adam (1757–1830) 73

Falk, Caroline (1780–1841) 21
Falk, Johannes (1768–1826) 10, **21–25**, 42, 137
Faust, Otto (1897–1955) 100, 162
Feininger, Lyonel (1871–1956) 133
Feodora; Großherzogin von Sachsen-Weimar-Eisenach (1890–1972) 143
Flach, Willy (1903–1958) 219f.
Fontane, Theodor (1819–1898) 172
Frick, Wilhelm (1877–1946) 12f., 158f.
Friedrich August d. Gerechte (1750–1827) 48
Fries, Hugo (1818–1889) 15, 75, **86–88**, 99

Fries, Jakob Friedrich (1773–1843) 100
Fritsch, Carl Wilhelm von (1769–1851) 11, 30, **33–36**, 76
Fritsch, Jakob Friedrich von (1731–1814) 33
Frölich, August (1877–1966) 176–179
Froriep (Familie) 45
Förster-Nietzsche, Elisabeth (1846–1935) 155
Fürbringer, Leo (1843–1923) 88
Fürnberg, Lotte (1911–2004) 190, 193f.
Fürnberg, Louis (1909–1957) 14, **189–194**
Fürnberg, Walter (1913–1942) 190

Gasser, Hanns (1817–1868) 51, 52f.
Gaulle, Charles de (1890–1970) 184
Geismar, Friedrich Caspar von (1783–1848) 10, **17–20**
Genast, Eduard (1797–1866) 58
Germer, Volkhardt (geb. 1944) 215, 222. 224, 226
Gersdorff (Familie) 45
Gersdorff, Ernst Christian August von (1781–1852) 36
Gesky (Geske), Franz David (1769–1839) 17, 23f., 39
Giesler, Hermann (1898–1987) 13
Gluck, Willibald (1714–1787) 126
Goebbels, Joseph (1897–1945) 13, 154, 173
Goeben, August von (erw. 1897) 47
Göchhausen, Luise von (1752–1807) 37
Goethe, Alma von (1827–1844) 30
Goethe, August Julius Walther von (1789–1830) 10, **26–32**,
Goethe, Johann Wolfgang von (1749–1832) 5, 9f., 13, 19, 21, 26, 30-33, 35, 37, 45–51, 54f., 66, 80, 82f., 90, 99, 133, 138, 142f., 147, 150, 152–155, 164f., 167, 169, 173, 175, 188, 192, 196, 198, 201, 212, 215, 217f., 220, 222f.
Goethe, Ottilie von (1796–1872) 27, 45f.
Goethe, Walther Wolfgang von (1818–1885) 10, 30f.
Goethe, Wolfgang Maximilian von (1820–1883) 10f., 30f.
Görg, Emma (1860–1930) 108, 110
Göring, Hermann (1893–1946) 12f.
Gottschalg, Alexander Wilhelm (1827–1908) 74

Günther, Wilhelm Christoph (1755–1826) 26
Gutheil-Schoder, Marie (1874–1935) 126

Hahn, Hermann (1868–1942) 61
Hähnel, Ernst Julius (1811–1891) 97
Härtel (Haertel), Robert (1831–1894) 79, 83, **97–100**
Hase, Carl Georg (1786–1862) 35, 68
Haydn, Joseph (1732–1809) 180, 182
Hecker, Irmgard (1903–1991) 215, 218
Hecker, Jutta (1904–2002) 14, **215–218**
Hecker, Max (1870–1948) 137, 215, 217, 218
Hecker, Wolfgang (1901–1944) 215
Held, Louis (1857–1921) 115, 122
Heller, Wilhelm (1840–1823) 112, **116–119**, 142
Hellmuth, Lutz (geb. 1943) 194
Hempel, Gerhard (1903–1991) 15, 151, 156
Henckel von Donnersmarck, Leo Graf (1829–1895) 45, 47
Herder, Johann Gottfried (1744–1803) 37, 41, 43, 51, 54, 56f., 73, 137, 167
Herrmann, Rudof (1875–1952) 175
Herrmann, Otto (erw. 1945) 229
Herz, Bertrand (geb. 1930) 7, 11, **228–231**
Herz, Louise (1893–1944) 228f.
Herz, Willy (1884–1945) 228f.
Hesse, Hermann (1877–1962) 172
Hindenburg, Paul von Benneckendorf und von (1847–1934) 12, 14, **120–124**
Hinze-Reinhold, Bruno (1877–1964) 133
Hitler, Adolf (1889–1945) 12f., 124, 158, 172, 178, 184, 232
Horn, Carl Friedrich (1772–1852) 22, **41–43**, 57
Horn, Sidonia (1778–1847) 43
Hornbogen, Paul (1862–1934) 126
Huch, Ricarda (1864–1947) 172
Hummel, Carl (1821–1907) 82
Humperdinck, Engelbert (1854–1921) 126

Jäde, Franz (1813–1890) 89f., 97
Jäde, Heinrich (1815–1873) 86

Kalckreuth, Leopold von (1855–1928) 110
Karl August II.; Erbgroßherzog von Sachsen-

Weimar-Eisenach (1844–1894) 89, 92
Keller, Ferdinand (1842–1922) 156
Kippenberg, Anton (1874–1950) 152–155
Kirsten, Johann Gottfried Friedrich (1759–1843) 10
Kirsten, Wulf (geb. 1934) 192
Koch, Otto (1902–1947) 150, 154
Köhler (erw. 1826) 24
Köhler, Walter (1850–1904) 99
Kolesnitschenko, Iwan Sosonowitsch (1907–1984) 11, 162, 199–202
Kranz, Erich (1929–1999) 211–214
Kraus, Georg Melchior (1737–1806) 63
Krehan, Hermann (1828–1878) 89
Kriesche, Ernst (1849–1935) 106
Kuhn, Bernhard Friedrich Rudolph (1775–1840) 10, 17

Lassen, Eduard (1830–1904) 125
Lenz, Dietmar (geb. 1948) 194
Leutheußer, Richard (1867–1945) 120
Lieberknecht, Christine (geb. 1958) 231
Lienhard, Friedrich (1865–1929) 122, 130–134
Lilienfein, Heinrich (1879–1952) 122, 133, 170–175
Lindig, Eduard (1820–1888) 89
Liszt, Franz (1811–1886) 10, 57, 58–62, 85, 125, 147, 206
Ludendorff, Erich von (1865–1937) 123
Luther, Martin (1483–1546) 24, 50f., 66, 90, 93, 130, 212

Manhès, Henri (1889–1959) 11, 184–188
Mann, Katja (1883–1980) 165f.
Mann, Thomas (1875–1955) 5, 7, 164–169
Maria Pawlowna; Großherzogin von Sachsen-Weimar-Eisenach (1786–1859) 18, 60f., 73
Martersteig, Friedrich (1814–1899) 85, 99
Meyer, Johann Heinrich (1760–1832) 80
Mickiewicz, Adam (1798–1855) 192
Miller, Ferdinand von (1813–1887) 51f., 54–56, 57
Mottl, Felix (1856–1911) 180
Moulin, Jean (1899–1943) 184
Mozart, Wolfgang Amadeus (1756–1791) 66, 126, 181, 190
Mueller, Walther Felix (1879–1970) 15, 16, 119, 133, 138, 142, 144, 148–151, 173
Mueller-Schlenkhoff, Hellen (1874–1961) 148
Müller, Theobald (1893–1991) 193
Müllerhartung, Karl (1834–1908) 106
Musäus, Johann Karl August (1735–1787) 137

Napoleon I. Bonaparte (1769–1821) 18, 20
Neubauer, Theodor (1890–1945) 178
Neumeister, Hans (1908–1996) 233

Obama, Barack (geb. 1961) 231

Pabst, Karl (1835–1910) 88, 139
Paetz, Otto (1914–2006) 169
Parry, Carl von (1831–1882) 47
Parry, Emma, verh. Henckel von Donnersmarck (1834–1912) 45, 47
Parry, James Patrick von (1803–1872) 11, 15, 44–47
Paul, Marcel (1900–1982) 185, 210
Paul, Rudolf (1893–1978) 15, 160–163
Pestalozzi, Heinrich (1746–1827) 42
Pfannstiel, Heinrich (geb. 1869) 118
Pieck, Wilhelm (1876–1960) 208
Preller, Friedrich d. Ä. (1804–1878) 66, 80–85, 97, 99
Preller, Friedrich d. J. (1838–1901) 85
Preller, Marie, geb. Erichsen (1811–1862) 83

Raabe, Wilhelm (1831–1910) 172
Rasch, Otto (1862–1932) 137
Rauch, Daniel (1777–1857) 48–50, 90
Reiner, Martin (1900–1972) 193
Rietschel, Ernst (1804–1861) 48–51, 90
Röhr, Johann Friedrich (1777–1848) 39
Rosenberg, Alfred (1893–1946) 13
Roth, Carl Friedrich (erw. 1815) 10
Rothmann, Kurt (erw. 1935) 232
Rothmann, Ottomar (geb. 1921) 5, 7, 16, 232–235
Rothmann, Waldfried (erw. 1933) 232

Sabais, Heinz Winfried (1922–1981) 164f.

Sarkozy, Nicolas (geb. 1955) 231
Sauckel, Fritz (1894–1946) 12f., 144, 150, 154, 196
Sayn-Wittgenstein, Carolyne von (1819–1887) 60
Schäffer, Otto (1826–1888) 75
Schaller, Ludwig (1804–1865) 43, 51f., **57**
Scheidemantel, Eduard (1862–1945) 114, 122, 125, **135–138**
Scheidemantel, Friedrich (1867–1933) 135
Scheidemantel, Hermann (1833–1910) 135
Scheidemantel, Karl (1859–1923) 135
Scheidemantel, Mimi (1876–1958) 138
Schiller, Friedrich (1759–1805) 5, 10, 13, 21, 37, 50f., 54f., 66, 90, 133, 135, 137f., 152, 155, 167, 169f., 172–174, 188, 215, 217f.
Schirach, Baldur von (1907–1974) 13
Schlieffen, Alfred Graf von (1833–1913) 123
Schmeller, Johann Joseph (1796–1841) 34, 46, 67
Schmidt, Bruno (1845–1910) 92
Schmidt, Hans W. (1859–1950) 115, 122
Schneider, Friedrich (1887–1962) 219f.
Schopenhauer, Artur (1788–1860) 172
Schostakowitsch, Dmitri (1906–1975) 182
Schröer, Helmut (geb. 1942) 5, **223–227**
Schröter, Corona (1751–1802) 217
Schubart, Christian Friedrich Daniel (1739–1791) 170
Schultze, Carl Adolph (1758–1818) 10
Schultze-Naumburg, Paul (1869–1949) 15f., **156–159**
Schumann, Clara (1819–1896) 58
Schumann, Robert (1810–1856) 58, 180
Schwabe, Bruno (1834–1918) 107–110
Schwabe, Carl Lebrecht (1778–1851) 10, 31
Schwanthaler, Ludwig von (1802–1848) 57
Schwerdgeburth, Carl August (1785–1878) 11, 15, 23, **63–67**
Schwerdgeburth, Otto (1835–1863) 63
Sennecke, Friedrich (erw. 1825) 31
Sonnemann-Göring, Emmy (1899–1973) 12f.
Sophie; Großherzogin von Sachsen (1824–1897) 30
Stavenhagen, Bernhard (1862–1914) 61
Steidle, Luitpold (1898–1984) 202, **203–206**

Stein, Charlotte von (1742–1827) 45, 92
Steiner, Rudolf (1861–1925) 217
Stein-Kochberg, Louise Freiin von (1803–1864) 45f.
Stichling, Carl Wilhelm (erw. 1825) 31
Stiglmaier, Johann Baptist (1791–1844) 54
Storch, Otto (erw. 1933) 233
Strauss, Richard (1864–1949) 125–129, 154
Stroux, Johannes (1886–1954) 167

Temler, August Carl Bernhard (1739–1792) 37
Thälmann, Ernst (1886–1944) 197
Thon, Christian August (1755–1829) 94
Thon, Gustav (1805–1882) 94–96
Thon Ottokar (1792–1842) 96
Thon, Sixt Armin (1817–1901) 82
Töpfer, Christiane Magdalene, geb. John (erw. 1822) 75
Töpfer, Johann Gottlob (1791–1870) 11, 42, **73–75**
Trostorff, Klaus (geb. 1920) 235

Ulbricht, Walter (1893–1973) 208
Ulmann, Claudius (1810–1893) 51

Voigt, Christian Gottlob von (1743–1819) 35
Vulpius, Christiane (1765–1816) 26, 212

Wagner, Cosima (1837–1930) 126
Wagner, Richard (1813–1883) 60f., 125f., 135
Wahl, Hans (1885–1945) 155
Wahl, Volker (geb. 1944) 222
Watzdorf, Christian Bernhard von (1804–1870) 36, **76–79**
Weyland, Philipp Christian (erw. 1825) 31
Wiedemann Hans (1888–1959) 183, 193, 204
Wieland, Christoph Martin (1733–1813) 21, 23, 50–54, 83, 137, 217
Wildenbruch, Ernst von (1845–1909) 110, 138, 159
Wilhelm I.; preußischer König und deutscher Kaiser (1797–1888) 101, 103
Wilhelm II.; deutscher Kaiser (1859–1941) 103
Wilhelm Ernst; Großherzog von Sachsen-Weimar-Eisenach (1876–1923) 41, 118

Winckelmann, Johann Joachim (1717–1768) 217
Wislicenus, Hermann (1825–1899) 84
Wolf, Stefan (geb. 1961) 5–7, 224, 227, 231
Wolfskeel von Reichenberg, Henrietta Antonia, verh. von Fritsch (1776–1859) 33

Zapfe, Rudolf (1860–1934) 131
Zauche, Arno (1875–1941) 93
Ziegler, Hans Severus (1893–1978) 147
Zimmermann, Felix (geb. 1933) 223
Zitek, Josef (1832–1909) 83
Zunkel, Johann Gottfried (1760–1843) 10, 15, **37–40**
Zweig, Arnold (1887–1968) 190

Literaturauswahl

Bauer, Joachim, Joachim Hartung, Die Ehrendoktoren der Friedrich-Schiller-Universität in den Geisteswissenschaften 1800 bis 2005, Weimar u. Jena 2007

Bauer, Joachim, Joachim Hartung, Peter Schäfer, Ehrenmitglieder, Ehrenbürger und Ehrensenatoren der Friedrich-Schiller-Universität Jena, Jena 2008

Erinnerungsblätter an die Eröffnung des Museums zu Weimar und an die Prellerfeier, Weimar 1869

Buchenwald Mahnung und Verpflichtung. Dokumente und Berichte, Hg. Nationale Mahn- und Gedenkstätte Buchenwald u. a.,4. Aufl., Berlin 1983

Fesser, Gerd, Die Kaiserzeit. Deutschland 1871-1918, Erfurt 2000

Fulsche, Jutta, Reichsfreiherr Friedrich Caspar von Geismar (1783–1848) früher Ehrenbürger der Stadt Weimar, in: Zeitschrift des Vereins für Thüringische Geschichte Bd. 56 (2002)

Genius huius loci Weimar. Kulturelle Entwürfe aus fünf Jahrhunderten, Ausstellungskatalog, o. O. 1992

Goethes Werke, IV. Abt. 40. Bd., Weimar 1907, S. 206

Greiner-Mai, Herbert u. a. (Hg.), Weimar im Urteil der Welt. Stimmen aus drei Jahrhunderten, Weimar 1975

Günther, Gitta, Weimar. Eine Chronik, Leipzig 1996

Günther, Gitta, Wolfram Huschke, Walter Steiner (Hg.), Weimar. Lexikon zur Stadtgeschichte, Weimar 1975

Günther, Gitta, Konrad Marwinsky, Gustav Thon, in: Lebenswege in Thüringen, 4. Sammlung, Jena 2011

Günther, Gitta, Lothar Wallraf (Hg.), Geschichte der Stadt Weimar, Weimar 1975

Härtel, Ursula, Burkhard Stenzel, Justus H. Ulbricht, Hier, hier ist Deutschland ... Von nationalen Kulturkonzeptionen zur nationalsozialistischen Kulturpolitik, Göttingen 1997

Hartung, Joachim, Andreas Wipf (Hg.), Die Ehrendoktoren der Friedrich-Schiller-Universität in den Bereichen Naturwissenschaften und Medizin, Weimar 2004

Henze, Hannelore, Doris-Annette Schmidt, Der historische Friedhof in Weimar, Arnstadt 2010

Heufert, Gerhard, Johannes Daniel Falk. Satiriker, Diplomat und Sozialpädagoge, Weimar 2008

Huschke, Wolfram, Franz Liszt. Wirken und Wirkungen in Weimar, Weimar 2010

Kirsten, Wulf, Sein Herz, von einem Traum genährt. Zum 100. Geburtstag Louis Fürnbergs, in: Palmbaum. Literarisches Journal aus Thüringen, H. 4 (2009)

Kolesnitschenko, Iwan Sosonowitsch, Im gemeinsamen Kampf für das neue antifaschistisch-demokratische Deutschland ..., in: Beiträge zur Geschichte Thüringens, Erfurt 1985

Liste der auszusondernden Literatur vom 1.4.1946, Hg. Deutsche Verwaltung für Volksbildung in der SBZ, Berlin 1946

Lucke-Kaminiarz, Irina, Hermann Abendroth. Ein Musiker im Wechselspiel der Zeitgeschichte, (Weimar) o. J.

Paul, Rudolf, in: Thüringen-Handbuch, Weimar 1999, S. 615-616

Poschmann, Henri, Durch Hölle, Hass und Liebe. Louis Fürnberg 1909-2009, in: Sinn und Form 61(2009)5, S. 620-628

Poschmann, Rosemarie, Ein Emigrantenschicksal. Vor 100 Jahren wurde Lotte Fürnberg, die Frau des Dichters geboren, in: Thüringische Landeszeitung vom 26.01.2011

Prokop Siegfried, Siegfried Schwarz (Hg.), Walter Bartel (1904-1992). Ein bedrohtes Leben, in: Zeitgeschichtsforschung in der DDR, Potsdam 2005

Rathaus-Zeitung Trier v. 6., 13. u. 20. März 2007

Schneider, Wolfgang, Kunst hinter Stacheldraht, Leipzig 1976

Schorn, Adelheid von, Das nachklassische Weimar, Weimar 1911

Schröer, Helmut, Hans-Günther Lanfer (Hg.), Ohne Städte ist kein Staat zu machen. Trier – Weimar. Eine deutsche Partnerschaft, Trier 1992

Werdender Staat. Ein Zeitdokument über Thüringens Neuaufbau. Rede des Ministerpräsidenten des Landes Thüringen Dr. Rudolf Paul gehalten am 27. Febr. 1946, Gera o. D.

Vivian, John, James Patrick von Parry, in: Lebenswege in Thüringen, 4. Sammlung, Jena 2011

Schwabenbach-Albrecht, Susanne, Die deutsche Schillerstiftung 1909-1945, in: Archiv für Geschichte des Buchwesens, Berlin (2001), Bd. 55

Wahl, Volker, Thomas Mann in Weimar und Jena von 1910 bis 1955. Eine Chronik, in: Die große Stadt 1(2008)4

Wahl, Volker, Thomas Manns Weimarer Ehrenbürgerschaft von 1949 und der schwierige Weg dorthin, in: Thomas Mann Jahrbuch Bd. 22, S. 99-115, Frankfurt am Main 2009

Abbildungsverzeichnis

Stadtarchiv Weimar:

S. 6: Ehrenbürgerurkunde für Martin Donndorf
S. 7: Thomas Manns Eintrag im Gästebuch der Stadt Weimar, 2. August 1949
S. 8: Bürgerschein vom 7. Januar 1807
S. 23: Johannes Daniel Falk, Kupferstich nach Carl August Schwerdgeburth (Reproduktion)
S. 24: Zeitgenössische Ansicht vom Lutherhof in der Marstallstraße (Reproduktion)
S. 27: Julius August Walther von Goethe, Ölgemälde von Ehregott Grünler, 1828 (Reproduktion)
S. 28/29: Eintrag im Bürgerbuch vom 8. November 1825
S. 34: Carl Wilhelm von Fritsch, von Johann Joseph Schmeller (Reproduktion)
S. 38: Johann Gottfried Zunkel, von H. Müller (Reproduktion)
S. 43: Carl Friedrich Horn, von H. Müller (Reproduktion)
S. 49: Ernst Rietschel (Reproduktion)
S. 53: Entwurf zum Wieland-Denkmal
S. 54: Ferdinand von Miller
S. 55: Enthüllung des Goethe- und Schiller-Denkmals am 4. September 1857
S. 64/65: „Der Markt zu Weimar", von Carl August Schwerdgeburth, 1836
S. 70: Wilhelm Bock, Foto: Friedrich Hertel
S. 71/72: Ehrenbürgerurkunde für Wilhelm Bock
S. 78: Christian Bernhard von Watzdorf, von I. Niessen, 1866 (Reproduktion)
S. 81: Friedrich Preller d. Ä. (Reproduktion)
S. 87: Ehrenbürgerurkunde für Hugo Fries
S. 93: Einweihung des Donndorfbrunnens am 20. Oktober 1895, Foto: Louis Held (Reproduktion)
S. 105: Schreiben Bismarcks an die Stadt Weimar, 8. Oktober 1895
S. 112/113: Louis Döllstädt (2. von links) und Wilhelm Heller (6. von links) in einer Gemeinderatssitzung im Rathaus, 1901 Fotomontage: Louis Held
S. 121: Paul von Hindenburg, Foto: Louis Held
S. 122: Paul von Hindenburg bei einer Teestunde im Schloss Belvedere, von Hans W. Schmidt (Reproduktion)
S. 127: Richard Strauss (Reproduktion)
S. 128: Entwurf der Ehrenbürgerurkunde für Richard Strauss
S. 132: Friedrich Lienhard, Foto: Louis Held (Reproduktion)
S. 136: Eduard Scheidemantel, Foto: Louis Held (Reproduktion)
S. 140: Martin Donndorf, Foto Louis Held (Reproduktion)
S. 145: Otto Erler, Foto: Louis Held (Reproduktion)
S. 146: Ehrenbürgerurkunde für Otto Erler
S. 149: Walther Felix Mueller, Foto: Louis Held (Reproduktion)

S. 153: Anton Kippenberg, 1949
S. 166: Thomas Mann in Weimar, 31. Juli 1949, Foto: Ernst Schäfer (Reproduktion)
S. 168: Begründung der Verleihung des Ehrenbürgerrechts an Thomas Mann, 22. April 1949
S. 171: Heinrich Lilienfein, Foto: Louis Held (Reproduktion)
S. 174: Ehrenbürgerurkunde für Heinrich Lilienfein
S. 177: August Frölich, Foto: Ernst Schäfer (Reproduktion)
S. 181: Hermann Abendroth mit der Staatskapelle im Waggonbau Weimar, 1951
S. 187: Henri Manhès in der Gedenkstätte Buchenwald, 1954
S. 191: Louis Fürnberg, 1946, Foto: Tibor Honty
S. 194: Fürnberg-Denkmal in Weimar
S. 196: Bruno Apitz, 1975, Foto: Anita Schneider
S. 200: Iwan Sosonowitsch Kolesnitschenko, 12. April 1965
S. 205: Luitpold Steidle, 1968
S. 216: Jutta Hecker, 1964, Foto: Louis Held (Reproduktion)

Thüringisches Hauptstaatsarchiv Weimar:

S. 18: Friedrich Caspar von Geismar, von Edouard Pingret, 1814 (Reproduktion)
S. 161: Rudolf Paul, 1946
S. 221: Hans Eberhardt, 1993

Klassik Stiftung Weimar:

S. 46: James Patrick von Parry, Kreidezeichnung von Johann Joseph Schmeller, 1831
S. 67: Carl August Schwerdgeburth, Kreidezeichnung von Johann Joseph Schmeller
S. 98: Robert Härtel, von Hermann Behmer, 1893

Stadtmuseum Weimar:

S. 95: Gustav Thon, von A. Hohneck, 1847
S. 108: Bruno Schwabe, von Emma Görg, 1916

Archiv der Stiftung Gedenkstätten Buchenwald und Mittelbau-Dora:

S. 209: Walter Bartel, 1979
S. 234: Ottomar Rothmann, 2011

Bauhaus-Universität Weimar, Archiv der Moderne, Fotosammlung:

S. 158: Paul Schultze-Naumburg, Foto: Louis Held

Archiv der Weimarer Verlagsgesellschaft:

S. 20: Gedenkstein für Friedrich Caspar Geismar in Weimar, Foto: Alina Beck
S. 25: Falk-Denkmal „Am Graben" in Weimar, Foto: Olga Bétoux
S. 56: Herder-Denkmal vor der Stadtkirche, Foto: Olga Bétoux
S. 59: Franz Liszt
S. 62: Liszt-Denkmal im Park an der Ilm in Weimar, Foto: Olga Bétoux
S. 74: Grabmedaillon von Johann Gottlob Töpfer, Foto: Alina Beck
S. 84: Friedrich Preller d. Ä., Potraitrelief von Adolf von Donndorf, Foto: Alina Beck
S. 91: Adolf von Donndorf modelliert Otto von Bismarck, von C. W. Allers
S. 102: Otto von Bismarck, von Hans von Lenbach, 1894

Privatfotos:

S. 186: Henri Manhès
S. 213: Erich Kranz
S. 225: Helmut Schröer
S. 227: Überreichung der Ehrenbürgerurkunde durch Oberbürgermeister Stefan Wolf an Helmut Schröer, 3. Oktober 2007
S. 230: Bertrand Herz zur Gedenkveranstaltung in Buchenwald

Quellenverzeichnis

Die benutzten archivalischen Quellen – Urkunden, Akten, Amtsbücher, Amtliche Druckschriften und Zeitungen – befinden sich im Stadt- und Verwaltungsarchiv Weimar.

Bürgerschein 1807
Sign.: 53 12/1

Bürgerbuch 1726-1812
Sign.: 10I-37-4

Bürgerbuch 1813-1838
Sign.: 10I-37-25

Bürgerbuch 1839-1919
Sign.: 11I-37-26

Ehrenbürger, allgemein 1930-1949
Sign.: 16003/07

Ehrenbürger, allgemein 1964-1987
Sign.: 1300 07 32/1887

Erteilung des Ehrenbürgerrechts an Staatsminister Karl Wilhelm Freiherr von Fritsch, 1839
Sign.: 10I-39-1

Erteilung des Ehrenbürgerrechts an den Oberkonsistorialrat und Archidiakonus Johann Gottfried Zunkel, 1842
Sign.: 10I-39-2

Erteilung des Ehrenbürgerrechts an Oberkonsistorialrat Karl Friedrich Horn, 1848
Sign.: 11I-30-1

Erteilung des Ehrenbürgerrechts an J. Patrick von Parry, Esquire auf Großkochberg, 1857
Sign.: 10I-39-3

Exhumierung der sterblichen Überreste der v. Parryschen Familie und deren Überführung nach Hirschhügel, 1897
Sign.: 11II-11b-42

Schenkung des Kammerherrn v. Parry an die Stadt, 1869-1922
Sign.: 11I-43-22

Denkmäler für Goethe, Schiller und Wieland, 1852-1942
Sign.: 11 I-32-2

Herderdenkmal, 1849-1851
Sign.: 10 I-32-12

Erteilung des Ehrenbürgerrechts an Hofkapellmeister Liszt, 1860-1864
Sign.: 11I-30-2

Erteilung des Ehrenbürgerrechts an Hofkupferstecher Schwerdtgeburth, 1865
Sign.: 11I-30-3

Ehrenbürgerurkunde für Wilhelm Bock vom 21.12.1866
Sign.: 01803

Erteilung des Ehrenbürgerrechts an Töpfer, 1867
Sign.: 10I-39-4

Erteilung des Ehrenbürgerrechts an Staatsminister v. Watzdorf, 1868
Sign.: 11I-30-4

Erteilung des Ehrenbürgerrechts an Hofmaler Preller, 1869-1907
Sign.: 11 I-30-5

Erteilung des Ehrenbürgerrechts an Rechtsanwalt Fries, 1874
Sign.: 11I-30-6

Anhänge 249

Ehrenbürgerurkunde für Hugo Fries vom 5.06.1874
Sign.: 01805

Erteilung des Ehrenbürgerrechts an Bildhauer Adolph Donndorf in Dresden, 1875
Sign.: 11 I-30-7

Schenkung der Gipsmodelle und Erbauung des Donndorfmuseums 1904-1933
Sign.: 11I-31a-149

Verehrung einer Brunnengruppe von Donndorf vor dem Döllstädtschen Haus, 1894-1913
Sign.: 11I-32-25

Erteilung des Ehrenbürgerrechts an Staatsminister Gustav Thon, 1846
Sign.: 11I-30-8

Erteilung des Ehrenbürgerrechts hiesiger Residenzstadt an den Bildhauer Härtel in Breslau, 1878-1894
Sign.: 11I-30-9

Komitee für die Errichtung eines Kriegerdenkmals, 1876-1878, Bd. 2
Sign.: 10I-23-27

Komitee für die Errichtung des hiesigen Kriegerdenkmals, 1878-1909
Sign.: 11I-32-8

Ableben des Fürsten von Bismarck, 1898-1920
Sign.: 11I-30-33

Feier des 70. Geburtstags und 50-jährigen Dienstjubiläums des deutschen Reichskanzlers von Bismarck, 1885-1899
Sign.:11II-11a-10

Erteilung des Ehrenbürgerrechts an Generaloberarzt Schwabe, 1902-1919
Sign.: 11I-30-10

Erteilung des Ehrenbürgerrechts an Kommerzienrat Louis Döllstädt und dessen Ableben am 30. Sept. 1912, 1910-1918
Sign.: 11I-30-12

Erteilung des Ehrenbürgerrechts an Stadtrat W. Heller, 1917-1918
Sign.: 11I-30-18

Verleihung des Ehrenbürgerrechts an Richard Strauß in Wien, 1925-1949
Sign.: 120-04-4

Ehrenbürger Lienhard, 1915-1925
Sign.: 11I-30-21

Ehrenbürger Scheidemantel, 1926-1945
Sign.: 120-04-5

Ehrenbürgerurkunde für Martin Donndorf vom 18.07.1930
Sign.: 01811

Wiederbesetzung der Stelle des ersten Bürgermeisters Martin Donndorf, 1910-1937
Sign.: 11I-2-157

Ehrenbürger Anton Kippenberg, 1951-1966
Sign.: 1300 07 32/1652

Ehrenbürgerrechtsverleihung an Anton Kippenberg, 1944-1949
Sign.: 16107-04/21

Ehrenbürgerrechtsverleihung an Paul Schultze-Naumburg, 1944
Sign.: 16107-04/19

Ehrenbürger Rudolf Paul, 1946-1948
Sign.: 17003/07c

Ehrenbürger Thomas Mann, 1949
Sign.: 17003/07d

Thomas Mann, 1949
Sign.: 1300 07 32/19 Bd. 1-2

Ehrenbürger Heinrich Lilienfein, 1949-1955
Sign.: 13 00 07 32/1651;

Ehrenbürger August Frölich, 1952-1966
Sign.: 1300 07 32/1660

Verleihung von Ehrenbürgerschaften an August Frölich und Hermann Abendroth, 1952-1953
Sign.: 1300 07 32/2252

Ehrenbürger Hermann Abendroth, 1952-1959
Sign.: 1300 07 32/1654

Ehrenbürger Frédéric Henri Manhès, 1958-1973
Sign.: 1300 07 32/1655

Ehrenbürger Louis Fürnberg, 1959-1961
Sign.: 1300 07 32/1653

Ehrenbürger Bruno Apitz, 1961-1979
Sign.:1300 07 32/1659

Ehrenbürger Iwan Sosonowitsch Kolesnitschenko, 1965-1984
Sign.: 1300 07 32/1658

Ehrenbürger Luitpold Steidle, 1973-1984
Sign.: 1300 07 32/1657

Ehrenbürger Walter Bartel, 1980-1992
Sign.: 1300 07 32/1656

Ehrenbürger Erich Kranz, 1991-1999
Sign.: 14/13

(Helmut Schröer) Reden zu kommunalen und politischen Ereignissen, 1995-2006
Sign.: VA Zugangs-Nr. 35877

Ottomar Rothmann, 1951-1990
Sign.: 90 10 00/1440

Wolfram Huschke

**Franz Liszt
Wirken und Wirkungen in
Weimar**

392 Seiten, HC mit Schutzumschlag
ISBN: 978-3-941830-11-0

Weimar war für den großen europäischen Musiker Franz Liszt (1811–1886) das Zentrum seines Lebens in dessen zweiter Hälfte, so wie die erste um Paris kreiste. Sein Wirken in Weimar 1848–1861 und 1869–1886 bedeutete für den Ort, ein weithin beachteter, herausgehobener Platz in der deutschen und europäischen Musikentwicklung zu sein. Von hier aus starteten die „Neudeutschen" ihre Reformanstrengungen in den 1850er Jahren. Um 1880 galt Weimar als „Mekka des Klavierspiels", was in der Zeit vor der technischen Reproduzierbarkeit von Musik viel mehr bedeutete als heute – Klavierspiel war der „Kulturhebel", mit dem man alle Musik mittels Klavierbearbeitung spiel- und hörbar machte. Deshalb gehörte es grundsätzlich zu einer bildungsbürgerlichen Ausstattung breiter Schichten.

Das Aufeinandertreffen Liszts und seiner Welt, immer bezogen auf die Musikentwicklung in Europa, und der Welt Weimars, vorgeprägt durch die „klassische Zeit" um 1800, ist Gegenstand des ersten Teiles im vorliegenden Band. Dessen Nachwirkung bis heute wird im zweiten Teil skizziert. Es geht um die „Ära Liszt" und ihre Folgen bis heute.

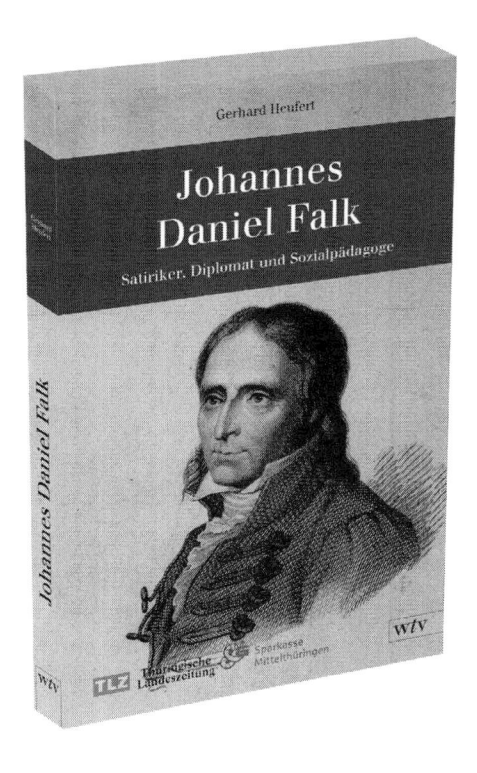

Gerhard Heufert

Johannes Daniel Falk
Satiriker, Diplomat und
Sozialpädagoge

240 Seiten, franz. Broschur
ISBN: 978-3-939964-15-5

Wer weiß schon, dass das wohlbekannte Weihnachtslied „O du fröhliche" der Feder des ehemals satirischen Dichters Johannes Daniel Falk entstammt, und wer würde vermuten, dass dies unter den ernstesten und bedrängendsten Umständen geschah? Geschrieben für die Zöglinge seines Erziehungsinstituts, stehen die Worte dieses Liedes im Grunde für sein innerstes Anliegen: All den verwaisten und vernachlässigten Kindern und Jugendlichen nämlich, die nun bettelnd umherstreunten und zusehends verwahrlosten, wieder Orientierung und geistigen Halt zu geben.

Von der persönlichen Lebensgeschichte Falks und der Geschichte seines Erziehungswerks ist in diesem Buch die Rede. Anhand vieler bisher unveröffentlichter Quellen aus seinem Nachlass wird nachvollziehbar, wie diese Biografie sich innerhalb der geistigen und gesellschaftlichen Atmosphäre Weimars entfaltet, wie sie dem allgemein beschworenen, aber zumeist im Gedanklichen verbleibenden klassischen Humanitätsideal schließlich etwas real zur Seite stellt, das als eine Bereicherung und wahrhaft „notwendige" Ergänzung des historischen Schauplatzes „Weimarer Klassik" empfunden werden kann.

Irina Lucke-Kaminiarz

Hermann Abendroth
Ein Musiker im Wechselspiel
der Zeitgeschichte

160 Seiten, franz. Broschur
ISBN: 978-3-937939-65-0

Hermann Abendroth (1883-1956) war einer der großen Dirigenten des 20. Jahrhunderts. Das vorliegende Buch widmet sich neben Fragestellungen nach der künstlerischen Leistung Hermann Abendroths als Orchestermusiker, Dirigent und Hochschullehrer auch Fragen nach den politischen Begleitumständen und deren Auswirkungen auf seine Biografie und sein Schaffen.
 Der Band enthält zahlreiche unbekannte Quellen, die erstmals veröffentlicht werden, das betrifft auch das Bildmaterial. Der Leser lernt das Leben eines Künstlers kennen, der mit hoher Begabung gesegnet war. Die Achtung, die er sich bei den Musikfreunden, seinen Kollegen und seinen Schülern erwarb, gründete sich auch auf wertvolle menschliche Eigenschaften, die er auch in politisch schwierigen Zeiten bewies. Seine wichtigsten Wirkungsorte waren Köln, Leipzig und Weimar. Abendroth hat Orchester- und Konzerttraditionen geprägt und Musikgeschichte geschrieben, auch die des Allgemeinen Deutschen Musikvereins, dem er über viele Jahre angehörte. Das im Buch von Irina Lucke-Kaminiarz enthaltene Quellenmaterial ermöglicht dem Leser das Leben Abendroths in schwieriger Zeit nachzuvollziehen.

Fritz von Klinggräff, Hannah Röttele,
Ronald Hirte

**Von Buchenwald(,) nach Europa
Gespräche über Europa mit
ehemaligen Buchenwald-Häftlingen
in Frankreich**

312 Seiten, HC mit Schutzumschlag
ISBN: 978-3-941830-14-1

In zehn Pariser Gesprächen mit ehemaligen polnischen und französischen Buchenwald-Häftlingen, die ihre Heimat nach der Befreiung in Frankreich fanden, spüren die Autoren der Frage nach, inwieweit die Idee eines geeinten Europas seine Wurzeln im Konzentrationslager Buchenwald hatte. Welches Europa wollen wir und welches europäische Handeln wird dem Vermächtnis Buchenwalds gerecht? Ein besonderes Stück lebendiger Zeitgeschichte, in dem die Zukunft Europas noch einmal ganz neu und kraftvoll gedacht wird.

Mit Beiträgen von Franziska Augstein, Claudia Grehn, Volkhard Knigge, François Le Lionnais, Lutz Niethammer, Jorge Semprún und Darja Stocker.

Louis Fürnberg

**Mozart Novelle und
Die Begegnung in Weimar**
Mit einem Vorwort von Ulrich Völkel

176 Seiten, franz. Broschur
ISBN: 978-3-941830-01-1

Vor 18 Jahren wurde das Weimarer Dreieck zur Förderung der deutsch-französisch-polnischen Zusammenarbeit gegründet. Zum 15. Jahrestag schuf man den nach dem polnischen Nationaldichter Adam Mickiewicz benannten Preis für Versöhnung und Zusammenarbeit in Europa. Louis Fürnberg würdigt in seiner Novelle „Die Begegnung in Weimar" den wichtigsten Vertreter der polnischen Romantik. Im August 1829 galt der bevorstehende 80. Geburtstag Goethes als ein wichtiges Datum. Gäste aus nah und fern hatten sich angemeldet und waren angereist. Zu ihnen gehörte auch der aus seiner polnischen Heimat vertriebene, unstet durch Europa reisende Dichter Adam Mickiewicz. Die historische Erzählung Die Begegnung in Weimar behandelt facettenreich das Treffen von Adam Mickiewicz mit Johann Wolfgang von Goethe. So entsteht ein höchst lesenswertes Bild Weimars und seiner Honoratioren um 1829.